可以拆下↘

函 hakodate 館 美食BOOK

海鮮蓋飯 P.2

烏賊料理 P.4

壽司 P.6

鹽味拉麵 P.8

平民美食 P.10

番外篇

北海道美食 P.14

甜點 P.12

美食BOOK

函館 hakodate

海鮮蓋飯

在函館早市享用新鮮現撈海產

函館是座烏賊等漁獲量相當豐富的城鎮。只要到函館早市，就能以意想不到的實惠價格享用種類豐富的海鮮蓋飯。

JR函館站 即到

蓋飯橫丁市場

惠比寿屋食堂

各種定食 / 生烏賊 ●えびすやしょくどう

☎0138-23-1602　MAP附錄②7

創業於昭和23（1948）年，為函館早市內最具歷史的老牌食堂。共提供超過50種蓋飯，若加上單點料理，則共有70種以上的餐點可選擇。各種蓋飯、定食皆附味噌湯、醃漬小菜。

🕐6:00〜17:00（12月上旬〜4月中旬〜16:00）　休無休（11月〜4月中旬為週三）　所函館市若松町9-15蓋飯橫丁市場內　P使用函館早市停車場　[午]1500日圓　一般、和式　可

包含7種配料、既實惠又豪華的蓋飯

GOGO Campaign蓋飯　必吃！
1836日圓

使用7種配料，象徵「Lucky 7」的實惠蓋飯。此餐點僅能以現金支付。

這個也很推薦
海膽蓋飯（中）2100日圓
海膽鮪魚鮭魚蓋飯（中）1900日圓

➡1樓為一般座位，2樓則有一般座位及微微架高的和式座位

各種定食 → 提供各種定食
生烏賊 → 提供生烏賊

請參考本誌P.58所介紹的函館早市！

享用前一定要先知道！

海鮮蓋飯的基本知識

海鮮蓋飯包含了函館等北海道各地的新鮮海產，價格雖依配料而異，但大約為2000日圓左右。

海鮮蓋飯的基本類型

函館的海鮮蓋飯大多以白米鋪上生海鮮為主，最常見的配料為鮭魚卵、扇貝、烏賊等。

三色蓋飯是最基本的海鮮蓋飯

函館海鮮蓋飯起源於距今30年前，由「きくよ食堂」所製作的「巴蓋飯」。

海膽
- 有些店家使用的海膽並非當地生產，較在意者建議事先確認。

鮭魚卵
- 多數店家會使用醬油先行醃漬，每家店都有獨特的調味。

扇貝
- 大多會附著貝柱，但也有店家為讓客人方便食用，會事先切掉。

JR函館站 即到

巴通

すずや食堂

各種定食 / 生烏賊 ●すずやしょくどう

☎0138-23-0461　MAP附錄②7

創業於1952年，為海產公司「船岡商店」直營的食堂。除了海鮮蓋飯以外，也提供豐富的單點料理。其中，烏賊麵線1620日圓則先將烏賊切成2片後，再切成細絲，處處皆可見到專業廚師的技術。

🕐6:00〜14:00　休無休　所函館市若松町10-4　P使用函館早市停車場　[午]1600日圓　吧檯、一般　可（團體須洽詢）

➡店內寬敞潔淨，共有超過100個座位

味道和外觀都令人印象深刻！

土方蓋飯　必吃！
1944日圓

象徵函館相關偉人士方歲三的蓋飯，更以墨魚汁美乃滋寫上「誠」的字樣。

這個也很推薦
元祖朝市蓋飯 2160日圓
鮫魚定食 1296日圓

海鮮蓋飯中可享用到的道南食材

烏賊 全年		**鮪魚** 10〜12月	
6〜12月為北魷，12〜5月則是槍烏賊的產季。		最有名的為函館市戶井地區捕獲的黑鮪魚。	
扇貝 4〜7、11〜12月		**海膽** 7〜8月	
噴火灣產的扇貝尺寸非常大，口感也相當紮實。		在函館可以享用到馬糞海膽及紫海膽這兩種。	
鮑魚 12〜4月		**蝦子** 3〜4、9〜11月	
北海道捕獲的蝦夷鮑魚尺寸較小，但口味和口感都極佳。		噴火灣產的牡丹蝦口感彈潤，具有甜味。	

還有很多值得推薦！

海鮮蓋飯人氣店家

JR函館站 即到

蓋飯橫丁市場

いくら亭

各種定食 / 生烏賊 ●いくらてい

☎0138-23-3422　MAP附錄②7

如日文店名代表的「鮭魚卵」之意，店家招牌便是以自家製醬汁醃漬的鮭魚卵蓋飯。此外，使用店內水槽內的鮑魚或鮫魚製成的單點料理也相當推薦。

🕐6:00〜19:30（11〜4月為7:00〜17:00）　所函館市若松町9-15 蓋飯橫丁市場內　P使用函館早市停車場　[午]1200日圓　[晚]1200日圓　吧檯、一般、和式（須預約）　可

函館大漁蓋飯 牡丹蝦特製款　必吃！
2650日圓

使用大隻牡丹蝦、海膽、鮭魚卵等配料，十分豪華的蓋飯。

JR函館站 即到

蓋飯橫丁市場

朝市食堂 函館ぶっかけ

各種定食 / 生烏賊 ●あさいちしょくどうはこだてぶっかけ

☎0138-27-0841　MAP附錄②7

為在地海產公司「彌生水產」直營的食堂，食材新鮮程度無庸置疑。店家花費許多功夫製作各種配料，如以特製醬汁醃漬的無添加鮭魚卵等，再加入蓋飯中。

🕐7:00〜14:00　休不定休　所函館市若松町9-15 蓋飯橫丁市場內　P使用函館早市停車場　[午]800〜3000日圓　吧檯、一般　可

MAPPLE特選醬汁蓋飯　必吃！
2500日圓

使用大隻津輕海峽產的鮪魚製作。

2

海鮮蓋飯 P.2

鋪滿白飯的大量扇貝、鮭魚卵及海膽

味処 きくよ食堂 本店

JR函館站即到　朝市仲通
各種定食　牛烏賊
●あじどころきくよしょくどうほんてん

☎0138-22-3732　MAP 附錄②7

昭和31（1956）年創業，在距今超過50年前，因顧客的一句話，店家因而推出放有海膽、鮭魚卵及扇貝的巴蓋飯。白飯更使用炭火釜鍋蒸煮，十分講究。

⏰5:00～14:00（12～4月為6:00～）
休無休
所函館市若松町11-15
P使用函館早市停車場
[午]1500日圓
吧一般　可

▲黃色招牌相當醒目

巴蓋飯
1599日圓～
使用特製醬油醃漬鮭魚卵、無添加鹽水生海膽及扇貝等配料。口味傳統，深受喜愛的蓋飯。

必吃！

這個也很推薦
海膽、鮭魚卵蓋飯
2052日圓～
紅鮭親子蓋飯1167日圓～

必吃！
跳舞活烏賊蓋飯
1890日圓
使用取自水槽的新鮮活烏賊製作。內臟可先壓碎後與其他部位一同享用，更加美味。

這個也很推薦
旅途海膽蓋飯
（大份海膽）4800日圓
海膽、螃蟹、牡丹蝦蓋飯
2300日圓

使用新鮮烏賊製作最具函館特色的特製蓋飯

一花亭 たびじ

JR函館站即到　蓋飯橫丁市場
各種定食　生烏賊
●いっかていたびじ

☎0138-27-6171　MAP 附錄②7

招牌為使用整隻烏賊的「跳舞活烏賊蓋飯」。淋了醬油後，烏賊腳便會開始扭動。這碗獨特蓋飯在6～12月間還附帶烏賊內臟。此外，螃蟹可樂餅680日圓、大量螃蟹焗烤680日圓等店家獨特餐點也十分推薦。

⏰5:00～15:00（11～4月為6:00～14:00）
休無休
所函館市若松町9-15 蓋飯橫丁市場內
P使用函館早市停車場
[午]1100日圓
吧檯、一般、和式　可

括少人數至團體，包

必吃！
味鮮好吃蓋飯
4536日圓
在直徑21cm大的容器內，竟然加入了4碗份的白飯。可多人共享。

這個也很推薦
鮭魚鯖魚親子蓋飯1512日圓
朝烏賊蓋飯1404日圓

一個人根本吃不完！驚人的大份量蓋飯

味鮮 まえかわ

JR函館站即到　蓋飯橫丁市場
各種定食　生烏賊
●あじせんまえかわ

☎0138-23-3057　MAP 附錄②7

因電視介紹而一躍成名的超級特大蓋飯「味鮮好吃蓋飯」為招牌，更是藝人「小石」石塚英彥掛保證的蓋飯。

⏰5:30～15:00
休週四（黃金週、過年期間營業）
所函館市若松町9-15 蓋飯橫丁市場內
P使用函館早市停車場
[午]1500日圓
吧檯、一般、和式　可

⊙店內人員周到的服務讓人宛如置身自家般舒適

▶JR函館站即到　MAP 附錄②7

朝市 あけぼの食堂

蓋飯橫丁市場　各種定食　生烏賊
●あさいちあけぼのしょくどう

☎0138-27-0502

這家小巧店鋪僅有12個座位，由身兼主廚的老闆製作優質海鮮料理，其堅持的美味吸引了許多支持者，全日本各地都有不少回頭客。可依自己喜好挑選配料的蓋飯深受歡迎。

⏰7:00～15:00（逢連假則營業）
休週三
所函館市若松町9-15 蓋飯橫丁市場內
P使用函館早市停車場
[午]1000日圓
吧檯、一般　不可

必吃！
海鮮美食蓋飯
2970日圓
加入大量自製醃漬鮭魚卵及海膽，十分划算的一道料理。

▶JR函館站即到　MAP 附錄②7

櫻桂

蓋飯橫丁市場　各種定食　生烏賊
●おうけい

☎0138-26-0612

食材經嚴格挑選，只有早市才能享用到如此新鮮的海產。最受歡迎的是「隨選蓋飯」，1200日圓～，可依店家講究的自製鮭魚卵等9種配料中，自由選擇喜愛的食材製作。

⏰6:00～15:00
休不定休
所函館市若松町9-15 蓋飯橫丁市場內
P使用函館早市停車場
[午]1500日圓
吧檯、一般　不可

必吃！
海膽三色蓋飯（啄木蓋飯）
2100日圓
使用以昆布高湯耗時費工製成的鮭魚卵。

▶JR函館站即到　MAP 附錄②7

朝市お食事処 山三 道下商店

蓋飯橫丁市場　各種定食　生烏賊
●あさいちおしょくじどころやまさんみちしたしょうてん

☎0138-22-6086

擁有超過50年歷史的老店，透過頻繁進貨，保持店內食材的新鮮度。加入大量蟹肉的奶油可樂餅也十分推薦。

⏰9:00～21:00
休不定休
所函館市若松町9-15 蓋飯橫丁市場內
P使用函館早市停車場
[午]1500日圓
[晚]1500日圓
一般、架高　可

必吃！
海膽、鮭魚卵、鮑魚蓋飯
2160日圓
使用店內水槽中整隻的活鮑魚製作。

烏賊料理

想在烏賊城鎮函館大快朵頤

函館的烏賊漁獲量在日本首屈一指，本篇特別介紹至少要吃上一次的招牌菜色！包含生烏賊、烤烏賊等基本料理以及各種變化餐點！

使用新鮮到甚至可看見底下盤子的活烏賊

必吃！

生真烏賊
1200日圓～

技巧熟練的廚師以最短的時間內處理，避免影響烏賊新鮮度。口感紮實，入口後可感受到烏賊的清甜美味。

這個也很推薦

いか清軟軟炸物
650日圓（照片右上方）
烏賊內臟陶板燒 **580日圓**

市電中央病院前站即到

五稜郭
生烏賊

活魚料理 いか清
●かつぎょりょうりいかせい

☎0138-54-1919　**MAP** 附錄②9 C-3

若想在函館享用烏賊料理，絕對會提到這家店。店內共有4座大小不一的水槽，裡面有各種烏賊、干貝、螃蟹等海產，以豐富料理方式提供餐點。

🕐17:00～23:30　**休**無休　**所**函館市本町2-14　**P**設有特約停車場　**料**【晚】4500日圓　**席**吧檯、一般、包廂　**卡**可

共有12間孩童同行用餐時相當方便的包廂

各種定食　提供各種定食
生烏賊　提供生烏賊

每日從漁港直送至店內的海鮮

必吃！

燒烤整隻真烏賊
800日圓

將烏賊內臟塞入身體內後再燒烤而成的餐點，烏賊內臟的美味與身體巧妙融合。

這個也很推薦

跳舞活烏賊
1000日圓～（時價）
生烏賊 **600日圓～**

JR函館站步行5分

函館站前
生烏賊

函館海鮮居酒屋
やん衆海のがき大将 大門店
●はこだてかいせんいざかややんしゅううみのがきだいしょうだいもんてん

☎0138-22-5905　**MAP** 附錄②6 B-3

使用函館市內南茅部地區木直漁港直接送達的新鮮海產。店內設有多座大型水槽，可見清晨現捕的烏賊在水槽內活力十足的樣貌。店家也深受在地人歡迎，最大魅力便是其實惠價格。

充滿活力的店內亦設有架高座位

🕐17:00～23:20　**休**不定休　**所**函館市松風町10-1　**P**設有特約停車場（用餐2小時免費，之後每30分150日圓）　**料**【晚】4000日圓起　**席**吧檯、和式　**卡**可

▶JR函館站即到

MAP 附錄②7

函館早市

朝市の味処 茶夢
●あさいちのあじどころちゃむ

☎0138-27-1749

各種定食
生烏賊

食堂位於函館早市蓋飯橫丁市場內。由於烏賊的甜味相當重要，店內堅持使用早上撈捕的烏賊。每款定食都附帶燉煮烏賊內臟、烏賊醃漬物等5～6道小菜。

🕐7:00～15:00　**休**不定休　**所**函館市松風町9-15　**P**使用函館早市停車場　**料**【午】1500日圓　**席**吧檯、一般、和式　**卡**可（繁忙期間不可）

店家曾出現在GLAY成員的散文中

必吃！

生烏賊定食
1188日圓

直接將醬油淋到烏賊上，並搭配生薑等佐料一同混合後享用，是這家店的獨特吃法。

必吃！

烏賊麵線
定食 1404日圓

將生薑放入偏甜的醬汁內，一面攪拌一面以烏賊麵線沾取後食用。烏賊麵線滑順的口感就像在吃真正麵線般。

函館早餐必吃美食！

生烏賊和烏賊麵線

如果問函館人「烏賊最好吃的吃法是什麼？」大多數人都會回答：「現撈的烏賊生吃最好吃」。而與生烏賊享用的烏賊麵線並列為最受在地人，則是沾上涼麵醬汁享用的烏賊麵線。但若詢問「那是札幌的居酒屋想出來的」，函館人以前只有生烏賊。烏賊麵線的發源至今仍眾說紛紜。

享用前一定要先知道！

烏賊料理的基本知識

烏賊全身各部位都能享用，十分美味。只要先了解各部位的特色及最適合的料理方式，點餐時就更安心！

烏賊的部位及食用方式

烏賊鰭
烏賊身體上方呈現三角形的部位，生吃時口感較身體部位更結實，具有嚼勁。

內臟
烏賊新鮮內臟無腥味，口味濃郁。將內臟溶入生魚片醬油中，搭配生烏賊享用，別有一番風味。

身體
調理方式包含生吃、燒烤、燉煮、油炸等，琳瑯滿目。真烏賊於6月開始捕撈，但最推薦於肉質最厚實的8月享用。

烏賊腳
一般多採用油炸或燒烤等方式。生烏賊腳放入口中時，吸盤會吸住口腔，充滿獨特的口感。

獨創的烏賊料理 深受好評

市電五稜郭公園前站 步行3分　五稜郭

活いか 活かに料理
函館開陽亭本店

各種定食　生烏賊
●かついかかつかにりょうりはこだてかいようていほんてん

☎0138-52-6225　MAP 附錄②9 C-2

函館首家設置烏賊專用水槽，並設計出跳舞生烏賊料理的餐廳。此外，新鮮活毛蟹、牡丹蝦等，堅持選用函館及北海道產當季海鮮製作的料理也十分豐富。

🕐17:00~22:30　休週日　所函館市本町7-5　P無　💴[晚]3500日圓　席吧檯、一般、包廂　預需預約

各年齡層客人都鎖定新鮮海產而來

必吃！
烏賊內臟陶板燒
690日圓
使用烏賊、蔬菜及烏賊內臟製作，並淋上秘傳醬汁後蒸烤而成的熱銷料理。

這個也很推薦
跳舞生烏賊
1800日圓~
馬鈴薯燉烏賊 450日圓

享用悠游於大型水槽內的烏賊

必吃！
生烏賊
1620日圓~
點餐後，再將烏賊取出水槽後處理。佐料包含生薑泥、白蘿蔔泥、山葵等。1~5月間使用槍烏賊。

位於函館早市前方的海鮮居酒屋

必吃！
生烏賊褐藻蓋飯
1000日圓（附蕎麥麵、飲料、甜點）
函館名產生烏賊結合道南特產褐藻製成的蓋飯，為午餐料理。

這個也很推薦
整隻烏賊天丼
1000日圓（右，午餐料理）
真烏賊一夜干 1200日圓

這個也很推薦
烏賊內臟鐵板燒
1048日圓（照片左側）
真烏賊一夜干
1005日圓

店內可見到大型的活海產

店內的9t大型水槽

JR函館站 即到　函館站前

Hakodate Dining 雅家

各種定食　生烏賊
●はこだてだいにんぐがや

☎0138-22-1000　MAP 附錄②7

提供活烏賊、螃蟹等函館代表性海產的海鮮居酒屋。店內設有3種水槽，隨時備有新鮮活海產。價格划算的午餐料理也深受歡迎。

🕐11:30~15:00、17:00~23:30　休不定休　所函館市若松町8-14　P7輛　💴[午]1000日圓／[晚]3000日圓　席吧檯、一般、和式、包廂　預可

⬆店門口就設置了水槽

JR函館站 即到　函館站前

函館海鮮料理 海光房

各種定食　生烏賊
●はこだてかいせんりょうりかいこうぼう

☎0138-26-8878　MAP 附錄②6 A-1

這家海鮮居酒屋為函館早市內的水產公司所直營，店內設置了一個9t的大型水槽，可見到大量新鮮海產。顧客可挑選喜歡的海產，並當場請店家烹煮。此外，午餐時段與晚餐時段都可享用到一樣的餐點，也是其魅力之一。

🕐11:00~13:30、17:00~22:00　休不定休　所函館市若松町11-8　P使用函館站西停車場（用餐超過2000日圓可享1小時免費停車，之後每30分鐘100日圓）　💴[午]3000日圓／[晚]4500日圓　席吧檯、一般、和式　預可

還有很多值得推薦！　創意烏賊料理

▶市電十字街站步行3分　MAP 附錄②5 B-3

灣區
函館いか煎屋
●はこだていかせんや

☎0138-22-7377

使用完整一隻生烏賊，以高溫壓製機烘烤的「整隻烏賊煎餅」最受歡迎。亦提供蝦子及干貝煎餅，也推薦享用2種口味混合的煎餅。

🕐4月中旬~12月約11:00~18:00（售完打烊）　休期間中不定休　所函館市末廣町13-21　P無　💴[午]300日圓

必吃！
整隻烏賊烤仙貝
300日圓
以機器壓製函館產生烏賊後煎烤成仙貝，結合香氣濃郁的褐藻醬油享用。

▶JR函館站步行5分　MAP 附錄②6 B-2

函館站前
中華風居酒屋 函館いか家
●ちゅうかふういざかやはこだていかや　生烏賊

☎090-3897-9031

位於大門橫丁的中華風居酒屋，除了褐藻餃子（5顆）450日圓，以及各種特色餃子外，也有豐富的烏賊料理。6~12月亦提供生烏賊。

🕐17:00~23:00　休不定休　所函館市松風町7-5 函館光之屋台大門橫丁內　P無　💴[晚]2000日圓　席吧檯、一般　預可

必吃！
墨魚汁餃子
（5個）430日圓
將烏賊與高麗菜、墨魚汁一同混合後，再以手工外皮包起。

▶市電深堀町站步行5分　MAP 附錄②8 E-2

市電深堀町
Bees Bee
●びーずびー

☎0138-51-7881

以多蜜醬蛋包飯聞名的洋食店推出特色烏賊飯，包含以番茄醬汁製作的義大利與使用白醬製作的法國式兩種。

🕐11:30~14:30、18:00~21:00　休週一　所函館市柏木町39-3　P8輛　💴[午]1200日圓／[晚]2000日圓　席吧檯、一般　預可

必吃！
烏賊飯 De Italian
734日圓
加入起司的墨魚燉飯，結合番茄醬汁，創造出絕佳美味。

必吃！
木はら握壽司(11貫)
4860日圓
使用季節盛產海產
製作握壽司，可享
用當日最美味的配
料。

海膽蓋飯 4860日圓
木はら流新鮮海
鮮海散壽司蓋飯
3780日圓
這個
也很推薦

市電湯之川
溫泉站步行
15分

湯之川
鮨処 木はら
●すしどころきはら

☎0138-57-8825　MAP 附錄②8 F-4

除了吧檯座位外，還提供包廂及架高座位

享用兼具氣勢、躍動感的當季
新鮮美味，讓內心充滿悸動

店內氛圍輕鬆，卻又能充分享用到專家們的精
緻技巧及美味。主廚源自漁夫家庭，兼具挑選
海產的眼光及精確味覺。為了充分引出食材美
味，不僅對於醋飯十分講究，就連醬油、鹽都
下足功夫。

🕐12:00～20:30(需預約)
🈺週三(逢假日則翌日休)　📍函館市湯川町2-1-2
🅿10輛　💰[午]5400日圓 [晚]10800日圓
吧檯、包廂、和式包廂　需預約

函館
hakodate

美食BOOK

以嚴選進貨及細緻技巧捏製

壽司

孕育自北方嚴寒大海中的豐富海鮮饗宴。
享用專家絕佳手藝製作的創新、纖細美味。
而實惠的高檔迴轉壽司也不容錯過。

還有很多值得推薦！　**人氣壽司店**

▶市電千代台站 即到　MAP 附錄②9 B-3

五稜郭
寿しのマス屋
●すしのますや
☎0138-56-6003

以美濃三年醋製作的紅醋飯外觀為深紅褐色，宛如以
醬油調味般。為凸顯出海鮮美味，更十分講究米的
甘甜及圓潤外型。
🕐12:00～14:00、17:00～22:00　🈺不定休　📍函館
市千代輔町16-25　🅿3輛　💰[午]1000日圓／[晚]
4000日圓　吧檯、架高　可

特上
2300日圓
附熬煮出美味湯頭的蜆
湯。

必吃！

▶市電湯之川溫泉站步行 15分　MAP 附錄②8 E-4

湯之川
雷門鮨
●らいもんずし
☎0138-57-1200

每天早上由老闆親自挑選函館當日捕撈的新鮮海產。其中握
壽司從普通至特特上等級共分成4種。除了壽司、生魚片
外，更提供豐富下酒菜及單點料理。建議事先預約較安心。
🕐11:30～13:30、16:00～21:00　🈺週二　📍函館市
湯川町1-7-1　🅿6輛　💰[午]2000日圓～[晚]8000日
圓　吧檯、和式包廂　可

特特上壽司
3240日圓
包含鮪魚中腹肉、鮑
魚、海膽等10貫壽司。

必吃！

享用前一定要先知道！
壽司的 **基本知識**

函館四周環海，從不缺乏新鮮海產，但也
與其他港都相同，壽司店的競爭相當激
烈。無論何處都能享用到新鮮配料。

北海道才有的壽司配料

北海道位居日本最北方，海水溫度偏低，故捕獲
的魚也有不少特殊品種。此外，寒冷地區的魚隻
成長較慢，大多富含鮮甜美味。

秋刀魚
🈺8～10月
多捕獲於道東外海，尤其8、9
月的秋刀魚油脂最佳，可享用
到入口即化的美味。

北寄貝
🈺全年
最有名的產地為日本漁獲量最多
的苫小牧。其厚實的肉質及獨特
口感、濃郁甜味都是一大特色。

真鱈白子
🈺12～3月
為真鱈的精巢，其入口即化的口感及
綿密口味十分迷人。

岩魚
🈺4～6月、10～12月
多為道南產。白肉魚紮實的肉
質帶有絕佳嚼勁，油脂也恰到
好處。

峨螺
🈺7～4月
以高級海草飼育而成的日高產
峨螺最為出名。Q彈口感及甜
味令人難忘。

鮭魚卵
🈺10月
全年皆可享用到加工品，但產季
則與鮭魚產季相同，皆為秋天。
彈潤口感及濃郁美味為其特色。

迴轉壽司也相當推薦！

若想享受實惠美味

活北寄貝 368日圓
活烏賊 324日圓

配料較大、醋飯偏小 結合熟練技巧

鯛一郎君 432日圓

↑位於國道278號旁，可從店內眺望海景
💴[午]2000日圓 [晚]2000日圓
🍴 吧檯、一般
💳 不可

宇賀浦町 巴士站 即到

漁火通

グルメ回転すし 函太郎 宇賀浦本店
●ぐるめかいてんずしかんたろううがうらほんてん

📞 0138-32-4455　MAP 附錄③ C-3

海鮮全為近海捕獲，新鮮程度無庸置疑。其中，「活烏賊」從漁船中的水槽中直接親送至店內，更是這家店才有的餐點。6～12月間還能在夜晚欣賞漁火。

🕚 11:00～22:00
休 無休
所 函館市宇賀浦町14-4
P 60輛

市電五稜郭 公園前站 步行5分

五稜郭

味処 鮨金分店
●あじどころすしきんぶんてん

📞 0138-51-8537　MAP 附錄②9 C-2

→僅提供吧檯與和式座位。不少客人會獨自前來

在北海道內首屈一指的壽司店激戰區函館經營多年，擄獲許多支持者的人氣店家。使用當季近海漁獲，並以熟練技巧捏製壽司，讓醋飯及配料完美結合。

🕔 17:00～24:00 一逢假日時
所 函館市本町10-3　P 3輛
💴[晚]2200日圓～
🍴 吧檯、架高和式包廂
💳 可

以當季食材製作握壽司的名店 處處可見其熟練技巧

這個也很推薦

必吃！

主廚特選（15貫）3780日圓
招牌為海膽褐藻捲（照片右上）。切成薄片的昆布充分引出海膽風味。

特製壽司 2160日圓（梅）
生魚片 時價

市電中央 病院前站 即到

五稜郭

すし蔵
●すしくら

📞 0138-32-0138　MAP 附錄②9 C-3

除了函館近海的新鮮海鮮外，更透過熟練技巧徹底凸顯食材的美味，也深受在地顧客的喜愛。此外，這裡更是能享用到戶井或大間產黑鮪魚的珍貴店家。店內亦提供適合配酒的美味餐點。

🕔 17:00～翌1:30　休 週日
所 函館市本町4-21　P 設有特約停車場
💴[晚]7000日圓　🍴 吧檯、下嵌式包廂、和式　💳 可

廚談天，同時享用握壽司 坐在吧檯前與主

熟練技巧徹底凸顯 素材的美味

這個也很推薦

必吃！

主廚特選握壽司 3996日圓
使用當季盛產食材製作。深受觀光客歡迎。

自製鯨魚培根 1620日圓
自製辣醬油烏賊 324日圓

鮪魚三好 724日圓
北海三好 724日圓

為鮮魚店直營店家 更能享用到新鮮且種類豐富的海產

市電十字街 站步行5分

灣區

回転寿司 函館 まるかつ水産 本店
●かいてんずしはこだてまるかついさんほんてん

📞 0138-22-9696

MAP 附錄②5 B-3

由鮮魚店直營的迴轉壽司店，最推薦的餐點為市場直送的在地魚類握壽司。配料依當日進貨狀況而異，隨時都能享用到當季美味。

活烏賊握壽司 1600日圓～
※6～12月間提供，價格視季節而調整

🕦 11:30～14:30、16:30～20:30　休 不定休
所 函館市豐川町12-10 函館ベイ美食俱樂部
P 95輛　💴[午]1500日圓 [晚]2500日圓
🍴 吧檯、一般　💳 不可

↑位於人氣景點灣區，觀光途中可順道至此

▶市電五稜郭公園前站 即到

MAP 附錄②9 C-3

五稜郭

寿司料理 谷ふじ
●すしりょうりたにふじ

📞 0138-53-0555

配料與醋飯完美結合。除了壽司之外，海鮮涮涮鍋1575日圓～也深受歡迎。此外，亦可告知預算，由店家製作符合預算的握壽司。

🕔 17:00～22:45　休 週四
所 函館市本町4-10 五稜郭ハイム1F
P 使用特約停車場　💴[晚]4000日圓　🍴 吧檯、和式　💳 可

必吃！

大將推薦握壽司 3675日圓
從色彩繽紛的冰箱內拿出新鮮海產製作。

▶市電湯之川溫泉站 即到

MAP 附錄②8 F-4

湯之川

幸寿司
●こうずし

📞 0138-59-5437

主廚出身法餐，其捏製的壽司帶有細緻又深奧的美味。為凸顯食材原味，更分門別類使用25種鹽。此外，壽司之外的創意料理也相當推薦。

🕛 12:00～14:30、17:00～22:30　休 週二
所 函館市湯川町1-27-2　P 5輛　💴[午]2000日圓 [晚]4000日圓
🍴 吧檯、一般、和式包廂　💳 可

必吃！

季節主廚推薦握壽司（12貫）3780日圓
使用北海道才有的海產如蝦夷紫海膽、生鯡魚等食材製作。

▶市電五稜郭公園前站步行3分

MAP 附錄②9 C-2

五稜郭

鮨 島うた
●すししまうた

📞 0138-55-0940

配料皆以近海產海鮮為主。每貫僅200日圓起，相當便宜，可盡情享用。奧尻出身的老闆不只提供壽司，更有豐富的配菜。

🕔 17:00～翌1:00（週五、六、假日前日～翌3:00）　休 週日、每月第3週一、週一逢假日時
所 函館市本町22-11 グリーンエステートビル1F　P 無　💴[午]5000日圓　🍴 吧檯、一般　💳 可

必吃！

極上島うた（9貫）3300日圓
使用當日推薦新鮮海產製作特上等級壽司。

深受在地人喜愛，看似簡單卻蘊含美味

鹽味拉麵

函館的鹽味拉麵與札幌味噌、旭川醬油拉麵並列為北海道三大在地拉麵。看似簡單的一碗拉麵，卻忠實呈現了每家店的堅持。

提到函館鹽味拉麵就想到這裡
昆布高湯堪稱極品

函館麵厨房 あじさい本店
●はこだてめんちゅうぼうあじさいほんてん

市電五稜郭公園前站 步行10分
五稜郭
味噌 醬油

☎0138-51-8373
MAP 附錄②9 C-2

雖為創業超過80年的老店，仍時常加入新創意，深受在地人及觀光客的支持。清澈高湯擁有外觀看不出的豐富層次，與特別訂製的直麵完美結合。

🕚11:00～20:25 休第4週三(逢假日則翌日休；冬季為第2、4週三休) 所函館市五稜郭町29-22 2F P8輛 關[午]900日圓 [晚]900日圓 關吧檯、一般 關可(視時期可能不提供預約)

必吃!
味彩鹽味拉麵
750日圓
湯頭以道南產昆布為基底，結合以火炙烤、鎖住美味的豚骨及雞骨製作。

這個也很推薦
味噌拉麵 850日圓
味彩醬油拉麵 750日圓

↑店家就在五稜郭塔旁，每到中午常大排長龍。

焦香豬背油為美味關鍵
清爽卻又多層次的拉麵

BLUE TRAIN
●ブルートレイン

電湯之川溫泉站 即到
湯之川
味噌 醬油

☎0138-59-5051
MAP 附錄②8 F-4

使用列車車廂改造的獨特店家。以焦香豬背油提味的拉麵深受歡迎，而優質背油更巧妙增添了味道的層次。湯頭則是以豚骨及昆布製成，口味清爽。

🕚11:00～17:40 休週二、三 所函館市湯川町1-26-22 P8輛 關[午]540日圓 [晚]540日圓 關吧檯 關不可

必吃!
普通拉麵(鹽)
540日圓
口味清爽卻深奧。麵使用中細直雞蛋麵，價格也非常實惠。

這個也很推薦
湯川拉麵 640日圓
特急拉麵(麵2球) 640日圓

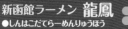
↑藍色貨車為其特色。店內僅提供吧檯座位

味噌 提供味噌拉麵
醬油 提供醬油拉麵

還有很多值得推薦!
鹽味拉麵人氣店家

新函館ラーメン 龍鳳
●しんはこだてらーめんりゅうほう

▶JR函館站步行3分
函館站前
味噌 醬油

MAP 附錄②6 B-2

☎090-8372-8495

店家位於函館光之屋台 大門橫丁內。店家自製的「黃金雞油」為1隻雞只能取出100g的珍貴食材。而使用腿肉及五花肉製成的叉燒也十分美味。

🕚11:00～24:00 休無休 所函館市松風町7 函館光之屋台大門橫丁內 P無 關[午]750日圓 [晚]1500日圓 關吧檯 關不可

必吃!
黃金鹽味拉麵
750日圓
融合大量雞肉鮮甜的高湯雖然清爽，卻蘊含美味。

函館麵屋ゆうみん
●はこだてめんやゆうみん

▶JR函館站即到
函館站前
味噌 醬油

MAP 附錄②6 B-2

☎0138-22-6772

擁有超過70年歷史的中華料理店，其鹽味拉麵高湯使用岩鹽及香油，創造出溫順口味。此外，以豬五花肉製作的叉燒更是相當美味。

🕚11:00～22:30 休無休 所函館市若松町19-1 P4輛 關[午]800日圓 [晚]1000日圓 關吧檯、一般 關可(僅夜間)

必吃!
鹽味拉麵
650日圓
以豚骨及雞骨為基底，製作出口味清爽的高湯。

享用前一定要先知道!

鹽味拉麵的 基本知識

函館拉麵的清澈湯頭加上傳統配料、細麵等，十分簡單，卻蘊含了各店家的堅持。首先就從了解其歷史及基本知識做起。

函館鹽味拉麵的歷史

源自中國，使用直麵及清爽湯頭的湯麵為鹽味拉麵之由來。而擁有許多海產的函館更在湯頭中加入海鮮高湯，改造成獨特美味。

函館鹽味拉麵的特色

麵 以細麵為主，但也有不少店家使用直麵或捲麵，因店而異。

湯頭 不煮沸，而以小火慢熬，創造出清爽風味。

配料 包含叉燒、筍乾、蔥等，簡單配料徹底凸顯湯頭美味。

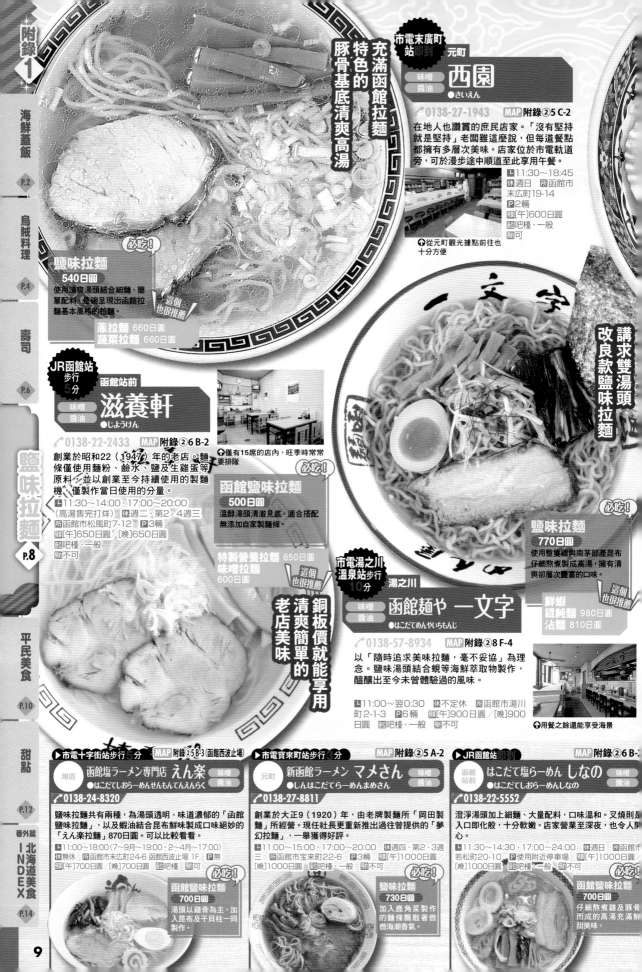

充滿函館拉麵特色的豚骨基底清爽高湯

鹽味拉麵
540日圓

使用清爽湯頭結合細麵、簡單配料，是碗呈現出函館拉麵基本風格的拉麵。

蔥拉麵 660日圓
蔬菜拉麵 660日圓

必吃！
這個也很推薦

市電末廣町站即到 元町
西園
●さいえん

☎0138-27-1943　MAP 附錄②5 C-2

在地人也讚賞的庶民店家。「沒有堅持就是堅持」老闆雖這麼說，但每道餐點都擁有多層次美味。店家位於市電軌道旁，可於漫步途中順道至此享用午餐。

⏰11:30〜18:45　休週日　函館市末広町19-14　P2輛　[午]600日圓　吧檯、一般　可

↑從元町觀光據點前往也十分方便

JR函館站步行5分 函館站前
滋養軒
●じょうけん

☎0138-22-2433　MAP 附錄②6 B-2

創業於昭和22（1947）年的老店。麵條僅使用麵粉、鹼水、鹽及生雞蛋等原料，並以創業至今持續使用的製麵機，僅製作當日使用的分量。

⏰11:30〜14:00、17:00〜20:00（高湯售完打烊）　休週二、第2、4週三　函館市松風町7-12　P3輛　[午]650日圓　[晚]650日圓　吧檯、一般　不可

↑僅有15席的店內，旺季時常常要排隊

必吃！
函館鹽味拉麵
500日圓

溫醇湯頭清瀊見底，適合搭配無添加自家製麵條。

特製營養拉麵 650日圓
味噌拉麵 600日圓

這個也很推薦

講求雙湯頭改良款鹽味拉麵

市電湯之川溫泉站步行10分 湯之川
函館麵や 一文字
●はこだてめんやいちもんじ

☎0138-57-8934　MAP 附錄②8 F-4

以「隨時追求美味拉麵，毫不妥協」為理念。鹽味湯頭結合蜆等海鮮萃取物製作，醞釀出至今未曾體驗過的風味。

⏰11:00〜翌0:30　休不定休　函館市湯川町2-1-3　P6輛　[午]900日圓／[晚]900日圓　吧檯、一般　不可

↑用餐之餘還能享受海景

必吃！
鹽味拉麵
770日圓

使用整隻雞與南茅部產昆布仔細熬製成高湯，擁有清爽卻層次豐富的口味。

鮮蝦餛飩麵 980日圓
沾麵 810日圓

這個也很推薦

銅板價就能享用清爽簡單的老店美味

▶市電十字街站步行5分　MAP 附錄②5 B-3（函館西波止場）
灣區
函館塩ラーメン專門店 えん楽
●はこだてしおらーめんせんもんてんえんらく
味噌　醬油

☎0138-24-8320

鹽味拉麵共有兩種，為湯頭透明、味道濃郁的「函館鹽味拉麵」，以及蝦油結合昆布鮮味製成口味絕妙的「えん楽拉麵」870日圓。可以比較看看。

⏰11:00〜18:00（7〜9月→19:00、2〜4月→17:00）　休無休　函館市末広町24-6 函館西波止場 1F　P無　[午]700日圓、[晚]700日圓　吧檯、一般

必吃！
函館鹽味拉麵
700日圓

湯頭以雞骨為主，加入昆布及干貝柱一同製作。

▶市電寶來町站步行3分　MAP 附錄②5 A-2
元町
新函館ラーメン マメさん
●しんはこだてらーめんまめさん
味噌　醬油

☎0138-27-8811

創業於大正9（1920）年，由老牌製麵所「岡田製麵」所經營。現任社長更重新推出過往曾提供的「夢幻拉麵」，一舉獲得好評。

⏰11:00〜15:00、17:00〜20:00　休週四、第2、3週三　函館市宝来町22-6　P3輛　[午]1000日圓、[晚]1000日圓　吧檯、一般　不可

必吃！
鹽味拉麵
730日圓

加入鹿角菜製作的麵條飄散著微微海潮香氣。

▶JR函館站即到　MAP 附錄②6 B-
函館站前
はこだて塩らーめん しなの
●はこだてしおらーめんしなの
味噌　醬油

☎0138-22-5552

澄淨湯頭加上細麵、大量配料，口味溫和。叉燒則為入口即化般，十分軟嫩。店家營業至深夜，也令人開心。

⏰11:30〜14:30、17:00〜24:00　休週日　函館市若松町20-10　P使用附近停車場　[午]1000日圓、[晚]1000日圓　吧檯、一般　不可

必吃！
函館鹽味拉麵
700日圓

仔細熬煮雞及豚骨而成的高湯充滿鮮甜美味。

函館人的精神糧食

平民美食

包括曾獲得全日本地方漢堡第一名佳績的漢堡，以及傳統的炒麵等，各種不只是平民美食的豐富料理，在此一次介紹完畢。

LUCKY PIERROT 灣區本店

灣區

市電末廣町站步行4分

●らっきーぴえろべいえりあほんてん

☎0138-26-2099　MAP 附錄②5 B-2

LUCKY PIERROT開幕於昭和62（1987）年，店舖的歷史就從這家店所展開。店內以森林中的旋轉木馬為概念設計。包括設有鞦韆座椅的座位以及木馬，營造出店內的懷舊、溫暖氛圍。

🕙10:00～翌0:30(週六～翌1:30)　休無休　所函館市末広町23-18　P無　予[午]500日圓／[晚]500日圓　信用一般　可不可

👆內用規則為先點餐再至指定座位

Chinese Chicken Burger
378日圓

這絕對是店家最受歡迎的招牌漢堡。加入大量的自製美乃滋，並夾住入口味甜鹹的大塊炸雞。所有商品皆為現點現做，必須等待一小段時間。

必吃！

這些餐點也也很受歡迎！

起司咖哩 659日圓
咖哩使用大量山川牧場自然鮮乳製作，口味溫醇，與起司更是完美搭檔。

絲滑香草霜淇淋 238日圓
霜淇淋具有滑順口感。

Luck薯條 324日圓
薯條加上起司粉、白醬及肉醬製作而成。

這些漢堡也很受歡迎！

跳舞烏賊漢堡 356日圓
使用新鮮的活烏賊製作，僅於5～10月販售，更是限定販售商品。

函館山漢堡 1188日圓
重疊三個漢堡組成的特大漢堡。

土方歲三扇貝漢堡 410日圓
使用大量扇貝製作的海鮮漢堡。

商品也不容錯過！

函館特產褐藻肥皂 648日圓
使用褐藻的粗顆粒粉末製作，富含海洋礦物質及天然保濕成分。

隨身包面紙 6包裝 108日圓
內側印製了各店舖電話號碼，預約時十分方便。

Fukkurinko餅乾 5片裝 518日圓
「Fukkurinko」為道南發祥的稻米，使用米粉製作成這款口感酥脆的餅乾。

還有很多值得推薦！平民美食人氣店家

宮原かまぼこ本店

灣區

▶市電十字街站步行3分　MAP 附錄②5 A-3

●みやはらかまぼこほんてん

☎0138-22-0765

創業於明治16（1883）年的老店。歷經五代老闆，代代承接過去的技術及精神，並販售以在地食材製作的魚板。中午以前還會見到店內油炸魚板的作業流程。

🕙10:00～17:00(售完即烊)　休週日、假日　所函館市豐川町2-17　P2輛　予[午]500日圓

必吃！

炸洋蔥（1塊）216日圓
使用大量北海道產洋蔥切片，製成魚板後油炸。

函館とんき 大門店

函館站前

▶JR函館站步行5分　MAP 附錄②6 B-3

●はこだてとんきだいもんてん

☎0138-22-3998

函館市內設有多家分店的老牌豬排專賣店。外帶用的炸菲力三明治口味多汁柔軟，是函館機場、JR函館站都有販售的人氣商品。

🕙11:00～21:30　休無休　所函館市松風町5-13　P10輛　予[午]1000日圓／[晚]1500日圓　信用吧檯、一般

必吃！

炸菲力三明治
630日圓（S）
1150日圓（W）
使用100%道產小麥製作麵包，並夾入厚實的炸豬排及秘傳醬汁。

享用前一定要先知道！平民美食的基本知識

函館與平民美食

除了鹽味拉麵、洋食以外，也有不少料理深受在地人支持。舉例來說，只在道南開設的17家分店的LUCKY PIERROT，全年來客數約為180萬人，在地人則占了65%之多，可謂是日本大型連鎖漢堡店都不一定能勝利的程度。此外，2014年還有新民美食「函館烏賊紅醬義大利麵」問世。提供此料理的店舖都有左圖的Logo，不妨以此為目標探訪店家吧。

以鬆軟的麵包夾住甜鹹炸雞

必吃!

豬肉烤雞便當(小) 490日圓

雖然叫做烤雞便當,但使用的卻是豬肉。點餐後才在店內燒烤,可享用到熱騰騰的美味。還可選擇醬烤、鹽味、鹽味醬汁、辣味等口味。

市電末廣町站步行4分 灣區

Hasegawa Store
灣區店
●はせがわすとあべいえりありあてん

☎0138-24-0024　MAP 附錄②5 B-2

為道南地區的連鎖便利商店。昭和53(1978)年開始販售的豬肉烤雞便當不僅深受在地人喜愛,也廣受觀光客歡迎。店內增設有約40個座位的內用區。

⏰7:00～22:00　休無休
所函館市末広町23-5　P5輛
500日圓～　一般　不可

←適合在觀光時順道繞去逛逛的灣區店

←請先確認菜單後記在點餐單上,再拿起給店員即可點餐

「烤肉串」可以1根為單位販售
各種烤肉串都可以1根為單位購買,還可選擇喜歡的口味、部位。

雖然叫做烤雞,卻是使用豬肉做成

就像這樣**享用!**

4 ←打開後就可見到拿掉竹籤後的肉片!也可依喜好加入紅薑享用。

3 ←將蓋子放回便當上,確實壓住蓋子後,再抽出竹籤。

2 ←容器設有凹痕,可將串燒架在上方。

1 ←打開蓋子蓋子等等還要用到,先放一旁備用。

市電末廣町站步行4分 灣區

CALIFORNIA BABY
●カリフォルニアベイビー

☎0138-22-0643　MAP 附錄②5 C-2

昭和51(1976)年開幕的咖啡廳,改建自大正時代的郵局建築物。Cisco rice為老闆在美國時吃到的辣豆子改良而成。

⏰11:00～21:30　休週四　所函館市末広町23-15
P無　[午]800日圓／[晚]1000日圓　一般　不可

於美國購買的許多老家具及用品

分量十足又具有香辣美味

必吃!

Cisco rice 770日圓

在奶油風味的手抓飯上放上2根法蘭克福腸,再淋上大量牛絞肉製成的肉醬。吃起來香辣美味。點餐後店家才會一一手工製作。

←這個也很推薦

義大利肉醬麵 850日圓
熱狗 590日圓

▶市電競馬場前站步行12分　MAP 附錄②8 E-2

花園町 **Caldo Calcio**
●かるどかるちょ

☎0138-54-3737

店家最受歡迎的餐點是在2017年5月舉辦的「Kagome番茄義大利麵競賽」中獲選為北海道代表,並於日本全國大賽中取得創意獎的「函館烏賊黑義大利麵」。
⏰11:30～22:30　休週一　所函館市花園町22-26 メゾンパティオ花園 1F　P5輛　可　[午]1100日圓／[晚]1600日圓　吧檯、一般　可

必吃!

函館烏賊黑義大利麵 1080日圓
番茄酸味與墨魚汁的風味完美結合。

▶市電十字街站步行8分　MAP 附錄②5 B-3(函館西波止場)

灣區 函館塩ラーメン専門店 **えん楽**
●はこだてしおらーめんせんもんてんえんらく

☎0138-24-8320

集結各種使用鹽的料理,包括口味清爽的鹽味拉麵(附錄①P.9)、鹽醬汁煎餃等。此外,為推廣褐藻,也推出函館褐藻鹽味炒麵。
⏰11:00～18:00(7～9月～19:00、2～4月～17:00)(餐點視情況可能售完)　休無休
所函館市末広町24-6 西波止場 1F　P無
[午]700日圓／[晚]700日圓　一般　可

必吃!

函館褐藻鹽味炒麵 770日圓
首先可直接享用原味,吃完一半後再加入褐藻湯食用。

▶JR函館站步行3分　MAP 附錄②6 B-3

函館站前 **まるきん焼そば**
●まるきんやきそば

☎0138-22-7616

昭和29(1954)年創業的炒麵專賣店。店內提供的「炒麵」僅加入高麗菜、洋蔥及麵條,十分簡單。除此之外,還包括加入肉、雞蛋、烏賊,以及加入肉與雞蛋等5種。
⏰11:30～19:00　休週三(逢假日則營業)　所函館市松風町10-11　P4輛　[午]500日圓／[晚]500日圓　吧檯、一般　不可

必吃!

炒麵加肉 610日圓
特別訂製的生麵蒸煮後再烹調。

甜點

嚴選人氣店家的現做甜點

Enchante
486日圓
加入卡士達醬的鮮奶油結合草莓風味。

享用外型也十分美麗的法式甜點

Saint Louis
486日圓（①）
皇家起司蛋糕
389日圓（②）

函館周邊地區有許多製作甜點不可或缺的雞蛋及牛奶等食材。不管是傳統的和菓子，還是時尚的西式甜點，這些使用嚴選素材的甜點都令人想前往品嘗！

市電柏木町站步行10分　五稜郭

法國甜點 Peche Mignon

內用／外帶　●フランス菓子 ベシェ・ミニヨン

☎0138-31-4301　**MAP** 附錄②8 D-4

由法國甜點專家製作，口味纖細的法式甜點店。到了店內，可一面眺望中庭的綠景，邊享受蛋糕套餐。季節塔及磅蛋糕也深受歡迎。

🕙10:00～19:00(11～4月~18:00)
休週三(逢假日則營業)、第1週二
所函館市乃木町1-2　Ｐ18輛

🔺附設的沙龍空間溫暖，內部還設置了暖爐
🔺夏季則開放露台使用

內用 可提供內用
外帶 可提供外帶

市電寶來町站即到　元町

千秋庵総本家

內用／外帶　●せんしゅうあんそうほんけ

☎0138-23-5131　**MAP** 附錄②5 A-2

創業超過150年，是老店中的老店。就連代表北海道的點心店六花亭與札幌千秋庵等店家，都源自此店。店家嚴選各種素材，仔細製作的和菓子深受在地人喜愛。

🕘9:00～18:00(視時期些許變動)
休每月3～4次週三不定休
所函館市宝来町9-9　Ｐ6輛

到傳統風格

必吃！

銅鑼燒　**205日圓**

由第四代松田咲太郎開始製作的一道甜點。一片一片蒸烤而成的外皮，完美結合北海道南地區的大納言紅豆製成的顆粒紅豆餡。

這個也很推薦

函館散步　110日圓(左)
元祖山親爺(5片裝) 324日圓(右)
函館金磚蛋糕　165日圓

還有很多值得推薦！

甜點人氣店家

市電千代台站步行10分　**MAP** 附錄②9 C-3

Pâtisserie AKIRA

外帶　●パティスリーAKIRA

☎0138-51-1187

不堅持選用北海道食材，而是從日本各地尋找最優質素材。完成的點心為盡量維持在最新鮮的狀態，每次只製作少量。

🕙10:30～19:00　休週一(逢假日則翌日休)　所函館
市時任町34:23　Ｐ3輛

必吃！
Premiere Neige
370日圓
放上榛果燒烤製成的可可蛋白霜，結合牛奶巧克力鮮奶油與香草鮮奶油製作。

JR函館站步行3分　**MAP** 附錄②6 B-2

函館洋菓子 Snaffle's 站前店

函館站前　內用／外帶　●函館洋菓子 スナッフルス 駅前店

☎0138-22-4704

以函館招牌伴手禮「起司捲」聞名的西式點心店第1號店。站前店附設茶室，可享用以季節食材製作的蛋糕。

🕙10:00～19:00、沙龍為~18:00　休週三
所函館市若松町18-2　Ｐ8輛

必吃！
草莓蛋糕
400日圓
使用北海道產素材製作。濕潤的海綿蛋糕內加入大量濃醇鮮奶油。

享用前一定要先知道！

甜點的 基本知識

函館有不少頗具傳統的和菓子店及話題西式甜點店等知名店家，除了一家品嘗外，不妨也買回去當伴手禮吧。

甜點城鎮・函館

函館因開港緣故，很早就吸收了西洋文化，加上周邊地區生產不少牛奶、小麥等製作甜點的必備素材，也造就了今日多家人氣日式、西式甜點店的誕生。

若想享受店內氛圍也可選擇咖啡廳

也有不少咖啡廳改建古民宅而成，或者擁有絕佳景觀，可選擇在這些美好氛圍中享用甜點。本書中也介紹了不少相關咖啡廳，請一併參考。

灣區古民宅咖啡廳　　元町咖啡廳

附錄1

海鮮蓋飯 P.2

烏賊料理 P.4

壽司 P.6

鹽味拉麵 P.8

平民美食 P.10

甜點 P.12

使用嚴選食材的正統義式冰淇淋

市電十字街站步行5分

灣區

內用・外帶 ●ミルキッシモ函館赤レンガ倉庫本店

MILKISSIMO 函館紅磚倉庫本店

☎0138-84-5350 　MAP 附錄②5 B-3(金森紅磚倉庫)

源自函館的正統義式冰淇淋本店。使用函館近郊產的高品質牛奶，以及其他北海道產新鮮食材，加上義大利素材製成各種口味豐富的冰淇淋。

🕘9:30～19:00 　休無休 　所函館市末広町14-16 金森紅磚倉庫 History Plaza內 　P100輛(使用金森紅磚倉庫停車場)

→店舖旁設置了內用區

↑進入金森History Plaza正面入口即可見到店舖

必吃！

義式冰淇淋（三球）
560日圓
可選擇3種喜歡的口味製作。圖片為開心果×木莓優格×焦糖瑪奇朵。

這個也很推薦

玫瑰甜筒義式冰淇淋
590日圓

以「小小的感動」為主題的夢幻點心

這個也很推薦

Ami巧克力
339日圓(①)
Petit merveille
324日圓(②)

用心仔細製作的甜點

必吃！

Chocolat Voyage（12顆裝）
1500日圓
以滑順甘納許奶油包裹膨軟鮮奶油而成的松露巧克力。

可麗餅
500日圓(上圖左)

這個也很推薦

必吃！

しんしん
339日圓
草莓慕斯中加入布蕾，外觀可愛的蛋糕。

市電深堀町站步行20分

五稜郭

內用・外帶 ●プティ・メルヴィーユ

Petit merveille 本通店

☎0138-31-2137 　MAP 附錄②8 E-2

「希望讓顧客近距離享用到法式甜點」，故以實惠價格提供高級素材製成的甜點。不僅美味，就連外觀都充滿夢幻繽紛魅力。

🕘9:30～20:00 　休週三(逢假日則翌日休) 　所函館市本通3-25-25 　P15輛

↑店內充滿著溫暖氣息

↑提供豐富烘焙點心

市電末廣町站步行10分

元町

外帶 ●アンジェリック・ヴォヤージュ

Angelique Voyage

☎0138-76-7150 　MAP 附錄②4 D-2

位於函館中華會館前的別緻西式甜點店，可見到一個個仔細製作的西式甜點。除了人氣的「Chocolat Voyage」以外，還提供必須於30分鐘內吃完的現做可麗餅、烘焙點心等。

🕘10:00～19:00(售完打烊) 　休週一(逢假日則翌日休) 　所函館市弥生町3-11 　P無

↑店家小巧別緻

▶市電十字街站步行3分　MAP 附錄②5 B-2

元町
焼き菓子ホタル
●やきがしほたる
外帶

☎090-7515-0408

改建80年歷史的古民宅而成，店內販售司康、馬芬等點心。堅持選用北海道產食材，製成甜度適中的樸實美味。

🕘11:00～16:00(售完打烊) 　休週一、二(2、3月週日亦休) 　所函館市元町29-16 　P無

必吃！

司康
170～250日圓
原味全年皆有販售，其他種類則依月份而異。

▶市電五稜郭公園前步行15分　MAP 附錄②9 C-2

五稜郭
Glacier 'c' est chouette！
●ぐらしえせしゅうぇっと
內用・外帶

☎0138-32-9767

濃縮各種水果食汁後，製成色彩繽紛的冰棒「ICE POP」，共有25種口味。此外，亦提供霜淇淋340日圓等。

🕘4月中旬～10月中旬的10:00～19:00 　休週四(逢假日則營業) 　所函館市五稜郭町7-8 　P9輛

必吃！

ICE POP
各250日圓
使用血橙製作的「Saumur」(左)；以及椰奶與鳳梨製作的「COCO Pine」(右)。

▶市電五稜郭公園前站步行8分　MAP 附錄②9 B-2

五稜郭
Chouette Cacao
●シュウェット カカオ
外帶

☎0138-33-5766

使用高級巧克力製作蛋糕、年輪蛋糕等點心。其中，彭彭巧克力活用可可香氣，一顆顆手工製作而成。

🕘10:00～20:00 　休週四(逢假日則前日休) 　所函館市梁川町27-16 　P9輛

必吃！

ボンボンショコラ（6顆裝）
1360日圓
在豐富種類的巧克力中選擇6款最受歡迎者組合而成。

北海道美食

在函館享用這些特色美食！

函館名產也很美味，但既然都到了北海道，當然也想品味北海道的在地美食！在此特別推薦4家美味店鋪！

函館站前｜市電千歲町站即到
スープカリー喰堂 吉田商店
●すーぷかりーしょくどうよしだしょうてん

☎0138-27-1270　MAP附錄②9 B-4

由20種香料製作的湯咖哩餐廳，使用清爽卻有多層次美味的湯汁。此外，辣度及配料也相當多樣，也是其特色之一。

🕐11:30～14:30、17:30～21:30，週六、日、假日為11:30～21:30　休不定休　所函館市新川町24-1　P8輛　關〔午〕1000日圓〔晚〕1000日圓　座吧檯、一般、架高、和式　關不可

↑位於市電千歲町站步行可抵達的地點，相當易找
→使用學校課桌椅，讓店內洋溢著昭和30年代的復古氛圍

必吃！
豬絞肉秋葵與褐藻的Never咖哩
（4～10月限定）
930日圓

基底與湯咖哩相同，但因加入了褐藻，可享用更黏稠的口感。

將函館名產褐藻加入湯咖哩

函館站前｜JR函館站步行6分
豚丼ポルコ函館本店
●ぶたどんぽるこはこだてほんてん

☎0138-83-5046　MAP附錄②6 B-3

由帶廣出身、喜愛豬肉蓋飯的老闆開的豬肉蓋飯專賣店。雖然店位於函館，卻能提供最道地的美味。除了招牌的醬汁豬肉蓋飯外，還有務必嘗試的函館新名產「函館鹽味豬肉飯」，也深受歡迎。

🕐11:30～14:30　休週三、第3週四（視時期而異）　所函館市松風町10-6 2F　P無　關〔午〕900日圓　座吧檯、一般

↑開門後走樓梯到2樓即可進入店內　↑中午為豬肉蓋飯專賣店，到了晚上則成為運動酒吧

必吃！
十勝特製豬肉蓋飯
（附味噌湯、碗漬物）
900日圓

使用每100頭中僅有2～3頭可取得的貴重品牌豬肉「Kamikomi豬」梅花肉，加上自家製醬汁，採網烤製作而成。

由出身帶廣的老闆製作的道地豬肉蓋飯

灣區｜市電十字街站步行5分
羊羊亭
●めいめいてい

☎0138-24-8070　MAP附錄②5 B-3

位於函館灣美食俱樂部內的成吉思汗烤肉專賣店。店內使用的羊肉皆採用出生後不到一年的羔羊，肉質軟嫩無腥味。

🕐11:30～14:30、17:00～21:30，視時期而異　休無休　所函館市豐川町12-8 函館貝伊美食俱樂部內　P171輛（每小時300日圓，用餐者享2小時免費）　關〔午〕1500日圓〔晚〕3000日圓　座一般、和式　關不可

↑店家位於函館灣拉維斯塔酒店旁的函館灣美食俱樂部內，除了一般座位外，寬敞店內也設有架高座位

必吃！
成吉思汗烤肉
（60分鐘吃到飽標準方案）
成人3280日圓、孩童1800日圓

使用生羔羊肉軟嫩多汁，因無腥味，即使不太敢吃羊肉者也能輕鬆入口。

享用無腥味羔羊美味的成吉思汗專賣店

函館站前｜JR函館站步行5分
エビス軒
●えびすけん

☎0138-22-1262　MAP附錄②6 B-3

使用大量豚骨、雞骨、蔬菜等食材，一早便花上6小時熬煮高湯，口味清爽。為讓湯汁徹底結合麵條，還使用熟成後的粗麵製作。

🕐16:00～22:00　休週四、三、四　所函館市松風町3-10　P無　關〔晚〕700日圓　座吧檯、一般　關不可

↑就在函館站前一眼就可以看到的地方　↑很有歷史感的吧檯座位

必吃！
味噌拉麵
800日圓

老闆曾在札幌拉麵店內學習，因而推出味噌拉麵。偏粗的雞蛋麵交織嚴選濃醇湯頭，搭配叉燒、豆芽及鵪鶉蛋等配料。

在函館享用札幌特色的味噌拉麵

享用前一定要先知道！
北海道美食的基本知識

北海道的美食大集合！

北海道有許多孕育自豐富食材的美食！琳瑯滿目，令人目不暇給。

全區域 成吉思汗烤肉
札幌：湯咖哩、味噌拉麵
帶廣：豬肉蓋飯

在地便利商店Secomart

Secomart在北海道內設有多家分店，店鋪共約1200家，地區覆蓋率則有97％！店內更販售豐富的在地商品，請務必進去逛逛。

→北海道哈密瓜霜淇淋
200日圓

←7月下旬左右～9月中旬間還會提供水煮玉米（價格未定）

※價格視店鋪而異

附錄①
海鮮蓋飯 P.2
烏賊料理 P.4
壽司 P.6
鹽味拉麵 P.8
平民美食 P.10
甜點 P.12
番外篇 北海道美食 INDEX P.14

想尋找附近的店家！

美食INDEX

● 海鮮蓋飯　● 烏賊料理　● 壽司　● 鹽味拉麵　● 平民美食　● 甜點　● 北海道美食

道南食材 MAP & 季節美食月曆

道南在海產、農產品等各範圍都是**食材寶庫！**事先了解產地、產季，就更能享用**美味食物。**

月	海鮮類	農產品
3	布袋魚　扇貝	日本長芋
4	根鮋魚	**什麼是根鮋魚？** 鮋魚為洄游魚類，但根鮋魚則定棲性於海中岩石地區，故脂肪也確實堆積於體內。
5		
6	毛蟹　北寄貝　綠花椰菜	
7	北魷　褐藻	函館戀草莓 **什麼是函館戀草莓？** 栽培於活火山惠山山麓的大顆草莓。在陽光及活火山的溫泉熱中培育，擁有爽口酸味及甜味。
8	戶井鮪魚　北紫海膽	
9	牡丹蝦	Fukkurinko米 May Queen 馬鈴薯 國王香菇
10		今金男爵
11	松前鮪魚	蘋果
12	扇貝	**什麼是知內牡蠣？** 養殖於津輕海峽外海的牡蠣，因受到海浪拍打，無土味，且尺寸偏大的牡蠣內更聚集了大量養分。
1	知內牡蠣	
2	布袋魚　～3月	日本長芋　～3月

什麼是函館大沼牛？
為單一農家飼養的品牌牛，在全日本也相當少見。於可眺望駒岳的寬闊牧場內飼養的牛隻，具有較少的脂肪，口味偏淡。

什麼是布袋魚？
正式的名稱為白令海圓腹魚，體型十分圓潤。以醬油調味的布袋魚湯則是道南地區的鄉土料理。

扇貝　噴火灣　毛蟹　鰈魚　牡丹蝦
今金男爵

岩壯蠣　May Queen 馬鈴薯　**大沼**　**北斗**　函館大沼牛　蘋果　函館戀草莓
北紫海膽　綠花椰菜　Fukkurinko米　國王香菇　**函館市區**
江差　日本長芋　**木古內**　布袋魚　戶井鮪魚　根鮋魚
松前　褐藻　北魷　大間鮪魚
松前鮪魚　函館和牛　知內牡蠣
北寄貝　**津輕海峽**　北寄貝

什麼是大間鮪魚？
採用一本釣釣法，為最高級的黑鮪魚。大間捕獲的鮪魚重量約為100kg左右，推測魚齡約有7～8歲。

鱈魚　鯖魚
十三湖　比目魚
深浦鮪魚　扇貝

什麼是青森Syamorock雞？
青森縣自行開發的特產土雞。肉質細緻，可熬出較多高湯，適用於日式、西式及中式等調理方式。

蜆　青森和牛　青森短角牛
青森　藪kimi玉米　青森蘋果　大蒜　青森Syamorock雞

意外地有很多！

道南是北海道酪農之鄉

道南地方擁有遼闊土地、優質水源，適合栽培牧草。明治14（1881）年八雲町正式引入正式西洋酪農技法。如右側所示，現在仍承接傳統技術的直售處都能享用到其美味，請務必飲用看看。

道南的小規模生乳會社

元山牧場	八雲町☎0137-62-2078（提供直售） **MAP** 附錄②1
駒岳牛乳	森町☎01374-2-0808（提供直售） **MAP** 附錄②1
山川牧場 Milk Plant	七飯町☎0138-67-2114（提供直售） **MAP** 附錄②15 B-2
鈴木牧場 牛乳	北斗市☎0138-77-8241（提供直售） **MAP** 附錄②14 A-3

※參考資料：《南北海道食彩王國》（北海道渡島綜合振興局發行）

繁體
中文

日本旅遊情報網站
DiGJAPAN!

深度挖掘日本好玩、好吃、好看的旅遊資訊!!
無論您是旅遊日本的入門者還是重度使用者
DiGJAPAN! 都將帶給您最新鮮、有趣的精彩內容!

✔ 最新資訊滿載

人氣景點、觀光資訊、日本國內話題
商品以及賞櫻、賞楓等季節性活動,
快速掌握和發送日本最新且精彩
的旅遊情報。

✔ 高CP值行程規劃

多樣主題性的周遊行程規劃。教您
如何在有限的旅遊天數內,有效地
使用電車或巴士觀光、購物和享用
美食。

✔ 豐富的旅遊資訊

羽田機場到東京的交通方式、迴轉
壽司如何吃才道地、還有鞋子衣服
尺寸對應表,無論初次或多次旅遊
日本都可方便使用的實用資訊。

DiGJAPAN!	Search

https://digjapan.travel/zh_TW/

馬上來看DiGJAPAN!
精彩的日本旅遊資訊

Day 1

Start

搭上新幹線登陸北海道！

自東京站出發，最快只要4小時就能抵達。搭上「隼」號列車，穿越青函隧道，前往函館、道南旅遊的起點新函館北斗站！

➡ P.108

函館&道南的大富翁之旅

3天2夜徹底遊遍！

函館、道南地區雖然不大，卻集結各種景點、美食、玩樂及溫泉等極具魅力的觀光景點，琳瑯滿目。就透過大富翁遊戲的形式，一一介紹當地的美麗景色和美味食物吧！

在元町地區享用洋食午餐

搭乘**函館Liner**開心前往函館

➡ P.110

搭乘函館Liner前往函館觀光的起點——函館站。

搭上市電前往元町地區。the very very BEAST的Beast蛋包飯為店內最受歡迎的招牌餐點。

➡ P.37

函館哈利斯特斯東正教堂是在元町的多座教堂中最具代表性的建築。

➡ P.31

受元町的教堂所感動

當地也有許多美麗洋房集中的街區，其中又以舊函館區公會堂最引人矚目。藍灰色及黃色外觀令人留下深刻印象。

➡ P.32

往來多座坡道

函館的坡道是無數部電影及廣告的拍攝地。函館共有19座坡道，每處都有不同風貌。

➡ P.26

洋房也十分美麗！

函館街道上隨處可見公共藝術品，不妨找找自己喜愛的作品吧。
➡ P.43

發現時髦的公共藝術作品心情愉悅度上升

到了傍晚，就搭上空中纜車前往函館山山頂展望台「函館山的夜景」就在眼前！
➡ P.20

沉醉於令人憧憬的函館山夜景

入手可愛的元町雜貨

OZIO是深受當地人歡迎的皮革製品店，其本店就位於此區。花點小錢就能在這買到最適合作為伴手禮的商品。
➡ P.38

熱鬧非凡的大門橫丁

觀賞完夜景後，前往函館光之屋台大門橫丁。今晚就在函館グルメジンギスカン ラムジン享用晚餐。一手舉起啤酒杯，大快朵頤吧。
➡ P.64

稍作休息 在元町咖啡廳

最後再來碗拉麵！品嘗函館鹽味拉麵

到同樣位於橫丁內的新函館ラーメン 龍鳳享用拉麵結束這一晚。到了這裡一定不能錯過函館招牌的鹽味拉麵。
➡ 附錄①P.8

入住車站前的飯店

入住函館站旁的函館福朋喜來登飯店。可享用到海鮮蓋飯的函館早市就位於前方。
➡ P.114

元町有許多魅力獨具的咖啡廳。位於坡道上的自家焙煎珈琲 函館元町咖啡店內充滿木頭溫暖氛圍，可在此稍作休息。
➡ P.35

← 翻至P.6 展開第2天

令人驚訝的巨大螃蟹！

➡️ P.58

竟然有這麼大的帝王蟹！想購買時，可洽詢店員。

函館＆道南的大富翁之旅

Day 2

Start

到早市享用
海鮮蓋飯
補充一天的活力

一早就充滿活力的早市，令人興奮。飽嘗使用大量新鮮海產的海鮮蓋飯，補充一整天的活力！

➡️ 附錄①P.2

被噴到水…
體驗釣花枝時

➡️ P.61

位於早市的站二市場內，設有釣烏賊的水池。偶爾烏賊會噴水，請小心。還可當場做成生烏賊享用。

逛逛早市伴手禮

也可購買海產罐頭或乾貨作為伴手禮。早市內也有販售蔬菜及水果。

➡️ P.60

品嘗函館兩大B級美食！

到LUCKY PIERROT及Hasegawa Store就能購買到這些招牌B級美食。這兩家店鋪皆在此處設有分店，可依喜好選擇。

➡️ 附錄①P.10・11

搭上市電，朝著海風吹拂的灣區前進。除了金森紅磚倉庫外，周邊也有許多特色景點，可盡情享受漫步及購物之趣。

➡️ P.46

悠閒漫步於灣區

從塔上一覽星形的
五稜郭公園全景

「星形的五稜郭」雖然有名，但漫步其中時應該無法實際感受到其星形的構造。登上塔瞭望的話，照片中的景緻等著你喔！
➡ P.70

湯之川溫泉長年深受當地人所喜愛，也有許多美食。霜淇淋、糰子、炸肉排都相當美味。
➡ P.82

讚嘆溫泉街的
各種美食！

逛完五稜郭塔後，不妨一窺1樓的天井，可見到新撰組副長土方歲三（雕像）昂然挺立於此。
➡ P.71

還可見到
土方歲三

到法國菜餐廳
享用晚餐

在**湯之川溫泉的足湯**
療癒身心

在市電湯之川溫泉電車站下車，一旁就是免費的足湯。
➡ P.82

到五稜郭附近、位置隱密的法國菜餐廳Restaurant箕輪享用晚餐。招牌餐點烤牛排堪稱一絕。
➡ P.72

搭上復古市電列車
高嶺號移動

住宿於**五稜郭地區**

今晚住宿於Nets函館酒店。飯店位於五稜郭地區正中央，地理位置極佳，無論去哪裡都很方便。
➡ P.114

在此可搭乘高嶺號市電，搭乘前請一定要事先確認行駛狀況。車廂內也充滿著復古氛圍，光是搭車就十分有趣。
➡ P.26

⬅ 翻至P.8 展開第3天

早上駕車一路兜風至大沼，享受各式各樣的休閒活動，像是在美麗的景色中散步、騎自行車，或搭乘遊覽船來趟湖上漫步。

→ P.92

Start

大沼的自然景觀
超療癒，變得更有活力

在Auberge EPUY享受
傳說中地產地消法式餐點

到大沼鶴雅Auberge EPUY享受午餐。眼前所見的，全是使用當季在地產食材製作、四季皆異的餐點。這些色彩鮮艷的餐點，光看就能大飽眼福。

→ P.94

大口嘗遍 大沼招牌甜點

除了招牌的大沼糰子外，還有使用新鮮牛奶製成的霜淇淋等各種大沼甜點，不可錯過。

→ P.94

一早前往牧場
在Paard Musee
與馬近距離接觸

前往大沼流山牧場 Paard Musee。這裡的「牧場生活體驗」不僅可與動物近距離接觸，還能一同生活。

→ P.93

Goal

在函館機場
一口氣買齊
所有伴手禮！

函館機場設有豐富的伴手禮商店，從必買的各種伴手禮，到稍微不同的紀念品店鋪，應有盡有。旅途尾聲就盡情享受購物吧。

→ P.84・90

在空港綠地 高松展望廣場，以500m左右的近距離觀賞飛機起降！

→ P.83

在機場旁的公園欣賞
極具魄力的景象！

函館市區 → P.19

五稜郭站

五稜郭 → P.68

五稜郭公園

五稜郭公園前

特拉皮斯汀女子修道院 ★

杉並町　柏木町　深堀町

中央病院前

市電

湯之川 → P.78

千代台

堀川町

競馬場前

駒場車庫前

函館賽馬場 ★

市民會館前

函館灣

函館港

昭和橋

湯之川溫泉

湯之川溫泉

千歳町

灣區‧十字街 → P.44

元町‧西部地區 → P.28

函館船塢前

新川町

函館站

函館早市

金森倉庫群

市役所前

松風町

大町

函館站前

末廣町

外國人墓地 ★

舊函館區公會堂 ★

函館哈利斯特斯東正教堂 ★

函館市熱帶植物園

魚市場通

函館站前‧大門地區 → P.56

函館山空中纜車

十字街

山麓

市電 → P.26

貴來町

函館公園 ★

市電青柳町

函館山

山頂

函館山 → P.20

谷地頭

津輕海峽

★ 立待岬

志海苔漁港

函館機場 ★

出發前的必備知識

函館道南觀光基本資訊

這是怎樣的區域？推薦旅遊時期？住哪裡？怎麼玩才有趣？
首先，就來了解函館道南的觀光基本資訊，幫助自己安排旅遊計畫吧。

北海道

駒岳

大沼公園

江差 → P.102

大沼 → P.92

新函館北斗

龜田半島

北斗 → P.96

五稜郭　函館機場

松前半島

函館市區 → P.19

木古內 → P.100

北海道新幹線

松前城

松前 → P.104

小島

津輕海峽

青森縣

大湊

下北半島

陸奧灣

三廏　奧津輕今別

津輕半島

岩木山

五所川原

五能線

新青森

青森

東北新幹線

七戶十和田

八甲田山

三澤機場

野邊地

浪岡

主要觀光景點大多集中在特定區域內

函館市區較具魅力的觀光景點大多集中於元町到湯之川溫泉間的小範圍內。而從函館市區到距離最近的北斗地區約需20分車程，最遠的松前也僅需2小時就可抵達，不妨拓展範圍，享受不同觀光樂趣。

函館連續10年入選地區品牌調查最具魅力城市前3名

這個排行榜整理自日本全國約3萬人的調查問卷，其中函館的觀光便利程度及地區形象已連續10年獲得前3名的佳績。順帶一提，都道府縣的魅力指數排行榜中，北海道則是全日本第1名。

地區品牌調查2017

1 京都市（京都府）
2 函館市（北海道）
3 札幌市（北海道）
4 小樽市（北海道）
5 鎌倉市（神奈川縣）

※調查：Brand綜合研究所

Step ①

確認觀光景點的位置及概要資訊！

南北海道的玄關──函館是旅途的起點。地區的觀光景點及相關特色，選擇自己想去的地方吧。

先掌握哪個地區有什麼特色！

函館市區

美食	觀光名勝	區域簡介	地名

宴席料理
包括曾於知名美食指南獲得1顆星評價的名店，可享用到充滿在地風味的餐點。

洋食
北海道的洋食文化最早紮根於函館地區，不少知名老店皆位於元町。

函館山夜景
從函館山眺瞰的夜景為世界三大夜景之一。尤其傍晚至晚間這段薄暮時分景觀最為美麗。可先確認日落時間再前往。

函館哈利斯特斯東正教堂
日本最古老的東正教堂。共有5座大小不同的鐘，在禮拜前都會發出鐘聲，故又有「咚咚寺」的別稱。

區域簡介
充滿異國氛圍的漫步路線
函館與橫濱、長崎同於安政6（1859）年一同開港，也奠定了及早接觸外國文化的根基。受到影響最深的元町地區，至今仍留著許多棟充滿歷史的教堂、洋房，以及日洋混合風格的民宅。

元町‧西部地區 →P.28

西班牙料理
使用在地食材製作餐點，並結合站著喝酒風格的酒吧式餐廳廣受歡迎。

在地漢堡
LUCKY PIERROT的Chinese Chicken Burger深受好評，本店就位於灣區。

金森紅磚倉庫
這座在灣區最具代表性的建築建造於明治末期，聚集了伴手禮店、啤酒屋、甜點店等超過40家店鋪，每天都非常熱鬧。

函館Bay Cruise Bluemoon
白天的「Bay Cruise」行程為30分函館港繞行路線，可從海上眺望函館街景，別有一番風味。

區域簡介
在港邊的倉庫享受購物之趣
過去這裡曾是北海道漁業的據點，許多船隻皆會在這裡下貨。而當時曾作為倉庫使用的紅磚建築，如今則改建為結合伴手禮商店、餐廳的複合式設施。

灣區‧十字街 →P.44

屋台料理
品項豐富，包括螃蟹料理、壽司、生烏賊、成吉思汗烤肉及天婦羅等。

海鮮蓋飯
品嘗海鮮蓋飯首推函館早市。蓋飯種類依店家而異，不妨找出自己喜歡的一家享用。

函館光之屋台 大門橫丁
集結了26家店鋪的屋台村內有成吉思汗烤肉、海鮮及拉麵等多種美味，可擺攤盡情享用。

函館早市
約250家店鋪林立，從新鮮漁獲到水果、蔬菜、日用品等應有盡有。若想品嘗海鮮蓋飯，推薦聚集各家食堂的「蓋飯橫丁市場」。

區域簡介
函館站周邊有可享受到新鮮海產的「函館早市」，旁邊就是函館觀光據點之一的「大門橫丁」等處。每天都吸引許多觀光客前往。可在此盡情享用函館才有的特色美食。

函館站前‧大門地區 →P.56

鹽味拉麵
將鹽味拉麵推廣到日本全國的名店「函館麵廚房 あじさい本店」最為聞遐邇。

活烏賊
五稜郭到了夜晚便搖身一變成為繁華鬧區，聚集了多家居酒屋，其中又以活烏賊最為知名。

五稜郭公園
日本第一座西式城郭建築，從上空向下俯視，可見到美麗的星形圖案，目前則以公園形式對外開放參觀。到了春天更成為知名的賞櫻勝地。

五稜郭塔
到了塔內的展望台不僅可飽覽星形的五稜郭全貌外，還可以360度觀賞函館街景。

區域簡介
星形的城郭曾為箱館戰爭的舞台
這座星形城郭「特別史跡五稜郭跡」曾經是明治元年於大河劇的舞台，也曾出現於2010年的箱館奉行所復原了箱館奉行所，可在此學習到幕末歷史。

五稜郭 →P.68

鹽味拉麵
晚上可在溫泉街上見到移動式的拉麵車，最受歡迎的就是鹽味拉麵。

壽司
湯之川溫泉街上有多家壽司名店，還可在此吃到津輕海峽產的鮪魚。

湯倉神社
這座神社為湯之川溫泉的守護神。此處設有湯川溫泉發祥之地碑，漫步溫泉街時，途中經過不妨至此參拜。

漁火
每年6～12月烏賊捕撈季節期間就可見到這番漁火美景。可從靠海的溫泉旅館內欣賞。

區域簡介
日本首屈一指、擁有350年歷史的溫泉街
這條溫泉街被稱為「函館的奧座敷」，共有約30間旅館在此營業，從高級獨棟的和風旅館到現代大型飯店皆有。此外，在漫步開逛之外，也相當豐富，最適合在此欣賞豐富美食。此外，最適合在此漫步開逛，還能欣賞溫泉街點的漁火。

湯之川 →P.78

道南地區

牛肉料理
包括霍爾斯坦牛、黑毛和牛等飼養於大沼豐富自然環境下的大沼牛，肉質軟嫩、口味豐富。

自展望台眺望駒岳及函館山等景觀，夜晚則可比高函館市景。

城岱牧場

大沼國定公園
這座國定公園包括大沼、小沼及蓴菜沼等湖泊，更可眺望美麗的駒岳等山景，是深受歡迎的紀念照拍攝景點。

區域簡介
日本新三景之一
位於函館北方的傍水度假勝地。可輕鬆享受森林浴，更有包含獨木舟等豐富戶外休閒活動，而大沼美食也不容錯過。

大沼 →P.92

北寄貝料理
北斗地區最具代表性的特產。以傳統漁法「北寄貝又捕法」捕獲，用日式及西式手法製作成餐點。

木地挽高原
設有室內展望室，不需受限於天氣。能一覽大沼、函館及北斗的街景。

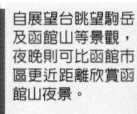
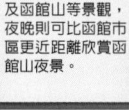

燈台的聖母 Trappist修道院
日本最早建造的男子修道院，此處製作的餅乾及奶油廣受歡迎。

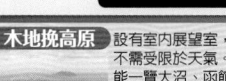
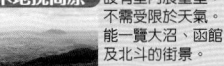

北海道新幹線的終點站
北斗是位於北海道新幹線的終點函館市旁的城鎮。現在則成為道南觀光據點。春天更是知名的賞櫻勝地。

北斗 →P.96

炙燒干貝蓋飯
使用干貝及當地知名米「Fukkurinko」等在地特產製作而成的料理，請先確認供應時段及店家等資訊。

藥師山
藥師山上設有散步路線，可漫步至大沼中。能遠眺津輕海峽的景觀，以及5月中旬的芝櫻都相當美麗。

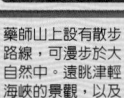
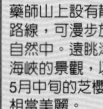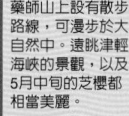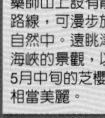

提供道南西部9町的觀光資訊，也設有販賣在地產品的商店，以及由名廚奧田政行監修的餐廳。

公路休息站 みそぎの鄉きこない

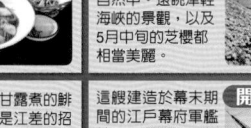

北海道新幹線的玄關
北海道新幹線停靠的其中一站，可說是新幹線在北海道的玄關。附設餐廳的公路休息站在車站前全新開幕。

木古內 →P.100

鯡魚蕎麥麵
加入鯡魚甘露煮的鯡魚蕎麥麵是江差的招牌美食，可在町內的食堂或蕎麥麵店裡享用。

這棟建造於幕末時間的江戶幕府軍艦於1990年復原，船內展出各種珍貴資料。

開陽丸

いにしえ街道
這條舊國道的兩旁有不少歷史性的建築。「橫山家」及「舊中村家住宅」等知名景點也在此。

曾繁華一時的漁港城鎮
曾因鯡魚漁業而興盛，至今仍有許多充滿歷史的建築如舊民宅、古佛寺院等。曾於箱館戰爭中沉沒的江戶幕府軍艦開陽丸也復原於此。

江差 →P.102

鮪魚料理
使用來自津輕海峽前沖的北方黑鮪。最佳的品嘗方式為生魚片，用鮪魚蓋飯的方式大快朵頤吧。

白神岬
北海道最南端的海岬，天氣晴朗時可眺望青森縣的龍飛岬。還可賞鳥，是一座擁有豐富自然環境的海岬。

松前城
在幕末期間因防衛北方而建造。而今日城內則成為資料館，介紹松前藩的歷史。

日本最北端的城下町
北海道內唯一一座歷史超過800年的城下町，更是北海道首屈一指的賞櫻勝地。町內可見到許多名勝古蹟。

松前 →P.104

月	氣溫	降雨量	水族館費用	觀光客數
3月 March	5.3°C（最低氣溫 -2.6°C）	59.3mm	45000日圓	約929萬人
4月 April	11.8°C（最低氣溫 2.6°C）	70.1mm	30000日圓	約945萬人
5月 May	16.5°C（最低氣溫 7.5°C）	83.6mm	35000日圓	約957萬人
6月 June	19.9°C（最低氣溫 12.1°C）	72.9mm	44000日圓	約955萬人
7月 July	23.4°C（最低氣溫 16.6°C）	130.3mm	62000日圓	約964萬人
8月 August	25.8°C（最低氣溫 18.7°C）	153.8mm	65000日圓	約976萬人
9月 September	22.7°C（最低氣溫 14.1°C）	152.5mm	48000日圓	約969萬人
10月 October	16.8°C（最低氣溫 7.4°C）	100.0mm	40000日圓	約953萬人
11月 November	9.7°C（最低氣溫 1.4°C）	108.2mm	34000日圓	約932萬人
12月 December	3.3°C（最低氣溫 -3.5°C）	84.7mm	38000日圓	約932萬人
1月 January	0.7°C（最低氣溫 -6.2°C）	77.2mm	30000日圓	約923萬人
2月 February	1.5°C（最低氣溫 -5.9°C）	59.3mm	45000日圓	約925萬人

函館　5月下旬～6月上旬
惠山杜鵑花節

(會場) 惠山杜鵑公園(附錄②1)
(洽詢) 函館市惠山支所產業建設課
☎0138-85-2336

函館市惠山地區為知名的杜鵑花景點，每年5月下旬～6月上旬可見到爭相盛開於活火山惠山上，共有60萬株的蝦夷山杜鵑、鈴蘭花等花朵，將山脈染得一片艷紅。

函館　5月中旬
箱館五稜郭祭

(會場) 五稜郭公園周邊(附錄⑨C-2)
(洽詢) 箱館五稜郭祭協贊會
(商工會議所內)
☎0138-23-1181

可見到市民身著箱館戰爭時的服裝，走行於五稜郭公園及其周邊地區的維新遊行。其中打鬥表演更不容錯過。

松前　4月下旬～5月中旬
松前櫻花祭

(會場) 松前公園(附錄⑯A-3)
(洽詢) 松前觀光協會
☎0139-42-2726

松前公園內種有共1萬棵、250種品種的櫻花，更獲選為「日本賞櫻名勝100選」之一。每到春天，櫻花就會依時期依序開花，賞花時期長達一個月左右。花季期間還會舉辦各種活動，最值得一看的便是第一天舉辦的武者遊行。

函館　10月下旬～11月上旬
函館MOMI-G節

(會場) 見晴公園內 香雪園(附錄②E-2)
(洽詢) 函館市住宅都市施設公社
☎0138-40-3605

活動舉辦於北海道唯一一座國家指定文化財庭園「香雪園」內，除了夜間楓葉點燈外，還會舉行爵士或古典樂等迷你演奏會，以及各種展覽、體驗活動。

函館　7月中旬～8月上旬的週五、六夜晚
市民創作函館野外劇

(會場) 五稜郭公園(附錄⑨C-2)
(洽詢) 市民創作「函館野外劇」之會
☎0138-56-8601

以五稜郭公園為舞台，透過函館市民親自打造、演出這部正統戶外劇來訴說函館歷史。2018年也迎來第31場公演。

上之國　6月第3週六、日
夷王山祭

(會場) 上之國八幡宮～夷王山神社前(附錄②1)
(洽詢) 上之國町觀光協會
☎0139-55-3955

這場祭典主要為松前藩之祖，也就是武田信廣所長眠的夷王山周邊舉辦。最值得一看的便是宵宮祭期間，從山麓的上之國八幡宮出發，步行至山頂夷王山神社的隊伍。

函館　8月18日
湯之川溫泉煙火大會

(會場) 湯之川溫泉街(附錄②8F-4)
(洽詢) 函館湯之川溫泉旅館協同組合
☎0138-57-8988

這場煙火大會象徵著函館夏季進入尾聲。煙火主要於松倉川下游一帶施放，欣賞煙火時，還能看見津輕海峽捕烏賊船的漁火風光。

江差　8月9～11日
江差‧姥神大神宮渡御祭

(會場) 町內部分地區(附錄⑯C-4)
(洽詢) 姥神大神宮祭典協贊實行委員會
☎0139-52-4815(江差觀光會議協會)

這是蝦夷地最古老的祭典，可追溯至370多年前。活動內容與京都祇園祭類似，13台豪華炫目的山車走過町內各地的樣貌，極具魄力。

函館　12～2月
五稜星之夢

(會場) 五稜郭公園(附錄⑨C-2)
(洽詢) 五稜星之夢實行委員會
☎0138-51-4785(五稜郭塔)

以約2000組燈飾架設於特別史蹟五稜郭跡的內護城河沿線，共1.8km長。活動期間，五稜郭塔也會延長營業小時，可到展望台一覽美景。

函館　12月1～25日
函館Christmas Fantasy

(會場) 金森紅磚倉庫前海上(附錄②5B-3)
(洽詢) 函館國際觀光會議協會
☎0138-27-3535

金森紅磚倉庫前方的海上出現一座巨大的聖誕樹！活動期間除了燈飾點燈秀外，每天還會隨著點燈秀施放煙火，而集結各店家獨創湯品的Soup Bar也深受歡迎。

七飯　2月上旬
大沼函館雪與冰之祭典

(會場) 大沼國定公園廣場(附錄⑮B-4)
(洽詢) 七飯大沼國際觀光會議協會
☎0138-67-3020

展出雪人、冰雕等藝術作品，更設有深受孩童歡迎的巨大溜滑梯，是冬季一大盛會。暖和的攤販美食也是其中一項樂趣。

木古內　1月13～15日
寒中禊祭

(會場) 佐女川神社、Misogi濱、Misogi廣場(附錄⑯C-2)
(洽詢) 木古內町觀光協會
☎01392-6-7357

由四位被稱為「行修者」的年輕人留宿於神社內，以冷水淨身，在第3天時，將4尊神像送入嚴寒的津輕海峽中洗淨，祈求全年漁獲豐收。看到行修者在嚴寒下的淨身鍛鍊，令人感動。

※本篇所刊登的活動資訊以2018年度訊息為準。2019年度可能有所更動，請務必事先洽詢相關單位。
資料來源：函館國際觀光會議協會（2016年 來函旅客數估計）、氣象廳（1981～2010年氣象統計資訊）
旅遊費用則以東京羽田機場出發、2天1夜自由行行程為準。

依據旅遊目的仔細研究

Step ③

決定移動方式及住宿地吧!

掌握自己在函館等道南地區想造訪、適合前往的時期後,接下來就可以安排移動方式的景點,以及相關資訊、據出發地、預算、在當地的觀光路線等條件,安善安排吧。

(要怎麼去?)

從北海道內前往函館的旅客,通常選擇鐵路或自行駕車;而外地旅客則大多搭飛機。此外,因北海道新幹線通車後,也讓旅客能更輕鬆前往北海道。自行開車者,也可結合客輪,享受更有趣的觀光之旅。

費用、時間	概要	
東京 4小時~4.5小時 22690日圓	乘車時間較長,但費用卻很實惠。每日約有10班自東京出發的直達車。(此外亦有臨時列車)	新幹線
新大阪 6小時50分~7小時15分 32710日圓		
札幌 約3小時10~35分 8830日圓	每日12班由札幌發車,班次相當多。自旭川或帶廣出發者,必須於札幌南千歲轉乘。	JR
旭川 5小時~5小時50分 13090日圓		
羽田 約1小時20分 35490日圓	羽田出發的班機每日8班,班次較少,但若搭乘前兩班飛機可於中午前抵達函館。	飛機
伊丹 約1小時35分 43600日圓		
大間 約1小時40分 13160日圓※	乘船時間較長,每天16班從青森出發的船班,班次多。也可搭乘深夜船班,有效利用時間。	客輪
青森 約3小時40~50分 14400日圓~※		

※客輪費用為不滿5m或6m的車輛運費
(包含1名駕駛的2等艙費用)

想參觀必去的景點只要2天1夜就很足夠

「早上想去早市逛逛」、「希望泡溫泉悠閒享受」等,請依自己希望早上、晚間如何度過來挑選住宿地區。同時考慮預算,選擇符合旅遊目的的旅館吧。

依住宿地點改變早上及夜晚的玩樂方式

函館市區的景點大多位於市電各站的步行範圍內,而市電未行經的地區則有路線巴士通過。欲搭乘多次市電及巴士者,還可活用划算的乘車票券。(請參考P.15、附錄②P.11)

只在函館市區觀光者可搭乘便利的大眾運輸工具

函館機場距離市區不遠,市電也繞行市中心各地,交通相當便利。只要2天1夜,就能安排不會過於緊湊的旅遊行程。週末就能輕鬆來趟小旅行是函館的一大魅力。多住一晚,則可前往郊外地區。

(到了函館以後要怎麼辦?)

首先,前往函館觀光的起點——函館站吧。函館機場及函館站都設有行李配送服務,可送往住宿飯店,相當方便。租車自駕則可立即前往想去的地方。

MAP	DATA	概要
仁山站 往大沼 往大沼站 七飯藤城 函館本線 新函館北斗站 北海道新幹線 新函館 往木古內站 **租車自駕** 站內無租車櫃台。站前則有日本租車、歐力士租車等8家公司營業處。	☎0138-84-1147(服務處) 📮北斗市市渡1-1-1 **前往函館站的交通路線** 鐵道 搭乘函館Liner最快僅15分(快速)、360日圓。抵達後至隔壁月台即可乘坐函館站。 巴士 可於站前巴士站搭乘前往函館市內各地、七飯町、大沼公園或鹿部町等處的路線巴士。 ●投幣式置物櫃…站內共有12個。 單次單日(小)400日圓、(大)600日圓。 ●行李寄送服務…無 ●觀光服務處…2樓設有北斗市觀光服務處。	→P.99 位於函館鄰市北斗市,是北海道新幹線的玄關。距離函館約18km,搭乘快速列車最快僅需15分即可抵達。 **新函館北斗站**
往新函館北斗站 往新函館北斗站 客運碼頭 函館站★ 函館站前巴士站★ 函館早市 函館駅前 市電★ 市電 函館前 往湯之川溫泉 往函館機場 往元町 往灣區 **租車自駕** 站內無租車櫃台。站前設有JR Rent-A-Car、歐力士租車、日本租車等公司營業處。	☎0138-23-5440(服務處) 📮函館市若松町12-13 **前往各觀光景點的交通路線** 市電 車站步行4分即可抵達函館站前市電站,但前往函館船場及谷地頭方向的電車路線不同,請多加留意。 巴士 站前設有巴士站,可於此搭乘定期觀光巴士及周遊巴士。 ●投幣式置物櫃…站內共有445個。 單次單日(小)400日圓。 ●觀光服務處…站內設有函館市觀光服務處。	→P.89 自車站步行就可抵達市電車站,函館站前也設有巴士站,可以此為起點展開函館之旅。 **函館站**
根崎公園 函館機場 函館之川溫泉 津輕海峽 **租車自駕** 機場內設有租車櫃台(包含日本租車、豐田租車、ホンダレンタリース等8家公司)	☎0138-57-8881 📮函館市高松町511 **前往函館站的交通路線** 巴士 於機場前(3號月台)搭乘函館帝產巴士的接駁巴士前往函館站,約需20分、410日圓。 計程車 計程車會固定於機場前排班,車程約20~25分、約2500日圓(依行駛狀況而異)。 ●投幣式置物櫃…機場內共有69個。 單次單日(小)300日圓。 ●行李寄送服務…可於機場內的「空手觀光」(カペラ超商)處寄送。每件600日圓。 ●觀光服務處…機場內設有函館機場諮詢櫃台。	→P.90 搭乘接駁巴士,可前往函館站、五稜郭、湯之川溫泉、灣區及大沼等地,相當便利。 **函館機場**
往北斗 往大沼站 木古內 道南漁火鐵道 往大沼 北海道大 函館縣客運碼頭(津輕海峽客輪) 往五稜郭 五稜郭站 青函連絡碼頭 南函港 北埠頭 往函館站 **租車自駕** 函館縣客運碼頭內設有歐力士租車的營業處。	☎0138-43-4545 📮函館市港町3-19-2 **前往函館站的交通路線** 車 經國道227・5號約6km、15分。 巴士 於客運碼頭前搭乘函館帝產巴士約30分、320日圓。	津輕海峽的客運碼頭,設有餐廳、伴手禮店等,更提供豐富的各地區簡介資訊。 **函館縣客運碼頭**
	☎0138-42-5561 📮函館市淺野町5-11 **前往函館站的交通路線** 車 經國道227・5號約4km、6分。 巴士 於客運碼頭前搭乘北海道觀光巴士5系統約11分鐘、200日圓。	距離函館市中心不遠,可駕車或搭乘路線巴士前往函館站。 **青函連絡碼頭**

14

決定移動方式及住宿地吧！

這是經典觀光路線 函館市區 2天1夜 範例行程

函館最大的魅力，就是即使只有2天1夜，都能玩得盡興。因此在這特地規劃一套獨家行程，供讀者參考。行程包含函館各大必去景點。

	24 23 22 21 20 19 18 17 16 15 14 13 12 11 10 9 8 7 6 5	
第 1 天	晚餐 五稜郭的居酒屋　參觀 函館山夜景&元町點燈街景　漫步 元町教堂&洋房巡禮　午餐 鹽味拉麵（函館站附近）　東京約8時發車 去程	搭乘第一班前往新函館北斗的新幹線　東京發車前往新函館北斗的新幹線「隼」號約為6時自東京發車，之後每1〜2小時一班。若想於當日參觀較多景點，至少須於10時前搭上新幹線。
第 2 天	回程 函館約19時出發　漫步&購物 灣區　購物&午餐 函館早市　漫步 五稜郭公園　早餐 住宿的飯店	

函館出發往東京的航班最末班約為19時左右
函館出發前往東京的航班最末班約為19時左右，有JAL及ANA的班機。這時段的班機常常客滿，建議一確定旅遊日期便及早預定。

要住在哪裡？

函館各地區的住宿設施相當豐富，從市區飯店到溫泉旅館皆有。住宿地區會影響當晚及隔天一早的旅遊方式，可參照下表選擇。

早餐	晚餐	建議	概要	
直接於飯店用早餐即可。市電從早上6時後開始運行，也可前往函館早市享用早餐。	洋食餐廳較多，但提供懷石料理的料亭富茂登，和提供壽喜燒的阿佐利本店等名店也在此區。	距離函館山較近，看完夜景後能立刻回到飯店。不過，周邊餐廳較少，多數店家最晚也僅營業至20時左右。早上可在元町地區漫步，時間充裕者還可至函館山欣賞日出美景。	P.112　多為規模較小，由倉庫改成的歐風民宿，以及小型飯店等，風格多樣。	元町・西部地區
以美味早餐聞名的函館灣拉維斯塔酒店最受歡迎，深受好評的則是海鮮蓋飯及現做餐點區。	可飽覽函館灣夜景的海のダイニングshirokuma以及Restaurant Winning深受歡迎。	徒步就能抵達函館早市及元町等地，交通便利。周邊居酒屋不多，但有不少時尚咖啡廳及餐廳。還可將買來的伴手禮等物先放回飯店後再出門，可以輕鬆享受購物樂趣。	P.113　建造於可眺望函館灣及元町街景的市區飯店最受歡迎，還可從房間欣賞夜景。（以市飯店為主）	灣區・十字街
訂房時選擇不含早餐的方案，前往一早就營業的函館早市享用海鮮蓋飯或定食吧。	聚集26家風格不同餐廳的函館光之屋台 大門橫丁最受歡迎，本地也有不少海鮮居酒屋。	一抵達函館站，就能放下（或是寄放）行李，輕鬆展開旅程。此區域離函館早市、函館光之屋台大門橫丁等地不遠。設有溫泉大浴場的商務旅館相當受歡迎，建議及早訂房。	P.114　函館站前及函館早市一帶為商務旅館、市區飯店聚集處。（以商務旅館為主）	函館站前・大門地區
通常會使用飯店提供的自助式早餐。咖啡廳Pibery僅限8〜12時提供的賴床套餐也頗具人氣。	有多家可享受新鮮海產料理的居酒屋等店家。更有不少店家營業至深夜。	雖鄰近五稜郭公園，但距離元町或灣區等地稍遠。五稜郭地區有不少餐廳，適合想享受函館夜生活的旅客。在此地區還有不少價格實惠的住宿選擇，其中也有附設溫泉的飯店。	P.114（推薦）　五稜郭為函館商務中心，故周邊設有多家商務旅館，亦有函館最大的鬧區。（以商務旅館為主）	五稜郭
多於旅館內享用早餐。若為自助式早餐，則可品嘗多種以在地食材製作的餐點，分量十足。	通常會在飯店享用晚餐，但溫泉街上也有多家當地人好評的壽司店及拉麵餐車等。	距離函館機場僅5分車程，離函館市中心也僅10分車程，地理位置極佳。旺季時人潮眾多，建議提早預約住宿。有不少當地人也會前往的溫泉公共浴場，不妨享受溫泉散步巡禮吧。	P.115（必去）　北海道首屈一指的溫泉街。共有從小型旅館到大型飯店約30家住宿設施。（以溫泉旅館為主）	湯之川

在函館要如何移動？

市中心以市電最為方便，其他地區則可依自己的目的選擇移動方式。

詳情請參照 附錄②P.10

費用	概要	
費用依距離而定，起始費用為210日圓，最高250日圓。1天搭乘3趟以上者，可選擇市電1日乘車券（600日圓）較划算。也可購買市電・函館巴士共通乘車券（1日1000日圓、2日1700日圓），同時可搭乘函館巴士。	（必搭）　市電路線包括各觀光地區，全天約每6〜10分一班車。	市電
採費用均一區間制（元町・灣區周遊號210日圓等），以及相對距離區間制等兩種計費方式。若需多次搭乘巴士，則可購買函館巴士專用巴士1日無限乘車券「カンバス」（800日圓），也可用於搭乘部分周遊巴士，十分划算。	元町、灣區等地區建議搭乘周遊巴士。市電未到達的地區則可活用路線巴士。	巴士
はこりん♪的自行車為4小時1000日圓、1日（營業時間內歸還）1600日圓。若早上借出，並於中午12時前歸還，僅需500日圓。而BAY的自行車租借為每輛每日（營業時間內）1000日圓。租借窗口等詳細資訊請參照附錄②P.11。	（推薦）　租借電動自行車可至はこりん♪，即使陡坡較多的元町地區也能輕鬆遊玩。BAY是こだて有變速功能的自行車。	自行車租借
提供多種不同目的的觀光路線，包含參觀函館市區的1日、半日遊行程，以及繞行大沼周邊景點的1日遊行程等。行程時間及費用等洽詢相關單位。☎0138-57-4000（北都交通函館支店）	可在導遊的解說下享受觀光樂趣。費用包含參觀各設施的入場券，十分划算。	定期觀光巴士
租車費用依車種、租借日數及方案而定，以Vitz車款等級來說，基本費用為首日7020日圓，之後每日5940日圓。7〜8月間為夏季價格，同級車款首日10260日圓，之後每日7560日圓。	元町的主要景點通常無停車場，建議可停放在基坂的觀光停車場後再步行。	自家車・租車

15

函館、道南地區陸續出現許多重新改裝、開幕的店家，以及活化函館風貌的新景點。立刻掌握最新資訊，別跟不上話題！

函館地區

2017年4月22日

五稜郭地區的新景點

SHARE ∧ STAR HAKODATE

開幕了！

「SHARE ∧ STAR HAKODATE」是新的複合式設施，就在五稜郭觀光據點的市電「五稜郭公園前站」前開幕，館內包含販售飲食、雜貨的店鋪，以及風格休閒的咖啡廳及各種餐廳等，相當多樣，五稜郭地區的新觀光景點十分引人矚目。

詳情請見 P.76

↑函館的人氣皮革製品店OZIO分店

↑集結11家餐廳的 SHARE ∧ STAR Kitchen

↑位於五稜郭商店街的中央地帶，吸引眾人目光

↑店內設有寬敞舒適的用餐區

↓rocco販售各種 Fattoria Bio Hokkaido的乳酪製品

↑まるかつ水産的握壽司套餐2700日圓

↑肉のつしま IRWAK的特製漢堡排150g1180日圓（附白飯、湯）

灣區的新形態飯店

THE SHARE HOTELS

HakoBA 函館

開幕了！
2017年5月26日

這家飯店由有85年歷史的舊銀行及美術館改造而成，包括帶有舊銀行風味的特色客房，以及內裝簡單、價格實惠的客房等。可眺望海景的餐廳也深受好評。

詳情請見 P.113

↑石造建築及紅磚建築並存

↑擁有大片窗戶、空間感開放的餐廳

湯之川的老牌溫泉飯店

Hakodate Hotel Banso

用餐棟新開幕！

2018年5月22日

備有餐廳及客房的用餐棟於2018年5月22日全新開幕。而一向廣受好評、可品嘗各種函館美味的自助式餐廳也變得更新、更寬敞，不容錯過。

詳情請見 P.116

↑享受由師傅在眼前現捏現做的壽司 ↑生魚片及螃蟹等品項也相當豐富

↑提供有函館名店五島軒的英式咖哩

↑北海道的知名料理成吉思汗烤肉也不容錯過

道南地區

公路休息站 なないろ・ななえ

道南地區的新公路休息站

2018年3月23日 開幕！

詳情請見 附錄② P.12

→令人印象最深刻的便是寬敞的露天座位

←內部使用道南杉，處處充滿木頭溫暖氛圍

這座新的公路休息站於七飯町的國道5號旁開幕，進駐多家餐廳、販售七飯町與鄰近城鎮特產的物產品專賣區，以及產地直售專區等。

購物&美食中心 HOKKURU

站前全新購物中心

2017年3月17日 開幕！

詳情請見 P.99

←共有16家伴手禮商店及餐廳等店鋪

在北海道新幹線通車後，JR新函館北斗站就變得相當熱鬧，而這座車站前也開設了全新的購物中心。包含販售北斗市及鄰近鄉鎮特產的商店，也有咖啡廳、餐廳等店鋪。

北斗星廣場

可參觀人氣的臥鋪列車

2017年6月25日 開幕！

詳情請見 P.98

←北斗軒的人氣餐點北寄炒飯

→不僅外觀，也能參觀列車內部

這座新開幕的廣場位於道南漁火鐵道茂邊地站附近，主要展示過往連接東京上野站及札幌站的臥鋪特急列車「北斗星」列車。廣場內也設有中華料理店北斗軒，可一邊享用餐點，一邊欣賞列車。

La'gent廣場函館北斗飯店的 列車賞景房

在因新幹線而蔚為話題的特別室賞景！

2017年3月 強力推薦！

↑近距離觀賞新幹線奔馳

MAP 附錄②14 B-2
La'gent廣場函館北斗飯店
●ほてるらじぇんとぷらざはこだてほくと
☎0138-77-5055
北斗市市渡1-1-7　JR新函館北斗站即到　P11輛

La'gent 廣場函館北斗飯店就位於JR新函館北斗站前方，而「列車賞景房」就位於飯店最高樓層。只有這個客房的窗邊設有對號座，可在此悠閒欣賞新幹線。

租借自行車

在渡島當別站前租借自行車，還可騎單車至Trappist修道院逛逛

2017年7月 開幕！

↑騎自行車約10分就能抵達Trappist修道院

MAP 附錄②14 A-4
中田商店
●なかたしょうてん
☎0138-75-3116
4月～11月的9:00～18:00　休僅週六、日、假日營業（7月下旬～8月無休）　4小時500日圓（4小時以上+500日圓）　北斗市当別4-1-18　道南漁火鐵道渡島當別站即到　P無

位於道南漁火鐵道渡島當別站對面的中田商店提供自行車租借服務，有了自行車，即使是距離渡島當別站較遠的Trappist修道院也能輕鬆前往。店內還提供電動自行車及孩童專用自行車。

全新在地美食 函館濃湯

誕生！ 2017年2月

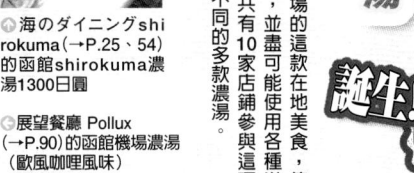

2017年新登場的這款在地美食，使用超過3種海鮮，並盡可能使用各種道南產蔬菜製作。共有10家店參與這項活動，提供風格不同的多款濃湯。

→海のダイニングshirokuma（→P.25、54）的函館shirokuma濃湯1300日圓

→展望餐廳 Pollux（→P.90）的函館機場濃湯（歐風咖哩風味）1000日圓

函館拍攝的電影 今年於日本上映！ きみの鳥はうたえる 上映！

2018年9月

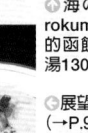

佐藤泰志　きみの鳥はうたえる

導演／三宅唱
演出／柄本佑　染谷將太　石橋靜河

為記念函館的市民電影院Cinema iris開館20周年，電影改編自函館出身的作家佐藤泰志於昭和57（1982）年發表的同名小說。劇情環繞著在郊外書店工作的「我」、失業中的室友靜雄，以及被兩個男人所愛的佐知子等3位年輕人的夏季故事。整部電影皆於函館拍攝。

在眾多人氣排行榜上名列前茅！ TOPICS

魅力城鎮排行榜連續10年進入前3名！

函館在「魅力城鎮排行榜2017」中獲得第2名佳績，其人氣城鎮之名已響徹全日本。

詳情請見 → P.10

日本春季美景排行榜第1名！

五稜郭公園是函館最知名的賞櫻勝地之一，其美麗星形被染成一片櫻花粉紅色的樣貌，值得一看。

詳情請見 → P.70

美味早餐飯店排行榜持續佔據佳績！

「美味早餐飯店排行榜2017」中，函館灣拉維斯塔酒店獲得第2名，而函館國際酒店則獲得第6名佳績。可在此享用北海道才有的新鮮食材。

↑函館灣拉維斯塔酒店的早餐

↑函館國際酒店的早餐

詳情請見 → P.113

從車窗可以眺望津輕海峽及函館山風景

函館 交通工具 盡情搭 之旅

本篇一次介紹各種可透過車窗或在船上閒適欣賞函館、道南地區唯美風光的交通工具！

透過車窗飽覽津輕海峽的美

道南漁火鐵道
どうなんいさりびてつどう

☎0138-83-1977　MAP附錄②16 C-1

不須轉乘，就能依循木古內～渡島當別～五稜郭等路線抵達函館。除了定期行駛列車外，更與旅行社合作，推出可享用道南美食的觀光列車。

🕐平日8:30～17:20（電話洽詢）
休無休　¥單程190日圓～　所JR函館站～道南漁火鐵道木古內站間
🚃道南漁火鐵道木古內站即到

↑特別塗裝列車ながまれ号以觀光列車方式行駛

注目焦點

搖身一變成為活動列車

↑甚至還可能看到懷舊的叫賣人員　　↑活動期間列車內還會掛上大漁旗幟

推出可購買特製便當或提供車站叫賣服務的旅遊行程。請洽詢☎00570-200-001（日本旅行）

來趟航行之旅　搭乘配備專業捕魚工具的船隻→

從海上眺望函館山

函館漁船Cruise
はこだてぎょせんくるーず

☎0138-26-0300　MAP附錄②4 F-2
（北海道觀光コンシェルジュセンター）

一面聽著資深漁夫帶有一點在地口音的導覽，一面從函館山背面乘船眺望大海。航線由函館漁港出發，行經外國人墓地下的穴澗海岸，再繞行至函館山最南端的大鼻岬。

🕐4～10月的9:00～16:00（時間可洽詢）　休期間內天候不佳時停駛，或視象象而定（需洽詢）
¥2500～3500日圓（費用視人數而異，至少2人成行）　所函館市入舟町17-7的屋根付岸壁
🚃函館船塢前站步行8分　P無

注目焦點

由在地漁夫導覽

↑平常難得從海上見到函館山的風景　　↑熟知大海的漁夫講解十分有價值

車廂設計十分符合復古的街景→

在有歷史的街道上行駛的叮叮電車

函館市電 箱館高領號
はこだてしでんはこだてはいからごう

☎0138-52-1273　MAP附錄②5 C-2
（函館市企業局交通部）

函館市電叮叮電車外觀復古可愛，充滿話題性。雖然僅於特定日期及時間行駛，但請先在函館市電定位系統「Haikara GO」上確認行駛時間再搭乘。
→P.26・附錄②P.11

🕐4月中旬～10月間需洽詢　休需洽詢
¥乘車費210日圓（2km以內）　所函館市市內各處

注目焦點

車廂內部重現當時樣貌

↑車廂內呈現出過往的氛圍　　↑駕駛及車掌穿著的制服皆仿當時款式而製

別有一番風味　從海上欣賞金森紅磚倉庫→

金森Bay Cruise
かねもりべいくるーず

☎080-5597-8677（行動電話）　MAP附錄②5 B-3

穿過七財橋後，展開這趟海上之旅。整趟行程約20分，出發後至函館船塢前的防波堤一帶便折返，全程繞行函館灣內一周。乘船時間較短，可輕鬆搭乘。推薦搭乘時間為日落前後。

🕐4～11月 10:00～18:00　休期間中無休　¥1500日圓
所函館市豐川町11-5 Bay Hakodate內　🚃市電十字街站步行5分　P79輛（使用Bay Hakodate停車場）

約20分鐘繞行函館港內一周。來趟輕鬆的遊覽船之旅

注目焦點

乘著海風來趟海上漫步

↑搭上快速的小型船繞行一圈　　↑被夕陽染紅的函館港景緻相當美麗

函館市區

開港超過150年，為北海道最早開拓的城鎮

函館山
夜景飽覽指南 P.20

透過照片欣賞
函館市電風景 P.26

是這樣的地方

函館在地區品牌調查中，榮獲最具魅力城鎮第2名佳績。函館很久以前就已奠下海外文化的根基，形成了此處充滿異國氛圍的街景。函館山的夜景及大海的美味料理更是充滿魅力，其中又以清晨現捕的活烏賊為招牌。

CONTENTS

洽詢處

★函館國際觀光會議協會
☎0138-27-3535

★函館市觀光部
☎0138-21-3323

前往函館市區的交通路線

搭乘飛機者
從函館機場出發

- 巴士 約20分・410日圓
  函館帝產巴士接駁巴士
  3號月台
- 巴士 約35分・290日圓
  函館巴士96系統
  1號月台
- 車 約20分・8km
  經道道63號・國道278號

→ JR函館站
步行 約4分・300m
※搭乘市電前往函館市名區域
市電函館站前

搭乘新幹線者
從JR新函館北斗站出發

- 鐵道 約15～20分・360日圓
  JR函館本線・函館Liner
- 巴士 約50分～1小時26分・700日圓
  函館巴士25・33・103・130系統等
  4・5號月台
- 車 約30分・18km
  經道道262號・國道227號・國道5號

→ JR函館站
函館觀光據點

函館市區 MAP

五稜郭站
五稜郭 P.68
北海道教育大
五稜郭公園
五稜郭塔
道立美術館
千代台公園
見晴公園

函館站前・大門地區 P.56

灣區・十字街 P.44

函館站
青函連絡船紀念館摩周丸 大森海岸
函館市役所
大森海岸
外國人墓地
舊俄羅斯領事館
舊函館區公會堂
函館山 空中纜車
函館公園
谷地頭溫泉
啄木一族的墓
元町・西部地區 P.28

湯之川溫泉
函館機場
函館市熱帶植物園
湯之川 P.78
根崎公園

函館山 P.20
與謝野寬・晶子的歌碑
立待岬

船隱
鞍掛岩
大鼻岬

津輕海峽

介紹的地區在這裡！

小樽
札幌
二世谷
新千歲機場
登別溫泉
奧尻島
大沼
北斗
江差
松前
木古內
函館市區

夜景 飽覽指南

玩樂方式

標高334m的函館山突出於津輕海峽，可俯瞰整座函館市區。遠眺漸層藍色的薄暮、天氣晴朗的津輕海峽、下北半島等日間景色都很美麗。可觀賞到不同時間的各種美景是函館山的一大魅力。建議在日落前登上山頂，一次享受白天、傍晚及夜晚的景緻。

需時 1小時
推薦季節 夏
下雨時 若沒有霧或靄即可見到夜景，亦設有室內展望台。
特別建議 傍晚的山頂人潮擁擠，建議及早前往。

函館機場

湯之川溫泉

津輕海峽

夜景就在這裡觀賞

函館山山頂展望台

●はこだてやまさんちょうてんぼうだい

☎0138-27-3130　　　MAP 附錄②3 A-3

在各大旅遊簡介常見到的函館山夜景，就是在這座展望台上所拍攝的。在這不僅可眺望整座函館市區，飽覽眼前的元町教堂、洋房，天氣好時甚至還可見到位於青森縣的下北半島。室內設有餐廳及商店。

🕙10:00～22:00（10月16日～4月24日至～21:00）
休無休　所函館市函館山　🚡函館山空中纜車山頂站即到　Ｐ40輛

夜景可看到的範圍？

五稜郭站
五稜郭塔
函館港
JR函館站
湯之川溫泉
函館機場
函館山
津輕海峽

確認夜景的角度

在此處可清楚見到元町及灣區的建築物，甚至還可見到五稜郭塔、湯之川溫泉及函館機場一帶。特定時期還能見到津輕海峽上釣烏賊的漁火。

函館山夜景為什麼這麼美？

因為函館山與街區的距離適中，且市區燈光恰好照向函館山等原因而美不勝收，但最重要的原因為函館山的地形。站在山頂向下看，左為函館港、右則是津輕海峽，函館山受兩座海所包圍，中間的市區燈光就更顯得更加耀眼。此外，函館市也下了點功夫，不僅在元町地區的教堂、洋房點上燈飾，更將街道路燈顏色調整得較柔和。

元町羅馬天主教堂

⬇山麓地區點上的燈光（P.24～）也促成了美麗的夜景

函館日本聖約翰教堂

函館哈利斯特斯東正教堂

函館市區
↓
特輯

函館山夜景飽覽指南

P.20

道南地區

大沼
P.92

北斗
P.96

木古內
P.100

江差
P.102

松前
P.104

一覽價值百萬的璀璨燈火 **函館山**

Mt.Hakodate Night View Enjoy Navigation

① 飽覽夜景的第一步

若想至函館山欣賞夜景，首先必須前往函館山山頂展望台。而該何時前往山頂展望台，還有從山頂眺望的景色小知識等資訊，就透過本篇先行了解吧！

五稜郭塔

JR函館站

摩周丸

函館港

灣區

八幡坂

夜景觀賞小秘訣

穿得暖和點上山

日落後的山頂風勢較強，溫度也較低，即使夏季也建議穿著不透風上衣較理想。

了解最佳賞景時段

日落當時　　約10分後　　約20分後

從傍晚太陽西下直到天色完全轉成黑夜間，也就是日落10～20分鐘後，自薄暮風情逐漸轉換至夜空期間為最佳鎖定時段。

找出愛心吧

代表愛心的日文字「ハート」就潛藏在函館山夜景中。傳說中只要和最重要的人一起找到這幾個文字並共同祈願，就能一起獲得幸福。但據說請他人告知文字的位置就會失去效用，必須自己找到文字！

空中纜車搭乘方式

1 這裡就是空中纜車山麓站
站內設有完善的電梯及無障礙設施

2 至售票機購票
除了現金外,也可使用電子票證

3 纜車到站!
1班 每5～10分鐘

4 通過自動驗票閘門
讀取票券上的QR CODE後即可進去

5 纜車內的樣貌!
充滿開闊感的大片窗戶。人潮多時請互相禮讓

6 一轉眼就到山頂了!
後就抵達山頂站邊聽導覽約3分鐘

·推薦特點·

· 等候時間較短,可順暢前往山頂
自山麓到山頂僅需3分
單程　780日圓
預約　不需

② 首先 往山頂前進吧!

夜晚登上山頂的交通方式主要有3種,其中最快又能最輕鬆抵達的便是空中纜車。此外,也推薦行經各觀光景點的定期觀光巴士或計程車。

函館山周邊地圖

- 空中纜車山頂站
- 函館山觀光道路（夜間、冬季禁止通行）
- 函館山交流中心停車場（免費）
- 函館山交流中心
- 空中纜車山麓站
- 護國神社
- 登山口巴士站（函館山登山巴士）
- ロープウェイ前巴士站（元町・灣區周遊號）※1
- 元町配水場
- 市營觀光停車場（免費）※2
- 元町教堂群
- 南部坂
- 市電十字街口

※1 函館山空中纜車接駁巴士於4～10月夜間運行
※2 雖為免費,但從傍晚起格外壅擠,為了觀賞夜景前往山麓者,建議可搭乘市電、巴士前往元町

空中纜車

營運時間內每10分一班（尖峰時段為每5分一班）,約3分就能抵達山頂。車廂可容納125人,即使山麓站排隊等待乘車的人較多,也能順利搭上纜車。傍晚人潮較多,請預留充足時間前往吧。

在這裡購買紀念伴手禮!

函館山空中纜車山頂賣店
●はこだてやまろーぷうえいさんちょうしょっぷ
☎0138-26-8160　**MAP** 附錄②3 A-3
販售函館山空中纜車原創商品、函館限定商品及北海道知名點心,品項豐富。
⏰10:00～21:45（10月16日～4月24日至～20:45）休無休

↑五島軒本店的函館羊肉咖哩432日圓

函館山空中纜車

●はこだてやまろーぷうえい
☎0138-23-3105（綜合服務）　**MAP** 附錄②5 B-1
⏰10:00～22:00(10月16日～4月24日至～21:00)
休無休（10月左右數週期間為年度設備維護,僅空中纜車停駛）¥成人1280日圓、孩童640日圓（來回）,單程成人780日圓、孩童390日圓
所函館市元町19-7
🚃市電十字街站步行10分　**P**120輛

·推薦特點·

· 2人以上乘車時就比空中纜車更划算
※以包車的價格為準
山麓至山頂10分
單程　1330日圓
預約　需要

計程車

也可搭乘計程車經函館山觀光道路（冬季禁止通行）前往函館山。除了個人包車的方式外,也可搭乘觀光計程車,安排一趟周遊觀光之旅。

個人包車

道南ハイヤー
●どうなんはいやー
☎0138-46-1100
（道南ハイヤー函館營業所）
人數多時,搭乘計程車前往山頂就相當划算。自JR函館站至山頂約7.1km、2050日圓;自位於山麓的元町一帶前往山頂則約4.3km、1330日圓左右(以小型計程車費用為例)。

觀光計程車

函館山夜景觀賞
●はこだてやまやけいかんしょう
☎0138-47-0005（道南ハイヤー函館營業所）
包含函館山山頂參觀、元町教堂、舊公會堂、灣區等地的路線,可指定發車地點,採預約制。
函館山夜景路線
¥5460日圓～8190日圓（小型計程車）
※費用依上下車地點而異。11640日圓（大型計程車）需時約90分(小型、大型計程車皆同)　📧info@smile-taxi.com

·推薦特點·

· 前往山頂最便宜的方式
※以路線巴士為準
函館站至山頂30分
單程　400日圓
預約　路線巴士不需預約

巴士

也可搭乘巴士前往函館山山頂,去程選擇靠右側座位,回程則選擇左側座位,可欣賞美麗夜景。

路線巴士

函館山登山巴士
●はこだてやまとざんばす
☎0138-22-8111
（函館站前巴士服務處）
函館站至山頂約需30分。巴士自函館站前出發,行經東橫INN函館朝市、函館國際酒店、函館明治館、十字街及登山口等處。
⏰4月下旬～11月中旬的17:00～20:00（班次視時期而異）休期間中無休　¥400日圓

定期觀光巴士

Mt.函館夜景Romantic Course
●まうんとはこだてやけいろまんこーす
☎0138-57-4000（北都交通函館支店）
有巴士&空中纜車方案,以及空中纜車方案的定期觀光巴士。附有隨車導遊,行經多處飯店及溫泉旅館,採預約制。
※特定時期採用來回巴士,方案內容及出發時間請詳情洽相關單位。

	巴士&空中纜車方案	空中纜車方案
函館站發車	⏰4月下旬～10月中旬 ¥1300日圓 需時1小時30分（含30分夜景觀賞時間）	⏰11月初～3月底 ¥1600日圓（含纜車來回費用）需時1小時30分
湯川溫泉發車	⏰4月下旬～10月中旬 ¥1700日圓 需時2小時15分（含30分夜景觀賞時間）	⏰11月初～3月底 ¥2000日圓（含纜車來回費用）需時2小時15分

※費用為2018年9月時資料

⚠ **夜間無法自行駕車前往山頂!** 函館山觀光道路於4月下旬～11月中旬間,每日16:00～22:00左右禁止租用車、自用車等一般車通行,若想駕車前往者,請於白天先行上山。冬季（11月中旬～4月中旬）則禁止所有車輛通行。

③ 夜景拍攝的訣竅

在大量觀光客聚集的山頂展望台上，想拍出美麗的夜景照片需要一些訣竅。
在此透過Q&A的方式傳授相關技巧！

Q 建議什麼時段前往較佳？

← 尖峰時段的山頂展望台

A 在觀光客增加前先前往山頂

夜景的最佳觀賞時間為日落10～20分後，但建議於日落的1小時～30分鐘前抵達山頂較理想。一旦天色開始轉暗，就會有不少旅行團巴士陸續抵達，湧入大量觀光客。因此必須及早確認拍攝地點，人潮擁擠時請別忘了要互相禮讓。

Q 如何用手機、數位相機拍出好照片

A 活用扶手才能防止手震！

拍攝夜景照片時，最困難的就是要避免手震了。若能固定後再拍攝當然最理想，但在人潮眾多的展望台架設腳架拍照會造成他人困擾，請避免使用腳架。只要將相機擺在扶手上，就能固定相機，避免拍出手震照片。

↑按下快門時必須留意，不要移動到相機　↑活用扶手，用手機也可以拍出好照片

Q 電池快沒電了！怎麼辦才好？

A 請先準備好備用電池

在風勢較強、氣溫偏低的山頂，相機電池也較容易沒電。
請先將電池充飽電，並盡可能準備備用電池再前往。

↑冬季的山頂特別冷，請小心電池沒電

④ 觀賞少見的夜景景象

夜景會因為欣賞的位置，以及天氣、季節呈現不同樣貌。在此特別介紹內行的賞景方式。

地點 函館山另一面的夜景

從函館山反面群山中所見到的「裏夜景」。位於傾斜地勢上的函館未來大學（MAP附錄②14 C-3）則是深受歡迎的裏夜景景點。

裏夜景

天氣 霧中欣賞的夜景

初夏的函館較容易有霧，而在霧氣環繞中，就能見到這般充滿夢幻氛圍的夜景。

霧夜景

時間 早起觀賞的夜景

旭日結合街燈的清晨夜景十分美麗。
（照片提供／JA8MEM）

清晨夜景

季節 冬季的夜景

街燈反射於白雪上，讓冬季的夜景變得更加璀璨動人。此外，元町及函館站前還會裝設燈飾，讓街道變得更明亮。

冬夜景

而在「夢幻聖誕」活動期間，還可從山頂見到架設於函館港的聖誕樹。（照片提供／函館市官方觀光資訊網站「はこぶら」）

聖誕節夜景
聖誕樹

季節 夏季的夜景

7～9月間，可於津輕海峽看到釣花枝的燈光搭配街燈的樣貌。黑暗大海上的點點漁火，是函館才能見到的唯美景觀。

漁火夜景

5 山麓的夜間點燈景點

元町、灣區的街景到了夜晚會呈現出與白天截然不同的風光。在函館山欣賞過夜景後，不妨看看這些歷史建築在柔和燈光下的美麗樣貌吧。

Light up 日落 ▶ 22:00

MAP 附錄② 5 B-1

MAP B 函館日本聖約翰教堂

●はこだてせいよはねきょうかい 　詳情請看▶P.31

光線環繞的十字架相當夢幻

無論哪個角度都能見到十字架，受光線環繞的獨特外觀讓整座教堂看起來像是在神話國度中的建築。

Light up 日落 ▶ 22:00

威風凛凛的外觀令人印象深刻

MAP 附錄② 5 B-1

MAP A 函館哈利斯特斯東正教堂

●はこだてはりすとすせいきょうかい 　詳情請看▶P.31

這座美麗的教堂擁有俄羅斯風拜占庭式壯麗剪影，高聳的綠色尖塔及純白外牆讓建築物顯得更亮眼。最推薦在從チャチャ登り（→P.26）觀賞。

MAP 附錄② 5 B-2

MAP C 元町羅馬天主教堂

●かとりっくもとまちきょうかい

建築物採哥德式風格設計，以磚造搭配水泥強化。六角形的屋頂及的風見雞在瓦斯燈風格的照明下，孕育出更獨特的美。

詳情請看▶P.30

Light up 日落 ▶ 22:00

燈光照亮了大鐘樓及風見雞

地圖：
- F 金森紅磚倉庫
- E 舊函館區公會堂
- D 八幡坂
- A 函館哈利斯特斯東正教堂
- C 元町羅馬天主教堂
- B 函館日本聖約翰教堂

函館山　函館山空中纜車　蓮國神社　山頂

1:30,000　0　300m

---

6 可以欣賞夜景的餐廳&酒吧

在夜景所包圍的餐廳&酒吧內享受餐點及雞尾酒。就讓浪漫氛圍點綴一天的最後時光吧。

函館山　餐廳

Restaurant Genova

●れすとらんじぇのば

☎0138-27-3127　**MAP** 附錄② 3 A-3

不事先預約座位也能用餐，亦可單點料理。只要該時段許可，還能在可欣賞夜景的座位喝茶。7000日圓至9000日圓的全餐料理（含空中纜車來回票）每日僅限定3組，需預約。

🕚11:00～21:00（10月16日～4月24日至～20:00）　休無休　所函館市函館山　交函館山空中纜車山頂站即到　P使用函館山空中纜車停車場

↑洋食全餐（7000日圓～）一例

Store Data
店家Data	
預算	1500～1800日圓
座位	T80席
預約	部分可（需洽詢）
桌費	無

View 直接享受左右包夾的函館夜景
Seat 窗邊座位每日限定3組，點選全餐料理者可預約

在函館山山頂享受整片夜景及洋食

灣區　Bar

Shelly's Bar

●しぇりーずばー

MAP 附錄② 5 B-3

☎0138-23-6111（函館灣拉維斯塔酒店）

酒吧就位於函館灣拉維斯塔酒店12樓，可欣賞眼前的函館山及灣區夜景，盡情享受浪漫時光。提供豐富餐點，包括「自製西式醃菜」700日圓及「自製披薩」1500日圓等自選料理。

🕚20:00～翌0:30　休無休　所函館市豐川町12-6 函館灣拉維斯塔酒店12F　交市電魚市場通站步行5分　P171輛

View 可一覽灣區的金森倉庫等建築
Seat 每個座位都能欣賞夜景

在飯店高樓層酒吧享受典雅的成熟時光

Store Data
店家Data	
預算	夜2000日圓～
座位	C18席、T30席
預約	可　桌費　500日圓

↑「Assemblage」1500日圓（左）與「La Vista Sling」1300日圓（右）

灣區　Bar

Bar SummerWood

●ばーさまーうっど

MAP 附錄② 5 C-2

☎0138-26-3111（Restaurant Winning）

這座時尚酒吧可讓人在此度過高雅時光。除了世界各國超過70種的銘酒外，還可享用到日本酒。在最佳地點度過成熟的閒適時光吧。需預約。

🕚17:00～22:30　休無休　所函館市末広町22-11 Restaurant Winning 7F　交市電末廣町站即到　P60輛

Store Data
店家Data	
預算	夜2500日圓～
座位	C15席
預約	需預約　桌費　無

可眺望整座灣區的飯店餐廳&酒吧

↑原創雞尾酒「Winning Star」860日圓與「SummerWood Pasoro Wine Rouge」750日圓

View 可清楚見到整座灣區，更可見到摩周丸及五稜郭等
Seat 建議選擇從內數來第5～6個座位

座位相關資訊
C：吧檯座
T：一般座

24

函館市區

特輯

函館山夜景飽覽指南

P.20

地道
區南

大沼
P.92

北斗
P.96

木古內
P.100

江差
P.102

松前
P.104

MAP D 八幡坂

Light up 日落 ▶ 22:00

MAP 附錄②5 C-2

●はちまんざか

函館最具代表性的坡道。左右兩側的街燈照亮坡道，眼前還可見到「函館市青函連絡船紀念館摩周丸」（P.67）的外觀，欣賞美麗港都夜景。

詳情請看▶P.31

兩旁並列的樹木及摩周丸閃耀著美麗光芒

MAP F 金森紅磚倉庫

Light up 日落 ▶ 22:00

受光幕籠罩的紅磚倉庫群

MAP 附錄②5 B-3

●かねもりあかれんがそうこ

這是灣區最知名的賞景勝地。最佳的欣賞位置就從七財橋上眺望。倉庫前方為函館港，燈光搖曳的大海搭配點上燈光的建築物非常浪漫。

詳情請看▶P.46

MAP E 舊函館區公會堂（重要文化財）

Light up 日落 ▶ 22:00

與白天截然不同的華麗風格

MAP 附錄②5 C-1

●きゅうはこだてくこうかいどうじゅうようぶんかざい

竣工於明治43（1910）年，是帶有明治時期風格的木造洋房。夜間色彩柔和的外牆在黑夜中閃閃發光，充滿魄力。

詳情請看▶P.32

可飽覽函館灣的濱海海鮮餐廳

店家Data

預算	夜2500日圓～
座位	T38席、5～10月提供16席露天座位
預約	可　桌費　無

View 除了灣區外，帶有薄暮的橫津岳山稜線也相當美麗

Seat 每個座位都能欣賞夜景，但最推薦的是靠窗的兩張4人桌

灣區　餐廳

海のダイニング shirokuma

●うみのだいにんぐしろくま

☎0138-76-9650　MAP 附錄②5 C-3

店名的「shirokuma」源自與「北海道第一步地碑」有關的北極熊。晚餐提供義大利麵、沙拉、炸烏賊圈等豐富單點料理。

🕐午餐11:30～14:00，咖啡廳14:00～17:00，晚餐17:30～21:30
🈂週四　所函館市末広町24-23
🚃市電末廣町站步行3分　🅿8輛

↑使用大量近海海產的「紅醬海鮮義大利麵」1300日圓

函館站　Bar

夜景吧 Este Lado

●やけいばーえすてらーど

MAP 附錄②6 B-2

☎0138-22-0111（函館福朋喜來登飯店）

位於函館福朋喜來登店最高樓層的酒吧，可透過窗戶欣賞眼前的大片美麗夜景。以顏色為主題的原創雞尾酒也深受歡迎。

🕐18:00～翌0:30（10～6月至～23:30）
🈂無休　所函館市若松町14-10　函館福朋喜來登飯店13F
🚃JR函館站即到　🅿100輛

店家Data

預算	3000日圓
座位	C10席、T40席
預約	可
桌費	無

View 可欣賞函館山及元町周邊的景緻

Seat 吧檯的10個座位最能享受夜景，推薦正中間的座位

↑順口、色彩鮮艷的雞尾酒種類豐富。1000日圓～

與酒保一面談天，一面享受眼前夜景

函館市電風景

市電是走訪函館市區知名景點時，最有效率也最主要的交通工具。
另一方面，市電也可說是函館市民的雙腳，緊密連結在地生活。
搭上市電悠閒觀光，一面感受函館市民的生活吧。

函館市電路線圖

C 五稜郭公園前
杉並町
柏木町
中央病院前
深堀町
千代台
競馬場前
堀川町
昭和橋
D 駒場車庫前
湯之川
千歲町
函館市民會館前
湯之川溫泉
新川町
松風町
函館船塢前
函館站前
市役所前
大町
魚市場通
十字街
A 末廣町
寶來町
青柳町 B
谷地頭

■5系統
■2系統

行經基坂(P.27)的市電。坡道附近是元町公園(P.33)、舊函館區公會堂(P.32)及舊英國領事館(P.33)等各大觀光景點的聚集地。 A

青柳町的坡道較陡，必須加強馬力登上坡道。這也是常出現在電影或連續劇中的畫面。 B

函館市電是什麼？

函館市電為行駛於函館市中心的路面電車，分成自十字街至函館船塢前站的5系統，以及自十字街至谷地頭站的2系統這兩條路線。市電亦販售方便又划算的乘車券，可用於參觀各大觀光名勝。

詳情請見→附錄②P.11

行駛於坡道城鎮──在任何地方都能成為一幅風景畫──函館的市電

拍下列車和坡道的合照吧！

高領號位置查詢服務

提供高領號行駛位置查詢的「高領GO」服務已上線。只要進入網頁，就能清楚了解高領號目前位置，讓旅客能輕鬆拍攝到高領號的可愛外觀！

「高領GO」
http://haikarago.jp/

大正7(1918)年至昭和11(1936)年間曾為函館市內的載客用車輛，之後改造成除雪車，今日又復原為昔日樣貌。

地板、牆面、天花板及門等內裝使用了大量木頭。只有高領號列車內才有的觀光介紹也務必仔細聆聽。

駕駛員後方的座位可欣賞熟練操作機器的駕駛及大片窗戶外的景色。

元町坡道圖鑑

元町地區有不少坡道，坡道兩旁更可見到許多日洋混合風格的建築物。整座街區的坡道皆有其獨特風貌，包含充滿異國風情的坡道，以及可窺見日常市民生活樣貌的坡道等。

八幡坂 はちまんざか	大三坂 だいさんざか	チャチャ登り ちゃちゃのぼり	二十間坂 にじっけんざか
俯瞰教堂的絕佳美景	**石板鋪成的美麗坡道**	**俯瞰教堂的絕佳美景**	**具防火用途的寬敞坡道**
名稱是因過往坡道上設有函館八幡宮而來，後來函館八幡宮雖因大火而遷移，坡道仍沿用此名稱至今。	過去這裡在江戶時代曾為一處稱為「大三」的「鄉宿」，坡道也以此命名。所謂鄉宿，則是因公外出者可暫時居住的地點。這條坡道也獲選為「日本道路100選」。	這條坡道名稱中的「チャチャ」（音同Cha-Cha），在愛努族語中為「老爺爺」的意思，代表這條坡道相當傾斜，必須像老爺爺般彎著腰才爬得上去。	在明治12(1879)年發生一場大火後，為避免火災蔓延，當地便整建了寬二十間（約36m）的寬敞坡道。故這條坡道的名稱就是源自其寬度。
MAP 附錄②5 C-2	MAP 附錄②5 B-2	MAP 附錄②5 B-1	MAP 附錄②5 B-2

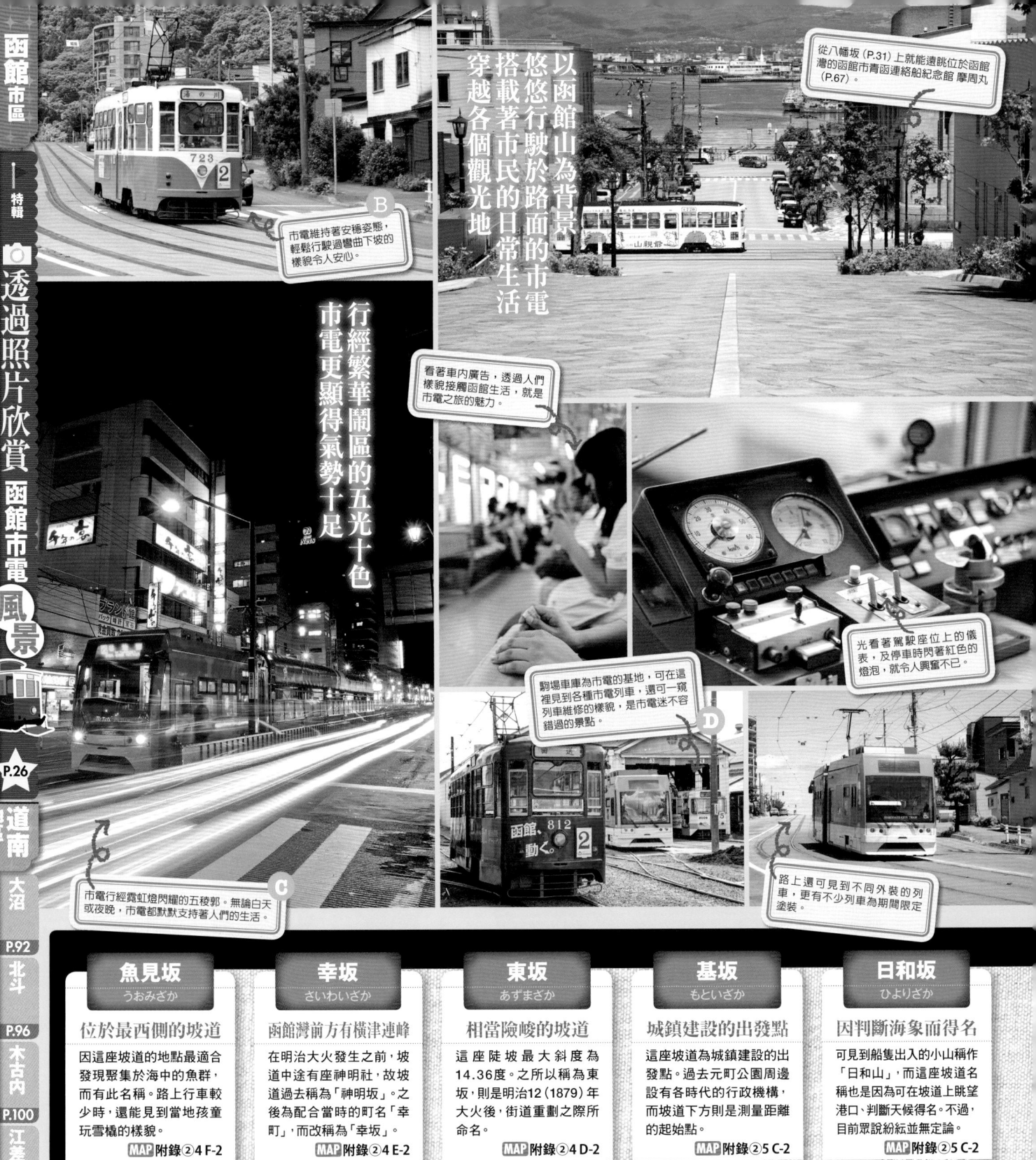

函館市區

—— 特輯

透過照片欣賞 函館市電 風景

P.26

道南 地區

大沼 P.92

北斗 P.96

木古內 P.100

江差 P.102

松前 P.104

以函館山為背景
悠悠行駛於路面的市電
搭載著市民的日常生活
穿越各個觀光地

行經繁華鬧區的五光十色
市電更顯得氣勢十足

市電維持著安穩姿態，輕鬆行駛過彎曲下坡的樣貌令人安心。 B

從八幡坂（P.31）上就能遠眺位於函館灣的函館市青函連絡船紀念館 摩周丸（P.67）。

看著車內廣告，透過人們樣貌接觸函館生活，就是市電之旅的魅力。

光看著駕駛座位上的儀表，及停車時閃著紅色的燈泡，就令人興奮不已。

駒場車庫為市電的基地，可在這裡見到各種市電列車，還可一窺列車維修的樣貌，是市電迷不容錯過的景點。 D

市電行經霓虹燈閃耀的五稜郭。無論白天或夜晚，市電都默默支持著人們的生活。 C

路上還可見到不同外裝的列車，更有不少列車為期間限定塗裝。

魚見坂 うおみさか	幸坂 さいわいざか	東坂 あずまざか	基坂 もといざか	日和坂 ひよりざか
位於最西側的坡道	**函館灣前方有橫津連峰**	**相當險峻的坡道**	**城鎮建設的出發點**	**因判斷海象而得名**
因這座坡道的地點最適合發現聚集於海中的魚群，而有此名稱。路上行車較少時，還能見到當地孩童玩雪橇的樣貌。	在明治大火發生之前，坡道中途有座神明社，故坡道過去稱為「神明坂」。之後為配合當時的町名「幸町」，而改稱為「幸坂」。	這座陡坡最大斜度為14.36度。之所以稱為東坂，則是明治12（1879）年大火後，街道重劃之際所命名。	這座坡道為城鎮建設的出發點。過去元町公園周邊設有各時代的行政機構，而坡道下方則是測量距離的起始點。	可見到船隻出入的小山稱作「日和山」，而這座坡道名稱也是因為可在坡道上眺望港口、判斷天候得名。不過，目前眾說紛紜並無定論。
MAP 附錄②4 F-2	**MAP** 附錄②4 E-2	**MAP** 附錄②4 D-2	**MAP** 附錄②5 C-2	**MAP** 附錄②5 C-2

元町・西部地區

もとまち・せいぶちく

在坡道城鎮沉醉於異國文化的薰陶

地區指南

最有效率走遍必遊景點

範例行程 需時3小時

GOAL 16:00	15:00	14:30	14:00	13:10	START 13:00
市電末廣町	洋館巡禮 P.32	在雜貨店購物 P.38	元町的古民家咖啡廳 P.34	3大教堂巡禮 P.30	市電十字街
步行7分	步行3分	步行1分	步行2分	步行8分	

多棟融合日式及西式風格的時尚洋房

從露台就能一覽函館港

邂逅各種讓女生內心悸動的商品

多家充滿個性的雜貨店適合挑選送給自己的紀念品

在充滿歷史的建築物中喝杯咖啡

逛累了，就到洋溢著復古氛圍的咖啡廳稍休息吧

元町觀光重點，驚豔於美麗的建築風格！

悅耳的鐘聲

充滿歷史與文化氣息的元町

江戶時代末期，函館與長崎、橫濱一同開港，成為日本最早的國際貿易港口之後，當地發展就受到外來文化的影響。其中又以元町地區更明顯，也是北海道最早接受異國文化洗禮的地方。在一條條可俯瞰函館港的坡道旁，有著世界各國的領事館及附屬教堂，就連民宅也都融合了日本及西方風格。大部分建築物在多次大火中早已毀損，今日的建築雖然爲重建而成，但街區中仍洋溢著異國氛圍。到這裡旅遊的觀光重點就在上下座座坡道上，享受街上的異國風情。此外，只要稍微拓展範圍，前往市電終點站船塢周邊或谷地頭一帶，還可參觀外國人墓地或設有日本最老摩天輪的公園等處，享受更加悠閒的漫步之旅。

函館哈利斯特斯東正教堂（P.31），又稱「Gan-Gan寺」

出發前先check！漫步的訣竅！

1. 主要景點集中於小範圍內

函館哈利斯特斯東正教堂等三大教堂群，以及以舊函館區公會堂爲首的洋館等值得一看的主要景點，皆集中於大三坂至基坂之間。以市電來說，約爲十字街站至末廣町站之間。即使遊時間有限，也能充分享受元町觀光之趣。

2. 想在短時間走遍各景點，可租借自行車

函館市內各地皆可租借的電動自行車「はこりん♪」附有電動踏板，即使是斜坡也能輕鬆前進，非常方便。此外，Bay Hakodate也提供一般自行車租借。詳情請參閱附錄②P.11。

3. 觀光途中遇到問題就前往まちかど觀光服務處吧

觀光服務處除了提供觀光地圖、路線指南外，遇到問題時前往此處也相當方便。共有超過100家店舗加盟相關服務，包括餐廳、租車中心、7-11超商等處。每家店的風格不同，也許能得到每家店特有的獨家資訊。

服務處的代表就是這個綠色招牌，請安心前往

收集資訊就到這裡

函館市地域交流中心

●はこだてしちいきこうりゅう まちづくりせんたー

MAP 附錄②5 B-2　☎0138-22-9700

可向常駐工作人員諮詢觀光資訊，或查詢各種資料，漫步街道之前不妨先至此逛逛，較為方便。交流中心前身為大正12（1923）年建造的百貨公司，館內設有日本東北以北地區最古老的手動式電梯，向工作人員詢問即可搭乘。

🕘9:00～21:00　休無休
📍函館市末広町4-19
🚃市電十字街站即到
🅿30輛

函館市區

鞍掛山
立待岬
・与謝野寛・晶子の歌碑
市営墓地
称名寺地蔵堂卍
碧血碑
卍妙心寺
入江山
観音山

？ 觀光服務處
🚲 自行車租借處
🚕 計程車排班處

4月下旬～11月中旬的16:00~22:00禁止一般車行通行
P

0 200m 1:20,000

往湯之川方向
首班車：平 日 6:51
　　　　週六・日•假日 7:11
末班車：22:08

道営谷地頭団地
函館八幡宮

谷地頭溫泉

高野寺卍

函館山山頂展望台
函館山山頂纜車
山頂
函館登山道
山上纜車
薬師山

谷地頭

表参道
函館公園
函館山下山口

住吉公園

青柳町
青柳小
潮見中
護國神社

外國人墓地・
山上大神宮
船見公園
高龍寺
稱名寺

元町

新善光寺卍
常住寺卍
函館西高
山麓
護國神社坂
市電

元町哈利斯特斯東正教堂
函館羅馬天主教堂
函館日本聖約翰教堂

舊俄羅斯領事館・
舊英國領事館 ？
舊函館區公會堂
東本願寺支院卍
元町領事館

東本願寺
二十間坂
大三坂
八幡坂
元町公園
ベリー広場
基坂
弥生小
弥生坂
幸坂
徒步3分
魚見坂
並木天神宮
西中
寺町通

在元町・西部地區品嘗！

招牌美食

五島軒本店的
咖哩 P.36
這家老牌洋食店足以代表函館，店內的正統咖哩為大正時代的傳統餐點。

Raymon House元町的
香腸 P.43
延續過去在函館製作德式香腸的Carl Raymon傳統製法，呈現出傳統美味

阿佐利本店的
壽喜燒 P.37
由創業於明治時代的老牌肉舖所提供的關東風壽喜燒，經濟午餐也深受好評

津輕海峽

末広町
寶來町
高田屋嘉兵衛像
函館市地域交流中心 🚲 ？
高田屋屋敷跡
北海道坂本龍馬記念館
函館市文学館
Winning Hotel

灣區
金森紅磚倉庫 🚲
豐川稲荷
北方民族資料館
海上自衛隊
新島襄海外渡航の地碑
北海道第一步の地碑

中華會館
大町
自行車3分
市電

船塢周邊
函館船塢前

湯之川方向
首班車：平 日 6:58
　　　　週六・日•假日 7:01
末班車：22:30

函館船塢造船所

綠之島

函館港
西埠頭

太刀川家住宅店舖

西本願寺別院
であえーる
大森浜団地
卍善光寺
キロ線
海神社卍
卍高龍寺
卍祇園寺
サンリフレ函館
函館灣拉維斯塔酒店
水產物地方卸賣市場
豐川埠頭
ショコラ
ショコラ
魚市場通
函館國際酒店
函館站前

元町・西部地區
就是這個樣子！

深度旅遊區

谷地頭

注目焦點 1
日本最古者的摩天輪
在函館公園「兒童王國」內，有座日本最古且仍在營運的摩天輪。規模不大，幼童也能玩得相當開心。

注目焦點 2
谷地頭溫泉 P41
深受在地市民喜愛的源泉放流溫泉，最大特色為含有鐵質的茶褐色溫泉水。僅提供不住宿溫泉。

→P41

ACCESS
市電 十字街
🚕 計程車 5分
🚋 市電 7分
↓
市電 谷地頭

更多小知識
函館公園
是北海道第一座都市公園，園內設置的圖書館及博物館據稱也是北海道第一座。

小小深度旅遊區

函館船塢周邊

注目焦點 1
北海道最大的造船所 →P40
函館船塢是港都函館最具代表性的企業。在造船所內，可參觀新造船的進水儀式。

注目焦點 2
外國人墓地的夕陽 →P40
就在元町西端，閑靜的基督教墓園內的美麗夕陽，值得一看。美麗夕陽，到知名景點內，唯美夕陽也是一大魅力。

ACCESS
市電 十字街
🚕 計程車 5分
🚋 市電 7分
↓
市電 函館船塢前

更多小知識
外國人居留
函館因安政6（1859）年的開港而成為國際都市，當時美國人、俄羅斯人在街上昂首闊步，讓外國文化迅速融入該地。根據紀錄顯示，明治11（1878）年仍有72位外國人居住於此，更有7家公司位於此地。

必逛地區

元町

注目焦點 2
坡道 →P26
元町的美麗坡道在明治12（1879）年的大火後才出現。只要了解共19條坡道的名稱及其由來，就能大概了解函館的歷史。

注目焦點 1
教堂・洋館 →P30
函館當地為了維護城鎮歷史及景觀，將明治至昭和初期建造的建築指定為「景觀形成指定建築物」，其中元町地區更將重要教堂、洋館等建築指定為「傳統建築物」。

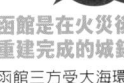

ACCESS
市電 函館站前
🚶 步行15分
🚋 市電 5分
↓
市電 十字街

教堂、洋館等充滿歷史的建築物及美麗坡道都集中於這個必逛區域，是歷經多次大火的函館特有建築物，尤其都讓人有更多發現，相當有趣。

更多小知識
函館是在火災後重建完成的城鎮
函館三方受大海環繞，全年有強風吹過，在明治至昭和初期間，曾有27次遭遇大火襲擊的紀錄。明治40（1907）年的大火中，元町大部分建築物都受到損害。今日元町的建築多建設於那之後。

注目焦點 3
耐火建築物
函館遭遇多次大火災故建築大多相當耐火。其中舊金森洋物店因外牆做漆處理，逃過明治40（1907）年的大火，至今仍保留原本樣貌。

私房資訊COLUMN ── 舊龜井邸（龜井勝一郎）┤ 在登上大三坂的路上，元町羅馬天主教堂前方有座粉紅色的可愛建築物，便是文學家龜井勝一郎的老家。龜井曾在這棟建築物中生活了1年左右，可自由參觀外觀。

函館觀光的 王牌景點齊聚一堂！

元町 Motomachi
坡道城鎮散步

玩樂方式
最大重點就是上下一條條坡道，參觀各種教堂及洋館。若能先了解每棟建築的歷史，也會讓觀光變得更有趣。

需時 2小時　**推薦季節** 全年
雨天方案 大多在戶外參觀建築物外觀，必須攜帶雨傘等雨具。
觀光小建議 各個景點間的距離並不遠，可在短時間內全部走遍。若想縮短時間，也可租借自行車。

COURSE 1 教堂地區

二十間坂～八幡坂

沿著坡道前進，造訪建造於明治時代的各種教派教堂

不同教派的教堂比鄰而居，只在擁有租借歷史的函館才看得到。不妨注意觀察各種獨特的建築樣式吧。

為什麼有這麼多教堂？
在開港後，各個外國領事館陸續設置於函館，同時也帶來了基督教。附屬於領事館的教堂就此誕生，並呈現出獨特的風情。

---

1 二十間坂
日本第一座鋼筋水泥寺院
東本願寺（函館別院）
内部 參觀OK 攝影OK
◆ひがしほんがんじはこだてべついん

📞 0138-22-0134
MAP 附錄②5 B-2
🕐 7:00～17:00
休 無休　¥ 免費
所 函館市元町16-15
🚃 市電十字街站步行10分
P 無

寺院於（1879）明治12年自道南的木古內遷移至此，卻毀於明治40（1907）年的大火。之後於大正4（1915）年重建，成為日本第一座鋼筋水泥寺院。細部則採用傳統真宗本堂形式。

參觀重點！
屋頂及外牆的瓦片
用於屋頂及外牆的瓦片竟高達3萬8000片。

參觀重點！
風見雞
大鐘樓的六角屋頂上設置了風見雞，也成為建築物的代表。

2 大三坂
元町羅馬天主教堂
内部 參觀OK 攝影NG
◆かとりっくもとまちきょうかい

📞 0138-27-3333
（函館市元町觀光服務處）
MAP 附錄②5 B-2
🕐 10:00～16:00
休 週日不定休　¥ 免費　所 函館市元町15-30　🚃 市電十字街站步行10分　P 無

映照於石坡道大三坂上的莊嚴建築物

教堂源自法國傳教士Mermet de Cachon於江戶時代末期在此建造的臨時聖堂，建築物曾在明治40（1907）年的大火中燒毀，並於大正12（1923）年重建成今日的教堂。同時也建造了高33m的大鐘樓。而羅馬教宗本篤15世所贈的貴重祭壇也值得一看。

路線指南 Course Guide

START 市電 十字街
↓ 步行10分
從二十間坂朝函館山方向前進，就能進入歷史建築林立的區域

1 東本願寺（函館別院）
↓ 步行2分
沿著右側的寺院前進，並於第一個轉角右轉，教堂群就近在眼前

2 元町羅馬天主教堂
↓ 步行1分
教堂本身是面朝側邊建造的，故從這裡就能見到函館日本聖約翰教堂

3 函館日本聖約翰教堂
↓ 步行1分
爬上チャチャ登り後，就能一次見到三大教堂

4 函館哈利斯特斯東正教堂
↓ 步行3分
朝著八幡坂前進途中，可注意粉紅色的遺愛幼稚園建築

5 八幡坂
↓ 步行3分
沿著通稱為「霜淇淋大道」的坡道前往函館區公會堂

往洋館地區 P.32

（地圖）
函館山空中纜車山麓站
日暮し通
函館哈利斯特斯東正教堂
函館日本聖約翰教堂
チャチャ登り
往洋館地區 P.32
東本願寺（函館別院）
元町羅馬天主教堂
八幡坂
二十間坂
大三坂
日和坂
基坂
海峽通
START
市電 末廣町
市電 十字街

函館市區

特輯 夜景

特輯 市電

元町 西部地區 P.28

十字街 P.44

函館站前 大門地區 P.56

五稜郭 P.68

湯之川 P.78

特輯 伴手禮

道南地區

大沼 P.92

北斗 P.96

木古內 P.100

江差 P.102

松前 P.104

讓旅途變得更開心

散步筆記

童話《紅鞋》中的外國人
〔日本基督教團 函館教會〕

由野口雨情作詞的童謠《紅鞋》中，女孩的養父母據說就是這家教會中的傳教士 Hewitt。

確認紀念板
傳統建築物

元町地區內特別珍貴的建築物一旦獲得函館市指定為「傳統建築物」，都會鑲上這一塊板子。

傳統的建造物

元町地區共有19條
延伸至函館山的坡道

多數坡道皆在明治12（1879）年的大火後才出現，之後也身兼防火用途。只要查一下這19條坡道的名稱由來，就能了解函館的歷史。

→P.26

適合稍作休息
可愛的 復古咖啡廳

元町地區至今仍留有許多風格獨特的建築，有不少咖啡廳活用了這些建築，到此找尋喜歡的店家吧。

→P.34

多部電影的舞臺
知名場景的 外景拍攝地

最近包括《假如貓從世界上消失了》、《P與JK》等多部電影都選擇函館作為拍攝地，歡迎到這裡尋找喜歡的電影場景。

→P.24

營造出夢幻風景
夜間的 點燈景點

日落到22時之間，元町教堂群等具歷史氛圍的建築物皆會點上燈光。看完函館山夜景（P.20）之後，不妨到此享受元町的浪漫夜晚吧。

被暱稱為Gan-Gan寺的元町教堂群最大象徵

チャチャ登り ④

函館哈利斯特東正教堂

内部 參觀OK 攝影NG
●はこだてはりすとすせいきょうかい

安政5（1858）年函館開設了日本第一座俄羅斯領事館，同時也建了這座附屬聖堂，之後也成為日本最古老的東正教堂。聖堂內共有約70張聖像（描繪聖經等相關故事的畫），處處充滿著莊嚴氛圍。因禮拜前的鐘聲讓這座教堂又有「Gan-Gan寺」之稱。

↑聖堂最具特色的，便是呈現拱形的圓形天花板，柔和光線灑落一地

Nikolai Dmitriev神父
2008年起就職的俄羅斯司鐸，會說日文，能以爽朗的態度談笑。

參觀重點！

寫頂
立於屋頂的蔥花狀裝飾，共有6個，矗立的樣貌令人印象深刻。

雙重拱型窗裝飾
雙重拱型窗採用拜占庭建築最具特色的裝飾風格。

☎0138-27-3333
（函館市元町觀光服務處）
MAP 附錄②5 B-1
⏰10:00～17:00（週六～16:00、週日13:00～16:00）休無休（週日上午及教會儀式舉辦期間不得參觀，12月26日～3月中旬不定休）🎫館內參觀（作為捐獻金）200日圓 🚃函館市元町3-13 🚃市電十字街站步行15分 🅿無

在チャチャ登り可以看到的三座教堂

天主教、新教及東正教等基督教主要教派都可在這裡一次見到，相當珍貴。

◆於チャチャ登り附近見到的3座教堂

以十字架為形象設計的外觀令人印象深刻

チャチャ登り ③

函館日本聖約翰教堂

内部 參觀NG
●はこだてせいよはねきょうかい

源自明治7（1874）年英國傳教士開始傳教的英國基督教新教教堂，原本的建築物被火災燒毀，現在的建築物於昭和54（1979）年完成。建築外觀採用中世紀歐洲教堂常見風格，無論哪個角度都可見到十字架。

☎0138-27-3333（函館市元町觀光服務處）
MAP 附錄②5 B-1

參觀重點！

十字架
建築物不管何處都可看見十字架，不妨試著尋找看看。

⏰自由參觀（僅外觀）🚃函館市元町3-23 🚃市電十字街站步行15分 🅿無

常出現在電影及廣告中的知名坡道 可從坡道上俯瞰函館港

八幡坂 ⑤

八幡坂

◆はちまんざか

地理位置絕佳，可從坡道上一覽函館灣風景，加上坡道兩旁的美麗樹木，讓八幡坂多次出現於電影或電視中。坡道前方還可見到函館市青函連絡船紀念館 摩周丸。而坡道名稱則是源自過往曾建設於此的函館八幡宮。

📷 **拍攝風景的絕佳位置**
只要站在坡道上的道路中央，就可拍到正巧位於坡道前方的摩周丸。

☎0138-27-3333
（函館市元町觀光服務處）
MAP 附錄②5 C-2
⏰自由參觀 🚃函館市元町、末廣町 🚃市電末廣町站步行5分 🅿無

坡道城鎮散步

元町 Motomachi

走在明治至昭和初期建築物林立
洋溢著異國風情的街道上

COURSE

② 洋館地區

日和坂～基坂

過往的町會所、領事館，以及富商宅邸等建築仍維持昔日樣貌。在能一覽港口美景的街道上漫步吧。

為什麼有很多洋館？

基秩是城鎮規劃的坡道出發點，故周邊有多座外國領事館，以及融合日西風格的民宅。

路線指南
Course Guide

START 從教堂區開始 P.30

步行3分
走過共有3家霜淇淋店，通稱「霜淇淋大道」的街道

1 舊函館區公會堂

步行1分
從舊函館區公會堂前方的長長斜坡走下至公園內

2 元町公園

步行1分
走出紅磚造書籍庫附近的出口，就能看到眼前的舊相馬邸

3 舊相馬邸

步行1分
走下元町公園延續至電車通的基坂時，位於右側

4 函館市舊英國領事館

步行1分
沿著基坂前進，可在元町公園下的廣場見到培里提督的雕像

5 基坂

步行5分
薄荷綠的建築物便是相馬株式會社，至今仍使用中

GOAL 市電 末廣町

☎0138-22-1001
MAP 附錄② 5 C-1
🕐9:00～19:00（11～3月～17:00）
休無休（9～4月每月1次不定休）
¥300日圓 📍函館市元町11-13
🚉市電末廣町站步行10分 🅿無

① 舊函館區公會堂

きゅうはこだてくうかいどうじゅうようぶんかざい

（重要文化財）

基坂

內部 參觀OK・攝影OK・

明治40（1907）年的大火將當地居民集會用的町會燒毀，因此當地的富商相馬哲平及市民便捐贈鉅額重建費用，並於3年後竣工。設有大理石暖爐的貴賓室及水晶燈等處，至今仍留有昔日奢華樣貌，值得一看。此外，建築物也獲指定為國家重要文化財。

↑ 貴賓室的牆壁及天花板皆使用英國製壁紙

參觀重點！

大廳
共有130坪大的大廳地板鋪設了油地氈，天花板等處則漆上了白漆。可直接從建築物二樓中央的陽台離開。

水晶燈
大廳設置了S型水晶燈，而貴賓室則設置了U型水晶燈。

科林斯柱式裝飾
柱子裝飾採用文藝復興風格的細緻雕刻製作。

藍灰色的美麗外觀
既時尚又奢華的建築物

在舊函館區公會堂的ハイカラ衣裳館

換上華麗裙裝！

衣裳館內保管了許多洋裝及長大衣，不僅可穿上這些衣服在館內參觀20分鐘，還提供搭配服裝的妝髮造型服務，費用須外加1000日圓。

🕐3月1日～12月25日為9:00～17:00
（3月、11～12月～16:30）¥1套
1000日圓（妝髮外加1000日圓）

1 選擇洋裝及配件
除了洋裝外，還可選擇皇冠頭飾或人造花髮飾等配件，館內備有約50套洋裝。

2 搭配髮型及妝容吧
由專業工作人員協助搭配適合服裝的妝容及髮型，令人安心。人潮較多時需等待。

還可以拍攝紀念照喔♪

好像公主呀！

完成！

← 換裝後20分鐘內可自由參觀館內

📷 **拍攝風景的絕佳位置**
從2樓中央的陽台可看到元町街景、函館港，甚至連更前方的駒岳群山都能一望無盡。

[地圖]
日暮し通
山麓 P
チャチャ登り
二十間坂
八幡坂
日和坂
大三坂
海峽通
往教堂區 P.30
舊函館區公會堂（重要文化財）**1**
元町公園 **2**
舊相馬邸 **3**
函館市舊英國領事館 **4**
基坂 **5**
市電 末廣町 ●GOAL
市電 十字街

函館市區
夜景 特輯
市電 特輯
元町西部地區 P.28
十字街灣區 P.44
函館站前大門地區 P.56
五稜郭 P.68
湯之川 P.78
伴手禮 特輯
道南地區
大沼 P.92
北斗 P.96
木古內 P.100
江差 P.102
松前 P.104

② 基坂 元町公園

◆もとまちこうえん

位於基坂頂端的台地上 綠意盎然的庭園風公園

過去這裡為箱館奉行所及北海道廳函館支廳所在地，曾身兼函館府及道南政治中心，園內更修復了舊北海道廳函館支廳的建築。

↑舊北海道廳函館支廳舍已成為元町觀光服務處

↑園內設置了對函館發展有貢獻的函館四天王像

↑設置了防火門及鐵柵欄的舊開拓使函館支廳書籍庫

參觀重點！ 
函館製鐵
磚上刻有「明治九年函館製造」的字樣，堆疊方式則採法國及英國式。

📞0138-27-3333（函館市元町觀光服務處）
MAP 附錄②5 C-2

🚶入園自由 所函館市元町12-18
🚃市電末廣町站步行8分
🅿無

---

③ 基坂 舊相馬邸

◆きゅうそうまてい

由北海道首屈一指富商所建造，可覽港口的宅邸

這棟日西合璧的建築物在欄杆間及玻璃窗等處皆採豪華設計，而館內及土藏藝廊內更收錄豐富展示品，包括約260年前的江差屏風、愛努繪卷到西鄉隆盛、箱館戰爭激戰、松浦武四郎的圖等，令人驚艷。

參觀重點！
玻璃窗 
手工玻璃窗刻意讓表面稍有彎曲。

📞0138-26-1560
MAP 附錄②5 C-2
🕘4～11月的9:30～17:00
🈺期間中每週四
💴800日圓 所函館市元町33-2
🚃市電末廣町站步行5分 🅿15輛

---

⑤ 基坂 基坂

◆もといざか

江戶時代中期起就是城鎮中心機構設置處

↑從坡道下方可眺望舊函館區公會堂及函館山風貌

坡道下方立有明治時代完成的里程元標木柱，坡道上則在江戶時代中期之後便陸續設置了龜田番所、舊北海道廳、函館奉行所、舊北海道廳函館支廳等處，是函館的中心地帶。

📞0138-27-3333
（函館市元町觀光服務處）
MAP 附錄②5 C-2
🚶自由參觀
所函館市元町、大町、末廣町 🚃市電末廣町站步行5分 🅿無

---

④ 基坂 函館市舊英國領事館

◆はこだてしきゅういぎりすりょうじかん

訴說開港歷史的紀念館 附設古典咖啡廳

建築物完成於大正2（1913）年，由英國設計師所設計，採用殖民地時期風格建造，外牆塗漆。整棟建築皆為領事館，今日則成為訴說函館開港歷史的紀念館，館內附設咖啡廳。

📞0138-27-8159
MAP 附錄②5 C-2
🕘9:00～19:00（11～3月～17:00）🈺無休 💴300日圓 所函館市元町33-14
🚃市電末廣町站步行5分 🅿無

↑重現當時領事執務室的空間

參觀重點！
日西合璧
西式的拱型窗戶搭配日式瓦片堆砌屋頂，呈現出日西合璧的建築風格。

散步筆記

讓旅途變得更開心

北海道最早的公園
→函館公園 P.41

日本最早的水泥寺院
→東本願寺（函館別院）P.30

日本最早的俄羅斯東正教堂
→函館哈利斯特斯東正教堂 P.31

北海道最早的學問所「諸術調所」
幕末時期，箱館奉行所的教育機構就設立在基坂，而教授則是設計五稜郭的武田斐三郎。

日本最早由日本人設計的水道
「元町配水場」歷經100年以上歷史，至今仍持續發揮其功用。5月～11月中旬可輕鬆至場內散步。

東北以北最古老的電梯
電梯位於「函館市地域交流中心」內，最大特色為其伸縮式的手動門。

函館初之物語
「最老」與「最初」
函館與橫濱、長崎同時開港，成為國際貿易港口，也因此引進了各種文化及物品。因此，函館有不少「日本初次」或「北海道首次」等紀錄。

Tea Shop夕日
這座以日本茶為招牌的咖啡廳位於外國人墓地附近，利用明治時代的西式建築改造而成。粉紅色外牆極具印象。

元町日和館
元町的伴手禮商店。前方的綠松色建築則是在火災過後，於大正10（1921）年時才建造完成。

遺愛幼稚園
歷經大火，並於大正2（1913）年重建。最具特色的便是上半部線條和緩、下半部急速彎曲的折疊形屋頂。

花かんろ
這家甜點店位於八幡坂上，朝著舊函館區公會堂方向前進即可見到，建造於大正10（1921）年。

相馬株式會社
建於大正5（1916）年，至今仍在使用的公司建築。位於市電末廣町下車後即可抵達的距離。

相當適合時尚街道的色彩斑斕的建築
日西合璧或西式建築物外牆多設置了魚鱗板，再塗上油漆以加強防護。這些建築物的色彩及上漆方式千變萬化，呈現出一棟棟美景。

在函館市舊英國領事館內

享受英國式午茶時光

Tea Room Victorian Rose

●てぃーるーむうぃくとりあんろーず
MAP 附錄②5 C-2

咖啡廳內使用英國進口家具等用品，可在此享用道地紅茶，還可自店內眺望中庭。

↑柔和光線透過拱型窗戶灑落在窗邊座位

🕘9:00～18:30（11～3月～16:30）
🈺無休 
→最受歡迎的下午茶套餐（1人）1500日圓

元町 特色咖啡廳

介紹各種洋溢著歷史氛圍的古宅咖啡廳，以及充滿店家堅持的個性咖啡廳！確認好店內的吸菸規定，徹底放鬆身心

↑大型古典時鐘

特色焦點
店家改建當鋪倉庫而成，雖有年代，但時鐘等小地方仍訴說著當時的氛圍。

護國神社坂

全席禁菸

茶房ひし伊
さぼうひしい

☎0138-27-3300　**MAP** 附錄②5 A-2

原本這裡為當鋪的倉庫，就連過去石川啄木之妻節子也曾經來過。現在則搖身一變成為咖啡廳，並提供日西合璧的餐點。獨家綜合咖啡口味濃醇、非常順口，深受好評。店內也設有販售和風雜貨的店鋪。

🕐10:00～17:00　休無休　所函館市宝来町9-4
🚋市電寶來町站即到　P8輛

日西風格交錯充滿時尚氛圍

↑穩重的石造建築外觀

[餐點]
右 紅豆白玉聖代 810日圓
左 鬆餅（附咖啡或紅茶）920日圓

復古咖啡廳
內涵豐富的店內

在有函館歷史感的店內，滿琳瑯滿目的古典家具，處處飄散著復古氛圍。

特色焦點
利用酒批發商的別館改建，保留了地爐，充滿古民宅的氣氛。

脫下鞋子到和式座位稍微休息

日和坂

有吸菸席

茶房 菊泉
さぼうきくいずみ

☎0138-22-0306　**MAP** 附錄②5 C-2

在充滿古民宅咖啡廳的元町地區，這家店仍獨樹一格。除了可脫下鞋子徹底放鬆的和式座位外，還設有可與工作人員開心談天的吧檯座。就連餐點都相當有特色，如使用墨魚汁製作的黑蛋包飯920日圓等。

🕐10:00～17:00　休週四（逢假日則營業）　所函館市元町14-5　🚋市電末廣町站步行6分　P無

為傳統建築物
↑獲得函館市指定

[餐點]
左 豆腐白玉聖代 680日圓
右 咖啡 450日圓

日和坂

有吸菸席

花かんろ
はなかんろ

☎0138-22-9213　**MAP** 附錄②5 C-2

店家於昭和10（1935）年開幕，販售零食點心。而現任老闆承接本店後於1995年轉型成為甜點店。自製紅豆泥使用七飯町農家生產的紅豆，甜度恰到好處。

🕐9:00～17:00　休不定休　所函館市元町14-6　🚋市電末廣町站步行6分　P2輛

↑傳統的門廉深具特色

散發大正時代氣息的店內

[餐點]
右 白玉奶油餡蜜 648日圓
左 抹茶白玉 648日圓

特色焦點
店內改裝原先的零食店而成，座位都呈現出不同的日式、西式氛圍。

函館市區

夜景 特輯

市電 特輯

西部地區 元町 P.28

灣區 十字街 P.44

大門地區 函館站前 P.56

五稜郭 P.68

湯之川 P.78

伴手禮 特輯

道南地區

大沼 P.92

北斗 P.96

木古內 P.100

江差 P.102

松前 P.104

P.104

還有更多！美好咖啡廳

Pazar Bazar
バザールバザール

二十間坂　全席禁菸

☎0138-83-8606　MAP 附錄②5 B-2

這家咖啡廳位於二十間坂旁，店內小巧精緻。除了烤羊肉串及土耳其捲餅等土耳其料理與咖哩之外，也提供豐富飲料。

⤴以黏稠口感為特色的土耳其冰淇淋350日圓

🕚11:00～21:00
休週日、一　所函館市末広町17-19
🚋市電十字街站步行5分　Ｐ3輛

➡充滿異國風情的改建咖啡廳

木頭裝潢的室內以繽紛的土耳其燈飾照明

甘味処・生活骨董 函館きんぎょ茶屋
かんみどころせいかつこっとうはこだてきんぎょちゃや

日和坂　全席禁菸

☎0138-24-5500　MAP 附錄②5 C-2

⤴保留過往的天花板及地面，完美結合新家具

店內販售各種骨董生活用品，以及函館當地藝術家製作的手工雜貨、陶器等。除了使用十勝產紅豆製作的甜點外，也提供蛋包飯等各種輕食及豐富飲品。

改建超過100年歷史的古民宅

➡包含手工紅豆湯及戚風蛋糕的羽衣套餐810日圓

🕙10:00～16:30
休不定休　所函館市末広町20-18
🚋市電末廣町站即到　Ｐ1輛

HAKODATE PATATE
函館バターテ

日和坂　全席禁菸

☎0138-86-5164
MAP 附錄②5 C-2

獨棟洋房改建的咖啡廳。除了堅持選用北海道產素材製作的義大利餃子、法式可樂餅等輕食以外，義式冰淇淋也深受歡迎。此外，店內亦提供午餐菜單。

在有90年歷史的時尚洋館內休息

➡提供10種義式冰淇淋可選擇（雙球）450日圓

🕙10:00～17:30（外帶供應至18:00）、11～3月至16:30
休不定休　所函館市元町32-5
🚋市電末廣町站步行5分　Ｐ6輛

於陽光灑入的店內度過舒適時光

Green Gables
グリーンゲイブルズ

日和坂　全席禁菸

☎0138-26-7644　MAP 附錄②5 C-2

咖啡廳以紅髮安妮故事為形象設計，包括招牌的Gables三明治，所有餐點皆為手工製作。店家因出身函館的歌手YUKI時常前往而聲名大噪。

店內隨處可見紅髮安妮相關商品

草莓戚風蛋糕套餐900日圓，附飲品

🕚11:00～17:00（冬季至日落為止）
休週一　所函館市末廣町20-3
🚋市電末廣町站即到　Ｐ3輛

到以紅髮安妮為主題的店內享用可愛甜點

咖啡專門店

介紹各種店家的嚴選咖啡，包括自家烘焙咖啡及手沖咖啡等。

cafe Drip Drop
かふぇどりっぷどろっぷ

南部坂　全席禁菸

品嘗獨特的一杯

☎0138-22-9700　MAP 附錄②5 B-2

咖啡廳位於提供觀光資訊的「函館市地域交流中心」內，為函館市區深受歡迎的咖啡烘焙室「Hand pick」直營店，提供熱三明治430日圓等輕食餐點。

🕙10:00～17:30　休週三
所函館市末広町4-19 函館市地域交流中心1F
🚋市電十字街站即到　Ｐ30輛

➡進入函館市地域交流中心的1樓即可見到

特色焦點
店內放著沉穩的爵士樂，窗外則可見到市電行駛而過。

［餐點］
DD綜合咖啡330日圓（所有飲品皆可外帶）

點餐後現磨咖啡豆製作出充滿香氣的咖啡

使用手搖烘豆機製作的重烘焙咖啡

⤴老闆一組一組收集的咖啡杯

特色焦點
店內充滿木頭暖和氛圍，十分靜謐。寬敞的吧檯座也廣受歡迎。

［餐點］
上 重烘焙咖啡Bitter（25g、120cc）500日圓
下 老闆的隨興三明治500日圓

自家焙煎珈琲 箱館元町珈琲店
じかばいせんこーひーはこだてもとまちこーひーてん

八幡坂　有吸菸席

☎0138-83-1234　MAP 附錄②5 C-2

片上一刻，位於八幡坂半山腰，相當適合小憩

這間自家烘焙咖啡廳就位於八幡坂旁。可享用到一杯杯香氣濃郁、口味濃醇的手沖咖啡。此外，亦提供自製蛋糕及三明治。

🕙10:00～17:30　休週二（逢假日則營業）
所函館市元町31-11
🚋市電末廣町站步行5分　Ｐ8輛

元町的必吃美食

元町地區有不少早已深耕北海道、代代相傳的洋食餐廳，以及提供細緻美味的高級餐廳，從實力派到個性派應有盡有。在多家名店當中，找出自己喜愛的美味吧。

在函館最具歷史的洋食餐廳
輕鬆享受傳統美味

末廣町　MAP附錄②5 B-2

五島軒本店
●ごとうけんほんてん●

創業於明治12（1879）年的法國料理餐廳，以「三個世代都能喜愛的洋食」為主題，提供各種洋食菜色，從正統法國菜、俄羅斯菜，一直到輕食的咖哩、漢堡等餐點，應有盡有。

☎0138-23-1106
🕐11:30～20:30（11～3月～20:00）
休無休（1、2月休週一）　所函館市末廣町4-5　🚃市電十字街站步行5分　🅿60輛

本店內的餐點皆可於亭享用所本店內的餐點皆可於餐廳雪河

仍留有昭和初期樣貌的古典外觀

MENU
明治的洋食&咖哩套餐
2160日圓

可樂餅、燉牛肉、英式咖哩等五島軒的人氣美味都能一次品嘗到。附沙拉、甜點、咖啡。

> 這道也不錯
> 蛋包飯 972日圓～
> 三代目若山德次郎Rich
> 鴨咖哩 2376日圓

末廣町　MAP附錄②5 A-2

レストキャビン キャプテン
●れすときゃびんきゃぷてん●

自昭和44（1969）年創業以來，店家就以提供洋食為主。多蜜醬是這家店長久以來深受在地人喜愛的傳統美味。午餐則可依喜好選擇主食及附餐。

☎0138-22-8657
🕐11:30～13:45、16:00～20:15（週一<連假日則為翌平日>為11:30～13:30）
休無休　所函館市末広町7-18　🚃市電十字街站步行3分　🅿3輛

使用實際用於船上的物品來裝飾

MENU
起司漢堡排
972日圓（白飯另加210日圓）

在充滿豐富肉香的漢堡排上，鋪上大量起司。一旁的蔬菜及多蜜醬皆為店家自製。

分量滿點的洋食餐廳
讓內心及肚子都相當滿足

> 這道也不錯
> 香煎雞排 998日圓
> 綜合炸物 1188日圓

弁天町　MAP附錄②4 E-2

Restaurant Yoshiya
●レストラン ヨシヤ●

這家傳統洋食餐廳深受在地人喜愛。招牌料理為長約30cm的特大炸蝦，其麵衣入口酥脆，加上彈潤的蝦肉口感令人讚嘆不已。此外，也可在此享用咖啡等茶點，最適合在此稍作休息。

☎0138-22-1365
🕐11:00～20:30（14:00～17:00店家有時為準備中不開放，需洽詢）　休週三（逢假日則營業）
所函館市弁天町5-6　🚃市電函館船塢前站步行3分　🅿7輛

店內寬敞，更設有沙發座位

老牌洋食餐廳
的超大尺寸炸蝦

MENU
A套餐
1870日圓

除了炸蝦以外，還可品嘗漢堡排、炸豬排等美味。套餐有湯、白飯，以及餐後咖啡或香草冰淇淋，令人期待。

> 這道也不錯
> 炸蝦咖哩套餐 1890日圓
> 漢堡排套餐 1550日圓

函館市區
夜景 特輯
市電 特輯
元町西部地區
P.28
灣區十字街 P.44
函館站前大門地區 P.56
五稜郭 P.68
湯之川 P.78
伴手禮 特輯
道南地區
大沼 P.92
北斗 P.96
木古內 P.100
江差 P.102
松前 P.104

寶來町 　MAP附錄②5 A-2

the very very BEAST

●ざべりーべりーびーすと●

這間充滿美國風的洋食餐廳改建大正時代五金行而成，招牌餐點BEAST蛋包飯更是八成客人都會點選的人氣料理。此外，店家提供豐富飲品，令人滿足。

☎0138-26-7364
🕐12:00～14:00、18:00～22:30
休週二（逢假日則營業）　所函館市宝来町23-3　🚃市電寶來町站即到　P無

➡氛圍 店內充滿了美式
➡外觀 以綠色點綴了木頭

花上一整天仔細熬煮番茄醬汁

> 連道也不錯
> 漢堡排 1080圓
> 米披薩 918圓

```
MENU
BEAST蛋包飯
972日圓
醬汁結合獨家番茄醬汁及特製多蜜醬而成，附沙拉、湯。
```

充分呈現辛香料風味的老店知名咖哩

> 連道也不錯
> 炸豬排咖哩 980日圓
> 海鮮咖哩 980日圓

```
MENU
雞肉咖哩
1100日圓
大塊雞肉結合半熟蛋、大量濃稠起司，並以烤箱燒烤而成的咖哩。
```

寶來町 　MAP附錄②5 A-2

印度カレー 小いけ本店

●いんどかれーこいけほんてん●

創業於昭和23（1948）年的咖哩專賣店，店內有股懷舊氣息，主要供應使用濃郁香料的咖哩。兼具深奧風味及濃醇美味的咖哩，令人一吃就上癮。

☎0138-22-5100
🕐11:00～14:30、17:30～20:30
休週三、第1週四　所函館市宝来町22-5　🚃市電寶來町站即到　P5輛

➡上 義次郎肖像的招牌令人印象深刻，結合創業者小池義次郎肖像的招牌令人印象深刻
➡店家位於市電通上
➡右 店內明亮、寬敞，用餐環境舒適

這裡也很推薦！人氣 和食 餐廳

住吉町 　MAP附錄②3 B-4

懷石の里 煌

●かいせきのさときら●
☎0138-27-7288

提供以在地當季素材製作的創意懷石料理，除了日式料理外，也融入法國菜及義大利菜特色，無論味覺及外觀都令人印象深刻。一般座位費須外加5%的服務費，包廂則須外加10%。

🕐11:30～13:30、17:30～19:30
休週三不定休　所函館市住吉町17-1　🚃市電谷地頭站步行10分　P30輛

➡雖為和室，但使用桌椅讓用餐更舒適

```
MENU
華Goyomi 3500日圓
晚餐時段提供的日西合璧料理，內容依當日進貨食材而異。店家也提供創意料理，餐點充滿豐富變化。
```

加入西方精華點綴的光彩奪目懷石料理

寶來町 　MAP附錄②5 A-2

料亭 冨茂登

●りょうていふもと●
☎0138-26-3456

創業於昭和36（1961）年時，原為關東煮店家，在昭和55（1980）年才轉型為日式料亭。提供當季美味及在地素材的宴席料理，只要事先提出，還可依據顧客喜好提供特製料理。

🕐11:45～22:00（需預約，迷你宴席～14:00）
休每月2次不定休　所函館市宝来町9-7　🚃市電寶來町站即到　P5輛

➡日式包廂令人感受到過往繁華風貌

```
MENU
漁火宴席 7452日圓～
圖為料理其中一例，餐點皆為當季美味的在地料理。使用名產鮭魚卵，以及捕自函館近海的鮭魚。
```

獲得米其林一星享受傳統美味與排場

寶來町 　MAP附錄②5 A-2

阿佐利本店

●あさりほんてん●
☎0138-23-0421

創業於明治34（1901）年的老牌肉鋪經營，壽喜燒使用關東風醬汁的牛肉鍋。每週一～週六11:30～13:30提供的壽喜燒午餐價格僅1400日圓起（限定30份），深受好評。

🕐11:00～20:30
休週三　所函館市宝来町10-11　🚃市電寶來町站即到　P10輛

➡共有8間靜謐的包廂

```
MENU
牛里肌壽喜燒全餐
2600日圓～
包含松、竹、梅三種全餐，使用A3～A5等級的國產和牛製成。用較淡的醬汁充分引出肉的美味是他們的傳統風味。
```

在充滿歷史情懷的店內享受壽喜燒

尋找雜貨

元町地區有許多販售在地藝術家特色小物,以及各種器具的別緻店鋪。購入自用、分送親友兩相宜的伴手禮吧。

↗北兔皮革鑰匙圈各1080日圓

琳瑯滿目的商品,兼具童趣及機能性

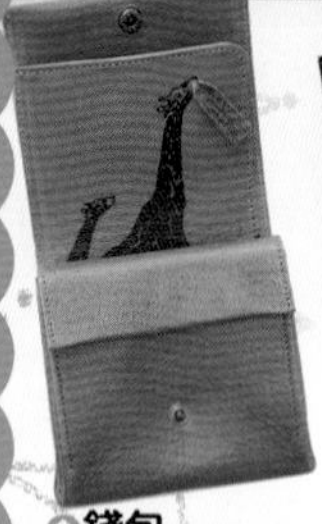

琳瑯滿目的超人氣北兔商品

KITA USAGI

↗偷窺貓相框
各5100日圓

→北兔馬克杯
各864日圓

↗北兔小盤子
648日圓

動物圖案的皮革小物

↗書套
各8640日圓

→錢包
32400日圓

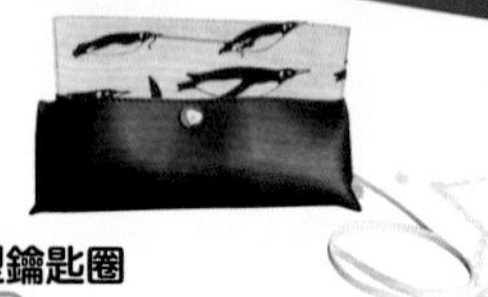

→眼鏡盒
12960日圓

Jump!

→動物造型鑰匙圈
各1080日圓

↗限定白熊午餐袋
1944日圓

OZIO

↗明信片組
540日圓

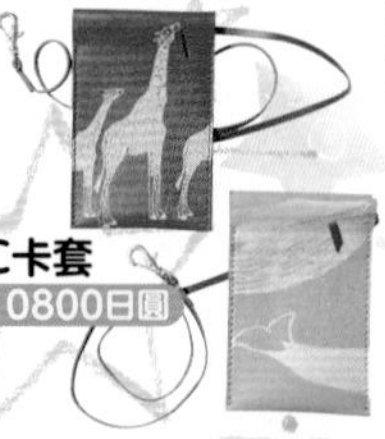

→IC卡套
各10800日圓

←書籤
各1404日圓

→胸花
10800日圓

日和坂　　　　　　　●もとまちひよりかん

元町日和館

☎0138-27-2685　MAP 附錄②5 C-2

店內陳列各種以貓為主題設計的雜貨,以及函館當地藝術家的手工作品。其中又以藝術家成田粹子設計的北兔商品最受歡迎,包括明信片、黏土製擺飾等各種商品。

🕙10:00~16:00
(閉館,5~10月17:00)
休週一(逢假日則翌日休,7~9月無休)
所函館市元町10-13
市電末廣町站步行6分　P無

↗除了北兔商品外,也販售各種手工藝品

二十間坂　　　　　　　●おじお

OZIO

☎0138-23-1773　MAP 附錄②5 B-2

展示、販售背包藝術家永嶺康紀所創作的皮革飾品。店內販售商品琳瑯滿目,每一樣都充分活用了皮革特色的設計及色彩。其中又以手工繪製街景或動物模樣的作品最受好評。分店則開設於金森紅磚倉庫(P.48)內。

🕙11:00~19:00(11
~3月的週一~四)
18:00)　休無休　所函館市元町29-14
市電十字街站步行5分　P3輛

→復古氛圍的店內擺滿各種色彩鮮艷的商品

還可製作獨家商品!

可在此與職人討論,選擇自己專屬的設計及皮革種類。不妨在此製作一個全世界唯一的獨家商品吧。

↗店家還提供售後服務,令人安心

函館市區

夜景 特輯

市電 特輯

元町 西部地區
P.28

灣區 十字街
P.44

函館站前 大門地區
P.56

五稜郭
P.68

湯之川
P.78

伴手禮 特輯

道南 地區

大沼
P.92

北斗
P.96

木古內
P.100

江差
P.102

松前
P.104

在 元町 商店

將藝術家的手作小物帶回家

商店外觀也值得一看

元町雜貨店大多利用古民宅改建，例如OZIO為改建明治20（1887）年創業的烘焙坊而成，而元町日和館使用的建築則建造於大正10（1921）年。選購商品時，不妨仔細留意建築物的箇中奧秘。

Column

↑元町日和館 　　↑OZIO

↓水晶花飾品各1600日圓～

豐富的手工飾品

↑胸針 各1000日圓

↑Kogin刺工藝髮圈 350日圓～

→化妝包 2000日圓

千歲坂　●みかづきこうぼう

みかづき工房

☎0138-87-0787　MAP 附錄②4 E-2

集結居住於函館市內及近郊的藝術家手作雜貨，以及各種古董商品。店內改建明治時代倉庫及大正時代建築而成，就連選購商品都令人愉悅。附設藝廊及咖啡廳。

🕐3月上旬～12月下旬的11:00～17:00
🈺期間中週四
📍函館市弥生町23-1　🚃市電函館船塢前站步行3分
🅿無

→店內陳列了各種手工包包、飾品及手工藝品

↓歷史建築物迷你模型756日圓～

老闆精挑細選的藝術品

↓陶製山羊 各850日圓

↑高領號迷你模型 756日圓

豬天使 32400日圓

三十間坂　●ぎゃらりーむらおか

Gallery 村岡

☎0138-27-2961　MAP 附錄②5 B-2

主要展出、販售以函館為首的北海道在地藝術家作品。無論是藍染、陶藝，還是木製作品，每一項都充滿溫度，更是日常生活中都可用到的物品。此外，不同季節舉辦的企劃展也令人期待。

🕐10:00～19:00
🈺週三（逢假日則營業）　📍函館市元町2-7　🚃市電末廣町站步行5分　🅿無

→可脫下鞋子進入店內仔細挑選雜貨

↓隔熱手套與阿爾漢格爾斯克的刺繡小物

挑動少女心的俄羅斯雜貨

↑俄羅斯娃娃紅茶罐 1080日圓

↑立陶宛的木製杯墊 900日圓

↑Платок（俄羅斯披巾）各2750日圓～

日和坂　●ろしあとうおうゆにゅうざっかちゃいか

ロシア・東歐輸入雜貨 Chaika

☎0138-87-2098　MAP 附錄②5 C-2

函館自古以來便與俄羅斯交流頻繁，俄羅斯甚至還在此設置了領事館。而這家店鋪販售的商品包括從俄羅斯聖彼得堡進口的Imperial Porcelain陶器，以及紅茶、以傳統刺繡製作的披巾等。

🕐10:00～17:00
🈺每月2次不定休
📍函館市元町7-7　🚃市電末廣町站步行6分　🅿2輛

→可在附設的茶點區享用俄羅斯茶

眺望函館灣與海峽線

市電 函館船塢 周邊

元町西側自古以來就是寧靜的住宅區。而眺望大海的台地上，則是無法回到故鄉便過世的外國人們長眠之處。

粉紅色外牆

→兼具甘醇甜味及深奧風味的煎茶「霧島茶」600日圓，附點心及茶壺

→訴說港町函館歷史的貴重建築物

日本茶餐點

眺望大海的午茶時光

Tea Shop 夕日
てぃーしょっぷゆうひ

這間日本茶咖啡廳靠近外國人墓地，使用明治時代的洋風建築改建而成。充滿休閒氛圍的店內，設置了面海的窗邊座位，尤其夕陽時分，更是美麗。深受歡迎。

☎0138-85-8824
MAP 附錄②3 A-3
⏱3月中旬～11月下旬的10:00～日落 休期間中週四、第2、第4週三 所函館市船見町25-18 🚃船見町巴士站步行3分 P8輛

↑店內在可眺望大海的窗邊設置了4張雙人桌

→這裡是宮崎葵主演的電影《新函館人》的拍攝地

☎0138-22-8231 **MAP** 附錄②4 E-2
⏱15:00～21:00（週六、日～20:00）休週一、五
¥入浴費440日圓 所函館市彌生町14-9
🚃市電函館船塢前站步行5分 P3輛

擁有可愛粉紅色外觀的函館風公共浴場

大正湯
たいしょうゆ

建於昭和3（1928）年，是深受在地人喜愛的老牌公共浴場。建築物內各個部分都充滿復古風情，儼然是座庶民浴場。

傳遞長眠於異國者的思鄉之情

外國人墓地
がいこくじんぼち

包括基督新教、天主教、俄羅斯人、中國人等各種宗教及國家的人皆長眠於此。墓地位於可眺望大海的台地上，可強烈感受到異國氛圍。此外，這裡也是絕佳的欣賞夕陽景點。

|地區內 參觀OK（自外側參觀） 攝影OK|

☎0138-27-3333
（函館市元町觀光服務處）
MAP 附錄②4 F-1
⏱自由參觀
所函館市船見町23
🚃市電函館船塢前站步行15分 P無

↑可飽覽函館灣全景的基督新教墓地

→近距離見到滑入大海的大船，充滿震撼力

參觀老牌造船公司的進水式

函館船塢 函館造船所（進水式）
はこだてどっくはこだてぞうせんじょしんすいしき

函館船塢為明治29（1896）年創業的造船公司，每年會舉辦6次新船入海的進水儀式，並開放一般民眾參觀。詳細日期請參照官網公告。

☎0138-22-3111 **MAP** 附錄②4 F-3
⏱需確認 ¥免費參觀 所函館市弁天町20-3
🚃市電函館船塢前站步行5分 P有臨時停車場
HP http://www.hakodate-dock.co.jp

↑生烏賊定食1500日圓，包括生烏賊、白飯、味噌湯、醃漬烏賊、馬鈴薯及醃漬物等

享用海港媽媽們製作的生烏賊

入舟番屋
いりふねばんや

這是家週六、日限定的餐廳，由函館市漁業協同組合的女性員工提供漁港媽媽的美味餐點。料理僅有「生烏賊定食」及「生烏賊」兩種。而這些新鮮活烏賊則來自漁協專用的水槽。

☎0138-23-3195（函館市漁業協同組合）**MAP** 附錄②4 F-1
⏱6～11月的11:00～14:00（售完打烊）休期間中週一～五（無漁獲日公休）所函館市入舟町16-7
🚃市電函館船塢前站步行15分 P無

開設於住家玄關前的小巧烘焙坊

おやつ工房
おやつこうぼう

這家點心店位於幸坂中央，店家在玄關前販售約10種類型的燒烤點心。其中又以使用北海道產小麥、季節食材的磅蛋糕、馬芬及餅乾最受歡迎。

☎090-3115-1793
MAP 附錄②4 E-2
⏱12:00～17:00 休週一～三
所函館市彌生町16-7
🚃市電函館船塢前站步行8分
P無

↓加入蔓越莓及黑醋栗的水果磅蛋糕180日圓

遠離喧囂的庶民街區

市電 **谷地頭**周邊

谷地頭距離主要觀光地較遠，是嫻靜的住宅區。若想細細品味函館的歷史、魅力，就可前往此處。

函館公園

はこだてこうえん

園內 參觀OK 攝影OK

在駐函館英國領事Eusden Richard的建議下，這家北海道第一座西式公園於明治12（1879）年開園。園內設有博物館、北海道第一座石橋，以及摩天輪等設施。

4月下旬至5月上旬間可見到約420棵櫻花盛開

這裡也Check!

公園內主要的觀賞重點

白川橋	兒童王園	舊函館博物館	市立函館博物館
這是公園建造完成時，由淺田清次郎捐贈的橋梁，是北海道第一座西式石橋。也是最佳的賞楓景點。	昭和31（1956）年開設的迷你遊樂園，共有12種遊樂設施。其中摩天輪更是現存日本最古老的一座。	日本現存最古老的博物館，共有1、2館，1館為明治11（1878）年建造的西式木造建築，僅開放外觀參觀。	展出函館自繩文時代至現代的歷史、民俗、自然科學、考古學及美術相關資料。

☎0138-22-7255（管理事務所） **MAP** 附錄②5 A-1

自由入園（兒童王國為11:00~16:00，週六、日、假日、春假、暑假、黃金週為10:00~17:00，市立函館博物館為9:00~16:30、11~3月至16:00）休無休（兒童王國在11月中旬~3月中旬冬季間關閉，市立函館博物館為週一、假日、每月最後週五休館，亦有臨時休館日）所函館市青柳町17 交市電青柳町站步行3分 P無

立待岬

たちまちみさき

園內 參觀OK 攝影OK

過去北方防衛的重要據點

立待為愛努語中「Piusu」（在岩石上以魚叉捕魚）的日語意譯名稱，可從海岬眺望津輕海峽。

☎0138-27-3333（函館市元町觀光服務處） **MAP** 附錄②3 B-4

自由參觀（20:00~翌6:00、11月中旬~4月中旬車輛禁止通行）所函館市住吉町 交市電谷地頭站步行15分 P40輛

碧血碑

へっけつひ

園內 參觀OK 攝影OK

土方歲三及舊幕府軍士兵長眠之處

建造於函館山山麓上，除了祭祀新撰組副長土方歲三外，還有於箱館戰爭中死亡的約800位舊幕府軍逃兵的英靈。

→總是有人前來向石碑合掌、獻花

☎0138-27-3333（函館市元町觀光服務處） **MAP** 附錄②3 A-4

自由參觀 所函館市谷地頭町1 交市電谷地頭站步行15分 P無

函館八幡宮

はこだてはちまんぐう

境內 參觀OK 攝影OK

開拓、漁業及航海的守護神

神社據傳創建於室町時代，現在的社殿則完成於大正7（1918）年。本殿為日吉造及權現造風格折衷而成，又稱為聖帝八棟造。

☎0138-22-3636 **MAP** 附錄②3 A-4

境內自由參觀 休無休 所函館市谷地頭町2-5 交市電谷地頭站步行8分 P50輛

→神社位於可眺望津輕海峽的台地上，每棟社殿的建築風格各不同

谷地頭溫泉

やちがしらおんせん

享受溫泉之餘還可與在地遊客交流

這座名湯谷地頭是函館市民自古以來就相當熟悉的溫泉，源泉為超過60度的高溫泉，原本無色透明，但接觸到空氣後便轉為紅褐色。

☎0138-22-8371 **MAP** 附錄②3 B-4

6:00~21:00 休第2週二（第4週二不定休）¥入浴費420日圓 所函館市谷地頭町20-7 交市電谷地頭站步行5分 P101輛

→星形的露天浴池

NHK《閒走塔摩利》曾介紹!

函館山與谷地頭溫泉的關係

谷地頭溫泉被視為函館的後花園，其富含黃色石灰的溫泉水為火山性溫泉的特徵。其實，位於谷地頭附近的函館山，是火山於海面上噴發後形成的山脈。後來，因陸地與沙洲逐漸連接成為陸連島，才逐漸形成今日讓函館山夜景如此美麗的彎曲形狀。

→谷地頭溫泉的料理旅館池の端

五稜郭・函館站 / 函館山	100萬年前
五稜郭・函館站 / 函館山	5000年前
五稜郭・函館站 / 函館山	現在

※圖片僅為示意

在北海道內第一座西式公園深刻體驗函館歷史

幸坂	在陡坡上祈求心願

景點 山上大神宮
●やまのうえだいじんぐう

☎0138-22-1819　MAP附錄②4 E-1

因在今日函館市赤川町祭祀伊勢神宮分靈而起，明治初期以前稱作箱館神明宮。今日社殿竣工於昭和7（1932）年3月。

➡繪馬上頭是學問之神 菅原道真

需時30分

🚶自由參觀　所函館市船見町15-1　市電函館船塢前站步行15分　P無

➡含菅原道真在內，共祭祀了12尊神明

市電通	了解函館的高領文化

景點 市立函館博物館鄉土資料館
●しりつはこだてはくぶつかんきょうどしりょうかん

☎0138-23-3095　MAP附錄②5 C-2

利用建造於明治13（1880）年的舊金森洋物店建築物，展出明治時期的高領文化。是北海道內最古老的磚造建築，也是北海道指定有形文化財。

需時30分

➡充分了解函館的商業發展

🚶9:00～16:30(11～3月至16:00)　休週一、假日、每月最後週五　¥100日圓，學生50日圓　所函館市末廣町19-15　市電末廣町站即到　P無

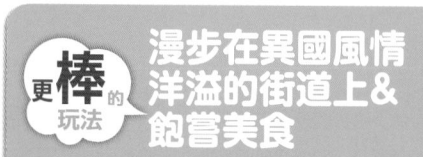

更棒的玩法 漫步在異國風情洋溢的街道上&飽嚐美食

元町、西部地區是最能象徵函館的區域，無論是從坡道眺望街景、參觀歷史建築物，都能充分享受異國風情。走過充滿歷史的建築物後，還可到函館最具代表性的老店購買伴手禮、邊走邊享用霜淇淋。

➡水溝蓋還畫上烏賊或五稜郭等圖樣，走路時也可留意腳邊驚喜

基坂	製作原創玻璃雜貨

玩樂 元町ガラス工房
●もとまちがらすこうぼう

☎0138-27-8836　MAP附錄②5 C-2

工房提供玻璃製作體驗，更附設商店，販售項鍊、耳環等各種飾品。

需時30分

🚶9:00～17:00(體驗活動最晚開始時間為15:15)　休第3週四(11～2月為週四)　所函館市大町1-33　市電末廣町站步行3分　P無

➡建築物為明治42（1909）年建築的日式西合璧住宅

➡項鍊各2100日圓

市電通	綠松色的外牆獨具特色

景點 相馬株式會社
●そうまかぶしきがいしゃ

☎0138-27-3333(函館市元町觀光服務處)　MAP附錄②5 C-2

建造在基坂與電車通的路口。相馬商店開業於文久3（1863）年，原為弁天町的米穀商，在大火後才於大正5（1916）年重新建造這座建築。第一代老闆為對舊函館區公會堂建築有所貢獻的富商——相馬哲平。建築物的鐵皮屋頂及擁有屋頂窗的文藝復興風格最具特色，今日仍作為辦公室使用。建築物也被指定為函館市的傳統建築物，夜間則會點上柔和燈光。

🚶自由參觀(僅外觀)　所函館市大町9-1　市電末廣町站步行5分　P無

文藝復興風格與日式氛圍
窗戶（屋頂窗）等處皆以文藝復興風格為主設計，但在玄關等細部則巧妙加入了日式氛圍。

➡包括窗框等，處處都加上了時髦裝飾

需時10分

南部坂	手工醬汁及細緻調理頗具好評

美食 洋風居酒屋 南部坂
●ようふういざかやなんぶさか

☎0138-22-0588　MAP附錄②5 A-2

這間洋風居酒屋改建覆滿薔薇的照相館而成，以良心價格提供函館等地的北海道產食材。除了起司、燒烤料理外，更提供豐富酒品。

預算3000日圓

➡以實惠價格細細品味重視食材的料理

🚶週一～四、週日為18:00～21:00，週五、六至21:30　休不定休　所函館市末廣町3-4　市電十字街站步行5分　P1輛

幸坂	磚造的美麗洋館

景點 舊俄羅斯領事館
●きゅうろしありょうじかん

☎0138-27-3333(函館市元町觀光服務處)　MAP附錄②4 E-1

萬延元（1860）年建造於函館哈利斯特斯東正教堂建地內，遷移後的現今建築物則建造於明治41（1908）年。內部目前不開放參觀。

需時10分

🚶自由參觀(僅外觀)　所函館市船見町17-3　市電函館船塢前站步行15分　P無

➡外觀及窗緣的紅白組合獨具特色

➡屋頂正面採弧形山形的唐破風玄關設計

東坂	向今日傳遞中國清朝的建築風格

景點 函館中華會館
●はこだてちゅうかかいかん

☎0138-27-3333(函館市元町觀光服務處)　MAP附錄②4 D-2

為日本唯一現存以中國清朝末期傳統工法建造的建築物，內部雖不開放參觀但館內祭祀著《三國志》的英雄「關羽」。

需時10分

➡建築於明治43（1910）年，整棟建築物未使用到一根釘子

🚶自由參觀(僅外觀)　所函館市大町1-12　市電大町站步行3分　P無

大三坂	

手作りソフト 大三坂
●てづくりそふとだいさんさか

☎0138-26-4580　MAP附錄②5 B-2

使用森町駒岳牛乳，以及獨家訂製的霜淇淋基底製作。產品無添加多餘添加物因此霜淇淋較易融化，必須當場吃完。

🚶4月下旬～10月下旬的8:30～18:00(10月中旬～下旬為10:00～17:00)　休期間中無休　所函館市元町17-9　市電十字街站步行10分

➡牛乳霜淇淋280日圓

元町	

箱館元町 宇須岸の館
●はこだてもとまちうすけしのやかた

☎0138-23-3581　MAP附錄②5 C-2

霜淇淋大道中最古老的店家，使用大沼山川牧場新鮮生乳製作的「牛乳霜淇淋」最受歡迎。還可參加霜淇淋手作體驗330日圓。

🚶3月中旬～11月下旬的8:00～18:00　休期間中無休　所函館市元町13-4　市電末廣町站步行8分　P無

➡牛乳霜淇淋(生乳)330日圓

八幡坂	

Hakodate Soft House 元町
●ハコダテソフトハウス元町

☎0138-27-8155　MAP附錄②5 C-2

位於八幡坂附近的店家，使用函館牛乳及道東產牛乳製作的「特農牛乳霜淇淋」330日圓最受推薦。「墨魚汁霜淇淋」等獨創商品也頗受歡迎。

🚶8:30～18:00(11～3月為9:00～17:00)　休無休　所函館市元町14-3　市電末廣町站步行10分　P無

➡墨魚汁冰淇淋400日圓

PICK UP!

元町的霜淇淋大道

舊函館區公會堂至函館山的路上共有3家霜淇淋店比鄰而居，通稱「霜淇淋大道」。每家店的霜淇淋種類及口味都別有特色，不妨比較看看。

函館市區

夜景 特輯

市電 特輯

元町 西部地區 P.28

十灣區街

P.44 函館站前大門地區

P.56 五稜郭

P.68 湯之川

P.78 伴手禮 特輯

道南地區

大沼 P.92

北斗 P.96

木古內 P.100

江差 P.102

松前 P.104

十字街　堅守傳統製法的函館老店

購物 **Raymon House 元町**
●レイモンハウス元町

☎0138-22-4596　　MAP附錄②5 B-2

繼承在函館開始製作火腿、香腸的德國人Carl Raymon傳統製法，並販售相關商品。2樓則是歷史展示館。

🕐9:00～18:00(輕食區～17:30)
休無休
所函館市元町30-3
市電十字街站步行5分
P8輛

↑最適合作為伴手禮的「德式香腸」538日圓

八幡坂　鮮豔豐富的手工拼盤午餐

美食 **もみの木DINING**
●もみのきだいにんぐ

☎0138-83-1955　　MAP附錄②5 C-2

在此品嘗店家考量營養均衡後，使用大量蔬菜製作的料理。而「もみの木拼盤」餐點每週更換，除了主菜外，還附上沙拉、甜點、飲料等，分量十足。店內容易客滿，建議電話預約。

預算中1000日圓

🕐11:00～15:00　休週一(逢假日則營業)
所函館市元町14-16
市電末廣町站步行5分　P8輛

↑もみの木拼盤(附甜點、飲料)950日圓

↑在風格沉穩的店內充分放鬆

↑建築物有著可愛的三角屋頂及粉紅色外觀

大三坂　香氣濃郁的麵包及極具個性的陶器

購物 **Studio Oval、天然酵母パン tombolo**
●すたじおおーばるてんねんこうぼぱんとんぼろ

☎0138-27-7780　　MAP附錄②5 B-2

結合陶藝家苫坂恒治經營的藝廊「Studio Oval」，以及麵包工房「天然酵母パンtombolo」。藝廊中主要展出、販售各種陶藝作品。

🕐11:00～17:00　休週一、二(逢假日則營業)　所函館市元町30-6　市電十字街站步行7分　P無

↑鄉村麵包(1.1日圓/g)適合搭配日式、西式料理

↑獨特樣貌的咖啡杯盤組1組14000日圓

大三坂　也許會聽到函館拍攝的電影小資訊

咖啡廳 **カフェやまじょう**
●かふぇやまじょう

☎080-3237-3946　　MAP附錄②5 B-2

不少知名電影都在函館拍攝，而負責協調電影外景事宜的，就是這家店的老闆。不妨在這喝杯咖啡，聽聽攝影時的小故事吧。

預算中500日圓 晚1000日圓

🕐11:00～23:00
休週三　所函館市元町30-5　市電十字街站步行5分　P2輛

↑培根蛋義大利麵700日圓，加200日圓即可搭配咖啡

↑窗邊座位為已故導演森田芳光的紀念空間

護國神社坂　氛圍輕鬆的小餐館

美食 **Bistro Bons amis**
●びすとろぼんざみ

☎0138-27-4530　　MAP附錄②5 A-2

從傳統法國菜到創意料理，店家提供法國料理的豐富魅力。夜間除了全餐料理外，也提供豐富單點料理。

預算中2200日圓 晚3000日圓

🕐11:30～14:00、17:30～21:30　休週三　所函館市宝来町7-19　市電寶來町站即到　P無

↑本日推薦全餐3780日圓其中一例。可選擇魚或肉類料理

↑改裝民宅而成的和風店內樣貌

PICK UP!　漫步途中發現的藝術裝飾

元町一帶有不少點綴街區特色的公共藝術，不管是可愛風格，還是帥氣特色類型都應有盡有，可在散步途中仔細留意。

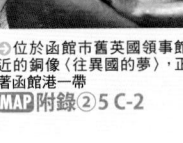

↑坡道地標上裝飾著函館市鳥赤腹山雀雕像

↑前往元町公園的路上，有位仰望天空的男性…。名為〈持續旅途的男子〉　MAP附錄②5 C-2

↑位於函館市舊英國領事館附近的銅像〈往異國的夢〉，正望著函館港一帶　MAP附錄②5 C-2

基坂　邂逅懷舊玩具的咖啡廳

咖啡廳 **函館昭和のおもちゃ博物館&cafeフラフープ**
●はこだてしょうわのおもちゃはくぶつかんあんどかふぇふらふーぷ

☎0138-87-0488　　MAP附錄②5 C-1

2樓的「玩具博物館」內，展示老闆耗費30年收集的500項昭和玩具。1樓咖啡廳則提供咖啡、戚風蛋糕等餐點。

預算中600日圓

🕐12:00～17:00　休不定休　所函館市元町9-11　市電末廣町站步行8分　P1輛

↑展示鍍錫鐵皮玩具及唱片等物

↑1960年代的鍍錫鐵皮玩具「Smokey Joe」

二十間坂　使用在地素材製作的特色麵包

購物 **パン工房 元町ぽん・ぱん**
●ぱんこうぼうもとまちぽんぱん

☎0138-22-8008　　MAP附錄②5 B-2

使用在地特產製作的紅豆麵包最受歡迎。店家位於元町地區，故特地將麵包保存期限設定為3～4日，方便觀光客購買。漫步途中，可順道前往逛逛。

🕐7:00～18:30
休週日　所函館市末広町16-1　市電十字街站步行3分　P無

↑昆布風味及令人上癮的鹽味昆布紅豆麵包135日圓

↑店家位於市電十字街站往灣區的路上

大三坂　完美結合和菓子的溫醇咖啡

咖啡廳 **元町茶寮**
●もとまちさりょう

☎0138-23-5350　　MAP附錄②5 B-2

使用嚴選素材製作的甜點，以及加入莓果的桃子蘇打等老闆招牌飲料品項豐富，還可聽著教堂鐘聲享受愉悅的午茶時光。

預算中800日圓

🕐11:00～18:00　休週二(逢假日則翌日休)　所函館市元町17-8　市電十字街站步行7分　P1輛

↑以抹茶碗享用的野點咖啡750日圓，附季節和菓子

↑店內與餐點相同，處處洋溢著日西合璧氛圍

外國人墓地　眺望函館灣的美景咖啡廳

咖啡廳 **Cafeteria Moglie**
●かふぇてりあもーりえ

☎0138-22-4190　　MAP附錄②4 F-1

可飽覽函館灣的咖啡廳，曾出現在竹內結子主演的電影《星願》，讓咖啡廳一躍成名。東歐館餅餅料套餐、壺燒香菇派等餐點最受歡迎。

預算中900日圓

🕐3～12月的11:00～17:00　休不定休　所函館市船見町23-1　市電函館船塢前站步行15分　P無

↑東歐館餅餅料套餐850日圓建議搭配俄羅斯茶

↑夕陽時分就成為最佳賞景勝地

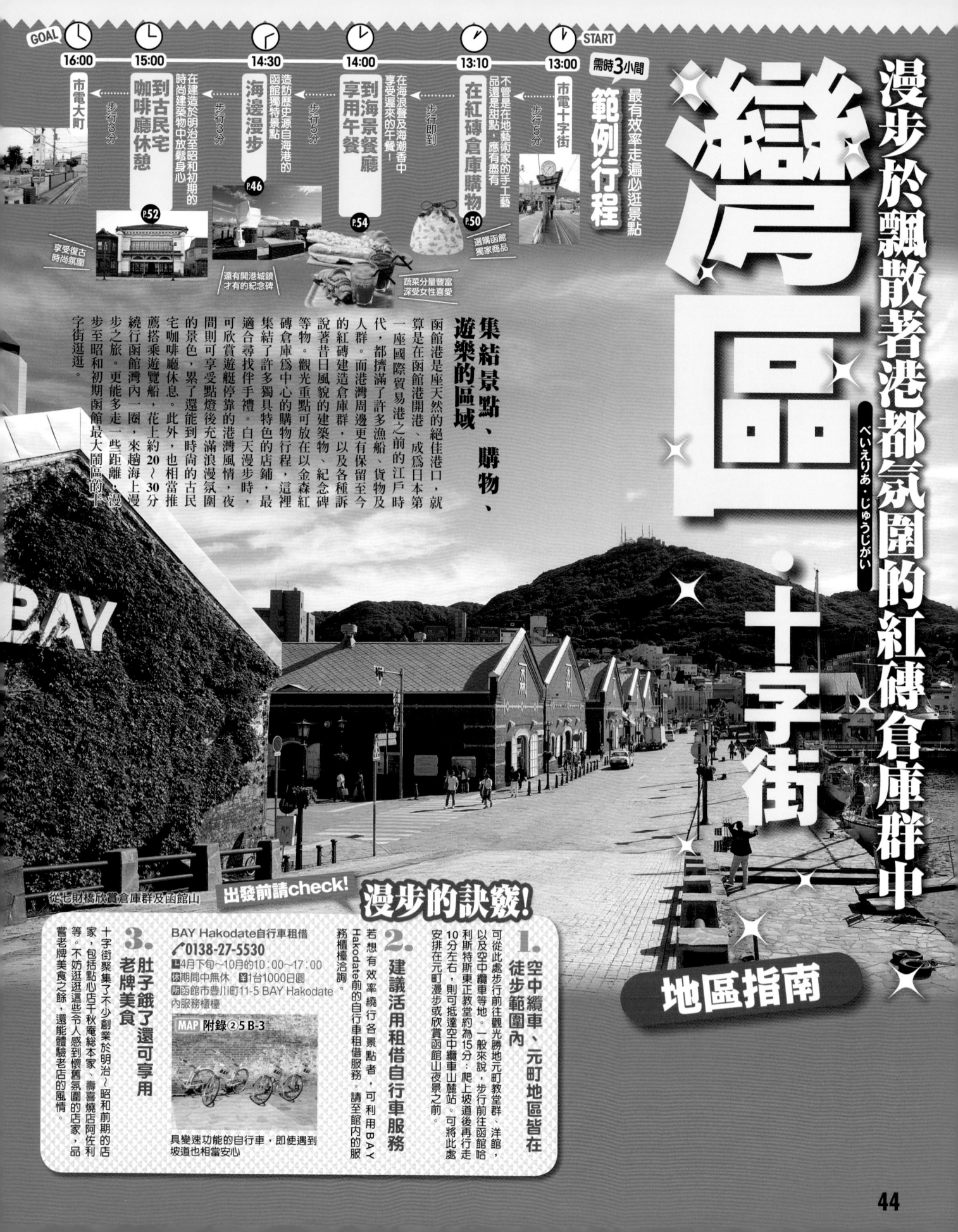

漫步於飄散著港都氛圍的紅磚倉庫群中

灣區‧十字街

べいえりあ‧じゅうじがい

最有效率走遍必逛景點

範例行程

需時3小時

GOAL 16:00	15:00	14:30	14:00	13:10	START 13:00

市電大町 ← 步行3分 ← 到古民宅咖啡廳休息 在建造於明治至昭和初期的時尚建築物中放鬆身心

P.52
享受復古時尚氛圍

← 步行3分 ← 海邊漫步
P.46
還有開港城鎮才有的紀念碑

← 步行5分 ← 到海景餐廳享用午餐 在海浪聲及海潮香中享受遲來的午餐！

P.54
蔬菜分量豐富深受女性喜愛

← 步行即到 ← 在紅磚倉庫購物 不管是在地藝術家的手工藝品還是甜點，應有盡有

P.50
選購函館獨家商品

← 步行5分 ← 市電十字街 START 13:00

集結景點、購物、遊樂的區域

函館港是座天然的絕佳港口，就算是在函館港開港之前的江戶時代，都擠滿了許多漁船、貨物及人群。而港灣周邊更有保留至今的紅磚建造倉庫群，以及各種訴說著昔日風貌的建築物、紀念碑等物。

觀光重點可放在以金森紅磚倉庫為中心的購物行程，這裡集結了許多獨具特色的店鋪，最適合尋找伴手禮。白天漫步時，可欣賞遊艇停靠的港灣風情，夜間可享受點燈後充滿浪漫氛圍的景色，累了還能到時尚的古民宅咖啡廳休息。此外，也相當推薦搭乘遊覽船，花上約20～30分繞行函館灣內一圈，來趟海上漫步之旅。更能多走一些距離，漫步至昭和初期函館最大鬧區的十字街逛逛。

從七財橋欣賞倉庫群及函館山

BAY

出發前請check!

漫步的訣竅！

地區指南

1. 空中纜車、元町地區皆在徒步範圍內

可從此處步行前往觀光勝地元町教堂群、洋館，以及空中纜車等地。一般來說，步行前往函館哈利斯特斯東正教堂約為15分；爬上坡道後再行走10分左右，則可抵達空中纜車山麓站。可將此處安排在元町漫步或欣賞函館山夜景之前。

2. 建議活用租借自行車服務

若想有效率繞行各景點者，可利用BAY Hakodate前的自行車租借服務。請至館內的服務櫃檯洽詢。

3. 肚子餓了還可享用老牌美食

十字街聚集了不少創業於明治～昭和前期的店家，包括點心店千秋庵総本家、壽喜燒本家阿佐利等。不妨逛逛這些令人感到懷舊氛圍的店家，品嘗老牌美食之餘，還能體驗老店的風情。

BAY Hakodate自行車租借
☎0138-27-5530
🕐4月下旬～10月的10：00～17：00
🗓期間中無休 ¥1台1000圓
📍函館市豊川町11-5 BAY Hakodate內服務櫃檯

MAP 附錄②5 B-3

具變速功能的自行車，即使遇到坡道也相當安心

44

谷地頭

卍天祐寺　龜井勝一郎文學碑

青柳坂

あさり坂

2系統

大森濱通

南部坂

函館八幡宮坂

寶來町

高田屋嘉兵衛銅像

二十間坂

東本願寺別院

大三坂

舊函館區公會堂

港が丘通

元町公園

往湯之川方向　首班車｜平日 6:50｜週六日假日 6:52｜末班車:22:32

往函館埠頭前方向　首班車:6:51｜末班車:22:24

八幡坂

LUCKY PIERROT Hasegawa Store

舊英國領事館

基坂

ペリー広場

東坂

弥生小

彌生坂

常盤坂

姿見坂

銀座通

WBF グランデ H

函館市地域交流中心

日和坂

中華会館

函館市文學館

北方民族資料館

北海道第一步的地碑

相馬株式會社

5系統

ウエストみやび

大町

函館船場前

高田屋屋敷跡

企業局

海峽通

東濱棧橋

海上自衛隊

新島襄海外渡航之地碑

步行3分

市電

北海道坂本龍馬紀念館

十字街

金森紅磚倉庫

新島橋

太刀川家住宅店舖

函館市臨海研究所

5系統　往湯之川方向　首班車｜平日 6:53｜週六日假日 6:56｜末班車:22:35　往谷地頭方向　首班車｜平日 6:41｜週六日假日 7:01｜末班車:22:15　往函館船場前方向　首班車:6:45(往末廣町)｜6:48｜末班車:22:22

高田屋資料館

金森洋物館

BAY Hakodate

函館明治館

函館Bay Cruise Bluemoon

函館海鮮市場

灣區

卍西本願寺別院

東川広路

豐川広路

豐川稲荷

函館灣美食俱樂部

函館灣拉維斯塔酒店

函館Bay Cruise

綠之島

可見到美麗的灣區紅磚倉庫群景觀。開放時間為9:00～20:00(10～11月與1～3月為～17:00)

N

十字街

卍善光寺

祇園通

さかえ通

ショコラ

卍海神社

2.5系統

魚市場通

水產物地方卸賣市場

Hakodate Beer

高砂通

旭森通

函館まるかつ水産

海峽通

市電

1:10,000　0　100m

函館港

想在灣區・十字街地區品嘗！

函館國際酒店

中臨港港道路

函館臨港線

函館站前

市役所前

? 觀光服務處

🚲 自行車租借處

🚕 計程車排班處

招牌美食

Bar Restaurant La Concha的 西班牙料理

P.55

可搭配葡萄酒的下酒菜Pinchos，以及配料豐富的海鮮燉飯等美食

函館塩ラーメン専門店 えん楽的 鹽味拉麵

附錄①P.9

以雞骨為基底，並使用昆布、干貝柱等食材熬出清澈的高湯

LUCKY PIERROT灣區本店的 在地漢堡

附錄①P.10

大塊炸雞結合甜鹹的醬汁，絕對是店內最受歡迎的招牌漢堡

灣區・十字街地區 就是這個樣子！

必逛區域 灣區

購物區 注目焦點①

以金森紅磚倉庫為主，販售包括獨具個性的商品、海產，以及甜點等。可依自己的目的享受購物樂趣。

→P.48

歷史景點 注目焦點②

安政元（1854）年培里提督率領美國艦隊前往日本等原因，使源自港邊，文明開化也可說是發源自灣區。因此，灣區有不少景點讓人深刻感受到這些歷史。

→P.46

古民宅咖啡廳 注目焦點③

到了購物商圈周邊，可見到不少風格獨特、改裝日西合璧住宅的咖啡廳，在享受港都獨特的氛圍同時，還可到古民宅咖啡廳療癒購物的疲憊。

→P.52

海上巡遊 注目焦點④

花上約20～30分左右，搭遊覽船繞行函館灣內一圈。可在海上眺望紅磚倉庫群、元町地區，充滿新鮮感。短時間內就能享受海上旅遊的氣氛，深受歡迎。

→P.47

小小深度旅遊區 十字街

十字街商店街 注目焦點①

這座街道充滿大正色彩的建築。可見到建於大正、昭和初期火災後的水泥及磚造建築。市電十字街站附近的舊梅津商店（今日的はこだて工芸舍→P.55）也是其中一例。

庵総本家等。此處的特色街為耐火材質，還可見到建造於大正、昭和和初期火災後的鋼筋水泥及磚造建築。店街內更林立著許多傳統店舖，如印度咖哩小いけ本店（P.37）、千秋

更多小知識

過往的鬧區 十字街

在昭和9（1934）年以前，十字街是函館首屈一指的繁華街，包括舊丸井今井吳服店及咖啡廳等店舖林立。也在當年發生的大火中付之一炬，今日則成為老牌店舖聚集的休閒街區。

ACCESS

市電 函館站前

市電5分 / 步行15分

市電 十字街

位於函館市末廣町，因市電十字街站為最接近元町西部地區的車站，故有不少乘客於此上下車。

必逛區域 灣區

ACCESS

市電 函館站前

市電5分 / 步行15分

市電 十字街

市電5分 / 步行15分

灣區

所謂灣區，指的是函館市西北部，面朝函館港的地區。不僅保留了許多充滿函館開港之初特色的景點，也是知名的購物商圈。

私房資訊COLUMN　　紅鞋少女像

灣區一角，也就是東濱棧橋附近，有座以童話《紅鞋》為背景創造的少女小君銅像。而函館正是小君與母親分別的城鎮。散步途中，也可順道找尋著穿著紅鞋的少女銅像。

感受海風及歷史的一刻

灣區 海邊漫步

玩樂方式
函館在幕末因開港而促成了後來繁榮的發展,許多人們往來港口,同時也引入了各種新文化。旅遊時可造訪開港之初的足跡。

需時 1小時30分　**推薦季節** 全年
雨天時 不少景點僅能參觀外部,故必須攜帶傘等雨具。
觀光小建議 觀光景點間的距離不遠,可在短時間內走遍。若想再縮短時間,則可租借自行車。

步行2分

為函館的繁榮做出貢獻

1 箱館高田屋嘉兵衛資料館
※はこだてたかだやかへえしりょうかん
📞0138-27-5226　**MAP** 附錄②5 B-3

主要展出在幕末時期,被譽為「函館的恩人」的高田屋嘉兵衛。建構了北方的開發及遠洋漁業基礎等功績,資料館由明治36(1903)年建造的1號館及大正12年(1923)年建造的2號館所構成。

當時的餘韻
此為函館鑄鐵職人於安政3(1856)年製造的暖爐複製品。據傳為根據武田斐三郎所描繪的英國船上的暖爐後重現的產品。

🕐9:00～17:00(冬季為休館期)
休週四　¥入館費300日圓
所函館市末広町13-22
🚃市電十字街站步行3分
P無

見證灣區歷史的橋梁

步行5分

2 七財橋
※しちざいばし
📞0138-27-3333
(函館市元町觀光服務處)　**MAP** 附錄②5 B-3

在海運盛行的年代,為了利用船隻運送貨物,建設了稱為「堀割」的水路,而這座石造橋就架設在水路上。可從橋梁上方近距離欣賞函館山,是常用於電影的拍攝場景。

🕐自由參觀
所函館市豊川町
🚃市電十字街站步行5分
P無

步行3分

紅磚倉庫群交織而成的華麗景緻

3 金森紅磚倉庫
※かねもりあかれんがそうこ
📞0138-27-5530
(綜合服務中心)　**MAP** 附錄②5 B-3

明治末期,當地為保管堆積於港邊的海產,便建設了函館第一座業務用倉庫。今日這些倉庫已搖身一變,成為集結購物中心、餐廳、活動場地的商業設施。

當時的餘韻

在P.48、49會仔細解說隱藏於倉庫編號或窗戶號碼中的意義,以及建築物歷史背景!

🕐自由參觀　所函館市末広町14-16
🚃市電十字街站步行5分
P有(使用金森紅磚倉庫停車場)

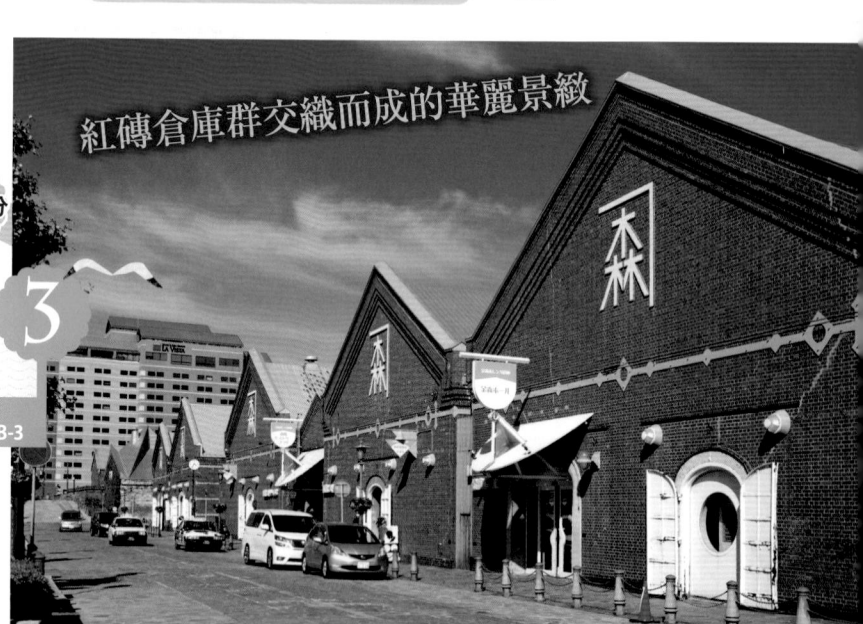

中的 History 景點!

北海道第一步的地碑
函館為北海道的入口,而這裡也有座地碑,紀念了日本內地人們登上北海道的第一步。這座地碑以棕熊及船錨為形象設計而成,也是眺望函館港景觀的最佳景點。
MAP 附錄②5 C-3

日本最古老的水泥電線桿
這根電線桿建造於大正12(1923)年,是現存的水泥電線桿中最古老的一根,而使用注重耐火的建材也是函館才有的最大特色。其高10m、罕見的角錐型外觀也值得一看。
MAP 附錄②5 B-3

了解灣區吧!
一般來說,灣區指的是元町西部地區中,面朝函館灣一帶。過往曾是船隻往來、人聲鼎沸的區域。這裡也是北海道的玄關,日本本州及海外的豐富文化更是從此處傳入北海道。

大正時代是金森倉庫最繁榮的時期,馬車來來往往的樣貌令人緬懷當時的情景

散步筆記
讓旅途變得更開心

函館市區

特輯 夜景

特輯 市電

元町 西部地區 P.28

十字街 灣區 P.44

函館站前 大門地區 P.56

五稜郭 P.68

湯之川 P.78

特輯 伴手禮

地道區南

大沼 P.92

北斗 P.96

木古內 P.100

江差 P.102

松前 P.104

↑在夕陽時分乘船也十分吸引人

小型船也值得推薦

相較於寬敞、舒適的大型船隻，金森Bay Cruise等小型船可快速航行，即使時間較不充裕者，也能盡情享受。此外，小型船才能穿過七財橋之下，也是一種樂趣。

詳情請看▶P.18

眺望函館山的同時
也來趟海上漫步

4

函館Bay Cruise Bluemoon
※はこだてべいくるーずぶるーむーん

☎0138-26-6161　MAP 附錄②5 B-3

從海上眺望的街景，與函館山上所見到的景緻擁有截然不同的魅力。Bay Cruise是可以容納約200人的大型船，提供約30分的海上漫步之旅。出發前請先確認發船時間。

▸4月下旬～10月下旬的10:30～18:30(視時期而異，發船時間需洽詢)
休天候不良時　¥Bay Cruise1800日圓　所函館市末広町14-17
交市電十字街站步行5分　P40輛(收費，乘船旅客1小時免費)

↑從海上眺望函館山。前方為綠之島

步行2分

發 現 散 步 途

磚塊堆疊方式

倉庫群的紅磚有兩種堆疊方式，磚塊長的一端與短面互相交疊的方式稱為法式，具有華麗、優雅風格；而一層長面、一層短面互相交疊的方式，則屬於英式，帶給人堅固的印象。

日西合璧住宅

明治時期大量建造的木造建築。1樓為設有遮陽板的日式建築，2樓則是採用西式窗戶及下見板的西式建築。

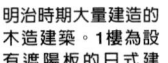

紅磚倉庫群
購物指南

屋 號
金森的屋號為一個「森」字再加上尺規圖樣,而這個圖樣帶有守紀律、筆直的意義,也蘊含了做生意不需過多謀略的想法。

尋找看看吧!

心形石塊
鋪設在倉庫前的石板路上,竟然有塊心形石頭!找到的人,也許就能找到最重要的人!?

提示! 在函館History Plaza周邊找吧!

函館History Plaza
重點在這裡

金森洋物館
重點在這裡

函館History Plaza
重點在這裡

窗戶的編號
過去作為倉庫時所使用的編號目前仍存在著。今日每棟倉庫雖是相連設計,但過去卻是像房間般分隔開來,各自用來儲存米等貨物。

粗壯梁柱
所有梁柱皆使用檜木建造,為了支撐住紅磚,其柱子的粗度甚至一個成人都無法環抱住。

玩樂方式
金森紅磚倉庫群周圍聚集了各種利用歷史建築改建的購物中心,除了函館伴手禮外,還有餐廳、咖啡廳及體驗工房。

需時 2小時 　**推薦季節** 全年
雨天時 雨天時僅有移動時需用到雨傘,每棟設施間的距離並不遠。
觀光小建議 金森紅磚倉庫關店時間為19:00,函館明治館則為18:00,關店時間意外地相當早。因此建議於上午~傍晚間前往購物較佳。

紅磚倉庫群是這樣構成的

100多年前的倉庫成為一大購物商圈

●かねもりあかれんがそうこ

金森紅磚倉庫

📞0138-27-5530　　MAP 附錄②5 B-3

紅磚倉庫群為灣區的最大特色建築,包括函館History Plaza、金森洋物館、Bay Hakodate、金森Hall 4座設施。設施內集結了超過40家風格不同的商店,以及適合休憩的甜點店等。

🕐9:30~19:00(視店鋪、季節而異) 🈺視店鋪而異 🏠函館市末広町14-12
🚃市電十字街站步行5分
🅿79輛(使用金森紅磚倉庫停車場。 1小時300日圓,消費超過1000日圓免費停車2小時)

由兩棟倉庫連結而成

●かねもりようぶつかん

金森洋物館
MAP 附錄②5 B-3

利用兩棟倉庫改建而成的寬敞館內,聚集了超過20家店鋪,販售進口商品、生活雜貨、皮革製品等。此外,亦設有最適合用來休憩的咖啡廳。

活用復古氛圍

●はこだてひすとりーぷらざ

函館History Plaza
MAP 附錄②5 B-3

聚集了活用紅磚復古氛圍而成的啤酒屋、玻璃店,以及甜點店等風格不同的店鋪。館內還設有介紹金森紅磚倉庫歷史的展覽。

從綠之島眺望灣區

紅磚倉庫群插畫MAP

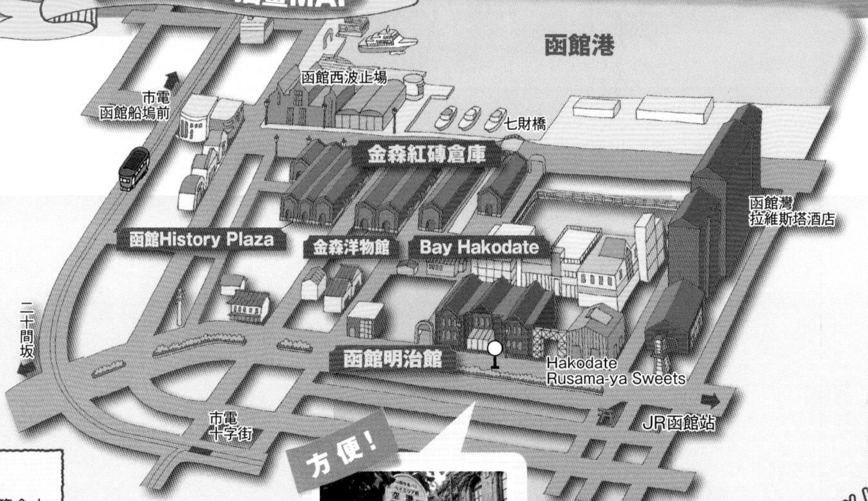

函館港

函館西波止場

市電 函館船塢前

七財橋

金森紅磚倉庫

函館History Plaza

金森洋物館　Bay Hakodate

函館灣 拉維斯塔酒店

二十間坂

函館明治館

Hakodate Rusama-ya Sweets

市電 十字街

JR函館站

郵筒
函館明治館 **重點在這裡**

擺放於入口的郵筒令人回想起過往仍是郵局時的風貌。

方便!

機場連絡 巴士停靠站

函館帝產巴士所營運的機場來往巴士停靠處,前往機場約需33分。

BAY Hakodate **重點在這裡**

紅磚堆砌方式

一棟建築物內就能同時見到法式及英式(P.47)的堆砌方式。這是因為過往皆為法式堆砌的建築,因大火燒毀一部分後,改以英式風格堆砌新的磚塊所致。同一棟建築物卻包含了兩種磚塊堆砌法,在歷史上也相當少見。

改建函館最早的郵局而成

位於後方

●はこだてめいじかん

函館明治館
☎0138-27-7070
MAP 附錄②5 B-3

這棟改建紅磚倉庫而成的購物設施,過去是建造於明治44(1911)年的函館郵局。館內除了販售玻璃製品、音樂盒、雜貨等豐富商品外,更有體驗工房、博物館等值得一看的景點。

🕙10:00~18:00(閉館),週六、日、假日為9:00~ 🈲視店鋪而異 🅿函館市豐川町11-17 🚃市電十字街站步行5分 🅿40輛(1小時300日圓,消費、用餐金額滿1000日圓免費停車1小時)

BAY

建於明治時期的運河邊

●べいはこだて

Bay Hakodate
MAP 附錄②5 B-3

為倉庫群中最古老的建築。除了音樂盒店、甜點店以外,更設有遊覽船購票處及教堂。

A 限定

函館手帕
各648日圓
紅磚倉庫及烏賊
刺繡都是函館
Store限定花色

A **紅磚倉庫編織筆袋**

1512日圓
以林立於海邊的
紅磚倉庫為意象
設計出此筆袋

B **原創鹿皮商品**

972日圓～
皮革飾品可免
費刻印名字

雜貨

有函館限定的特色商品！

限定 **D** **郵筒存錢筒**
1100日圓(大)
550日圓(小)
商店所在曾為
郵局，以此概
念設計的郵筒
型存錢筒

D **JIMOTOTO**
1296日圓
包含各種象徵
函館圖樣的托特包

C **發泡布包** 限定

1300日圓
將函館特色的烏賊設計
成布包上的別緻紋路

C **烏賊旗幟T恤**
（發泡） 限定

3500日圓
T恤上的突起烏賊圖樣為墨
魚汁染製後再發泡處理而成

E **雪的結晶**
雙層項鍊

2160日圓
使用施華洛世
奇水晶製作的
項鍊，為明治
館的獨家商品

E **原創烏賊**
啤酒杯

1500日圓
印上函館最知名的
烏賊圖樣。杯子加
工過，讓啤酒倒入
後會產生細緻泡沫

SHOP LIST

E 函館明治館

函館硝子
明治館
●はこだてがらすめいじかん

☎0138-27-6060

販售各種飾品、動物模
型、小物，以及威尼斯
玻璃等各種玻璃製品。

🕐10:00～18:00

D 函館明治館

明治館
メモル
●めいじかんめもる

☎0138-23-8088
（函館明治館）

提供函館及北海道的點
心、吊飾等雜貨，以及
筷子、手巾等日式雜
貨。

🕐10:00～18:00

C BAY Hakodate

烏賊墨染工房
Singlar's
●いかすみぞめこうぼう
しんぐらーず

☎0138-27-5555

以函館近海的烏賊墨汁
染製成各種獨家商品，
墨魚汁深棕色的柔和風
格深受歡迎。

🕐9:30～19:00

B 金森洋物館

手工皮包專門店
水芭蕉函館店
●てづくりかばんのせんもんてん
みずばしょうはこだててん

☎0138-23-4040

販售輕巧、耐久性佳的
原創鹿皮製品，以及珍
貴的馬皮包包等商品。

🕐9:30～19:00

A 金森洋物館

Nippon Chachacha
函館Store
●にっぽんちゃちゃちゃ
はこだてすとあ

☎0138-23-2822

以「日本伴手禮」為主
題，販售手帕、口金小
錢包等小物的雜貨店。

🕐9:30～19:00

50

函館市區

夜景 特輯
市電 特輯
元町
西部地區
P.28
灣區
十字街
P.44
函館站前
大門地區
P.56
五稜郭
P.68
湯之川
P.78
伴手禮 特輯

道南 地區
大沼
P.92
北斗
P.96
木古內
P.100
江差
P.102
松前
P.104

肚子餓了就看這！美食推薦

MILKISSIMO 函館 紅磚倉庫本店
●みるきっしもはこだてあかれんそうこほんてん

☎0138-84-5350

源自函館的道地義式冰淇淋店，使用新鮮北海道產食材及義大利素材製作，口味豐富。

→附錄①P.13

↑共有超過20種口味
→義式冰淇淋480日圓（雙球）

函館 History Plaza

MAP 附錄②5 B-3
BAY SIDE RESTAURANT みなとの森
●べいさいどれすとらんみなとのもり

☎0138-21-1181

在設置開放式露台的店內一面眺望運河，一面享用餐點。料理使用近郊食材，活用食材原本的美味。

↑晚間A套餐4644日圓其中一例
→餐廳就位於運河旁

⏰11:30～21:00（週六、日、假日為11:00～）休無休

BAY Hakodate

各種創造回憶的體驗活動

函館 和洋モダン貸衣裳館 はこだて明治館店
●はこだてわようもだんかしいしょうかんはこだてめいじかんてん

☎0138-40-5120

位於明治館2樓的租借服裝店鋪，準備超過400套服裝，包括日式及高領洋裝等，不僅可直接穿上，也可換裝後外出。

↑可直接在原本的衣服上套上服裝
→變身後還可拍美照

⏰10:00～16:30（最後受理）¥服裝租借1小時3000日圓，10歲以下1小時1500日圓，6歲以下1小時1000日圓

函館 明治館

手作りオルゴール工房
●てづくりおるごーるこうぼう

☎0138-27-7070（函館明治館）

選擇喜歡的曲子，並使用顏料等工具製作自己的手工音樂盒。過程需90分。

⏰10:00～15:00（至少需於前1日預約）¥200日圓（材料費另計2000～4000日圓）

↑進入音樂盒明治館
→還可參考範本製作

函館 明治館

サンドブラスト体験教室
●さんどぶらすとたいけんきょうしつ

☎0138-27-6060

提供對著透明玻璃吹砂開始，一直到繪製圖案的體驗。過程約需120分。

⏰體驗為10:00及14:00，每日2次（至少需於1週前預約）¥1600日圓

↑到函館硝子明治館報名 →描繪出的插畫可作為玻璃杯上的設計

函館 明治館

零食·飲料

Ⓖ 函館 金森牛奶糖
1盒130日圓
外包裝組合起來就可見到完整的金森倉庫

Ⓕ 北海道限定·魷魚
560日圓
烏賊包裝內含有仙貝及米果等，內容物依時期而異。

限定

Ⓖ Monasuku 紅磚版
6塊入864日圓
以紅磚倉庫為造型，口感如脆餅般酥脆的最中餅

還有最適合用來分送的伴手禮商品！

Ⓕ 烏賊仙貝
650日圓
直接燒製烏賊而成，酥脆口感令人一口接一口

Ⓖ 紅磚限定棉花糖
324日圓
以原創吉祥物為主的設計

限定

Ⓖ 函館
⚫左 Bay Hakodate 的起司餅乾
⚫中 金森倉庫餅乾
⚫右 金森洋物店的巧克力餅乾
各594日圓
仿造建築物外觀的可愛餅乾

Ⓗ
⚫左 Sparkling Nanae 蘋果酒
⚫右 白葡萄冰凍釀造
⚫左 1080日圓 ⚫右 2916日圓
為提倡符合日本人口味，而推出的兩款人氣函館葡萄酒

函館 明治館 (Ⓗ)
函館葡萄酒葡萄館 西部店
●はこだてわいんぶどうかんせいぶてん

☎0138-27-8338

從佐餐葡萄酒到果汁等，商品應有盡有。還提供試飲，可找出自己喜愛的味道。

⏰10:00～18:00

金森 洋物館 (Ⓖ)
あおい森
●あおいもり

☎0138-85-6565

除了熟悉的北海道知名點心外，還提供豐富商品，例如以金森紅磚倉庫為主題設計的原創產品。

⏰9:30～19:00

函館 History Plaza (Ⓕ)
寺子屋本舖 もち焼せんべい
●てらこやほんぼもちやきせんべい

☎0138-23-1700

這家仙貝專賣店只使用優良糯米，並以醬油基底的特製醬汁調味製作商品。

⏰9:30～19:00

灣區的 古民宅 咖啡廳 & 餐廳

在灣區有多家餐廳改建自風格獨具的古民宅，在此享受港都特有的氣氛及推薦料理吧。

在復古時尚的氣圍中，度過悠閒時光

在復古建築中享受成熟時光

🚭 全席禁菸

Cafe & Deli MARUSEN
● かふぇあんどでりまるせん

📞 0138-85-8545　　MAP 附錄② 6 A-2

這間咖啡廳氣圍古典時尚，設有可享用粥品的早餐時段，以及可品嘗套餐或鬆餅等餐點的午餐＆下午茶時段。店內亦售有輕食或麵包等物。

🕙 9:00～17:00（9:00～11:00為早餐時段）　休 無休　所 函館市大手町5-10 二チロビル1F　JR函館站步行7分　P 7輛

↑這棟厚實又時尚的建築以大窗戶為特色

★★★【昭和7年建造】
改建舊日魯漁業的建築而成，挑高天井漆上灰泥，上方的八芒星令人印象深刻。

雞肉河粉
950日圓
使用七飯町產的Fukkurinko米製成的河粉，與加入香草熬製的雞肉高湯堪稱絕配

在洋溢著大正浪漫風格的店內享用手工甜點

★★★【明治末期建造】
利用建造於明治末期的商家改建而成，以豎繁格子風格設計的外推窗戶及分開1、2樓的胴蛇腹最具特色。

↑設有販售外帶霜淇淋專用的窗口（夏季限定）

🚭 分菸 🚬 ※繁忙時則禁菸

茶房旧茶屋亭
● さぼうきゅうちゃやてい

📞 0138-22-4418　　MAP 附錄② 5 B-3

店內擺設了老闆精心挑選的骨董家具及用品，就連小物品等細節都相當講究的沉穩空間充滿魅力。紅豆湯套餐1230日圓等甜點也深受歡迎。

🕙 11:30～17:00　休 週四　所 函館市末広町14-29　市電十字街站步行3分　P 4輛

自行刷抹茶趣味套餐
1300日圓
顧客可自行刷抹茶飲用，套餐附配茶的點心及雪酪

🚭 全席禁菸

TACHIKAWA CAFÉ Restaurant Maison
● たちかわかふぇれすとらんめぞん

📞 0138-22-0340　　MAP 附錄② 4 E-3

這棟咖啡廳兼餐廳所在建築已獲指定為國家重要文化財，以函館周邊地區食材製作日西混合料理，秋冬之際更能享用到獨特的野味料理。18:00之後可接受包場。

🕙 10:00～18:00　休 週一　所 函館市弁天町15-15　市電大町站步行3分　P 6輛

結合日西特色的明治末期代表性的建築物

★★★【明治34年建造】
改建因船運及經營米穀商致富的太刀川家住宅而成。為磚造並塗灰泥漆建成的關西風商家。

鮭魚奶油貝果三明治
800日圓
三明治共有6種，可選擇麵包。咖啡為600日圓

在象徵明治繁華風格的建築物內放鬆身心

特輯 夜景
市電特輯
元町 西部地區 P.28
灣區 十字街 P.44
函館站前 大門地區 P.56
五稜郭 P.68
湯之川 P.78
特輯 伴手禮

道南地區

大沼 P.92
北斗 P.96
木古內 P.100
江差 P.102
松前 P.104

改建倉庫而成的時尚咖啡廳

★★★
【昭和初期建造】
過往這裡曾是漁網倉庫，梁柱仍保留建築當時的樣貌。

☕可吸菸

MOSSTREES
●もすとぅりー

☎0138-27-0079　　MAP附錄②4 D-3

店內裝飾了老唱片及電話，相當講究。午餐為890日圓，即使是晚餐也僅需1500日圓，極具魅力。手工甜點更是推薦。

🕐午餐11:45～14:00、晚餐17:30～23:00
休週一　所函館市大町9-15
市電大町站步行3分　P7輛

➡建築物仍留有西部地區繁華時期的餘韻

起司漢堡(僅夜間)
1180日圓
以番茄基底製作的多蜜醬為最大特色

氛圍時尚的咖啡廳兼餐廳

★★★
【明治43年建造】
這棟兩層樓的木造建築曾為船具店。店內空間充滿木頭溫暖氣息。

☕可吸菸

Café TUTU
●かふぇつつ

☎0138-27-9199　　MAP附錄②5 B-3

➡建築內設有餐廳「和ダイニング丼丼」

除了店家引以為傲的自家烘焙咖啡外，還提供各種堅持手工的料理及甜點，品項豐富。夜晚則為咖啡廳＆酒吧。

🕐11:30～20:30 (週日～19:30)　休週四
所函館市末広町13-5 TUTU BLDG.1F
市電十字街站步行5分
P需向店員確認

茄汁雞肉飯
1230日圓
午餐時段為附湯、沙拉、自家烘焙咖啡的套餐，十分划算

☕可吸菸

ROMANTiCO ROMANTiCA
●ロマンティコ ロマンティカ

☎0138-23-6266　　MAP附錄②4 E-3

這家人氣店家在當地擁有「Roma Roma」的暱稱，除了手工蛋糕、聖代與種類豐富的飲料外，也提供多種輕食餐點。

🕐11:00～22:30　休週二　所函館市弁天町15-12
市電大町站步行3分　P6輛

檸檬聖代
750日圓
檸檬卡士達醬的清爽酸味及濃醇甜味完美結合，令人上癮的成熟風味

引藍樓人注目➡當粉層的高建築。3外觀物也房為相。色

激發女性內心的裝潢及餐點

★★★
【大正初期建造】
使用過去堤商會辦公室的建築物，1樓改建為店鋪。

☕可吸菸

Cafe Mario Doll
●かふぇまりおどーる

☎0138-22-5671　　MAP附錄②5 B-3

使用大沼的山川牧場霜淇淋製成各種豐富餐點，霜淇淋亦可外帶。而蛋糕套餐也深受好評。

🕐11:00～20:00　休週二　所函館市末広町12-7
市電十字街站即到　P有

以新鮮牛奶製作的霜淇淋頗具人氣

★★★
【昭和10年建造】
改建過去海產批發商建築而成，1樓部分則作為店鋪使用。

蛋糕套餐
850日圓
摩卡戚風蛋糕附摩卡及香草綜合霜淇淋

⬆頗受歡迎的外帶霜淇淋口味豐富

GOURMANDS KANTA West Side店
●グルマンカンタウエストサイド店

☎0138-27-1240　MAP 附錄②5 B-3（金森洋物館）

這家三明治專賣店是起司蛋糕聞名的函館洋菓子Snaffle's姊妹店，堅持選用源自函館近郊的食材製作，可選擇麵包及配料，客製成自己喜歡的一道餐點。

⏰9:30～19:00　🏠準同金森洋物館　📍函館市末広町13-9 金森洋物館内　🚃市電十字街站步行5分　🅿100輛（使用金森紅磚倉庫停車場。1小時200日圓，消費超過1000日圓免費停車2小時）

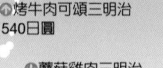
⬆烤牛肉可頌三明治 540日圓

⬆鮮蝦酪梨可頌三明治 540日圓

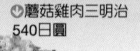
⬆蘑菇雞肉三明治 540日圓

⬆三重起司法棍三明治594日圓

⬆店内包括甜點在内的餐點皆可提供外帶

在海灣旁的特等座位稍作休息

可眺望大海的咖啡廳&餐廳

⬆店鋪旁附設函館洋菓子Snaffle's金森洋物館店

這些建於海邊的餐廳只有港町函館才有。一面聽著波浪的聲音，一面享受閒適時光吧。

⬅擺上多種前菜及每週替換主菜的法式綜合盤餐1200日圓

海のダイニング shirokuma
●うみのだいにんぐしろくま

☎0138-76-9650　MAP 附錄②5 C-3

餐廳空間開闊，更設有露台座位。主要以提供法式及義式料理為主，結合新鮮海產製作的創意料理。午餐附飲料、甜點，晚餐時段則有可能遇到菜單上沒列出的特色小品。

⏰午餐11:30～14:00，下午茶14:00～17:00，晚餐17:30～21:30　🏠週四　📍函館市末広町24-23　🚃市電末廣町站步行3分　🅿8輛

Restaurant Winning
●レストラン ウイニング

☎0138-26-3111

MAP 附錄②5 C-2

餐廳位於可眺望函館灣的飯店7樓。午餐提供可輕鬆享用的黑毛和牛漢堡排及季節義大利麵等餐點，晚餐則推出4000日圓起的全餐料理，亦有單點料理。

⏰11:30～14:00，17:00～21:00　🏠無休　📍函館市末広町22-11 Winning Hotel 7F　🚃市電末廣町站即到　🅿60輛

⬅包含當日主菜、季節湯品等料理的午間綜合盤餐1800日圓

⬆淋上白醬的函館Snow漢堡594日圓與Lucky瓜拿納130日圓

LUCKY PIERROT Marina末廣店
●●ラッキーピエロ マリーナ末広店

☎0138-27-5000　MAP 附錄②5 B-3

本店為LUCKY PIERROT的第17家分店，除了漢堡外，也提供包括牛奶咖哩、蛋包飯、炒麵及漢堡排等堅持使用在地食材的手工餐點，品項豐富。可搭配窗外的美麗風景一同享用。

⏰10:00～翌日0:30（週六～翌日1:30）　🏠無休　📍函館市末広町14-17　🚃市電十字街站步行5分　🅿無

黃昏時分可見到窗外的璀璨燈火

函館市區

夜景 特輯

市電 特輯

元町 西部地區 P.28

灣區 十字街 P.44

函館站前 大門地區 P.56

五稜郭 P.68

湯之川 P.78

伴手禮 特輯

道南 地區

大沼 P.92

北斗 P.96

木古內 P.100

江差 P.102

松前 P.104

十字街 ｜ 使用在地食材製作的西班牙料理

美食 Bar Restaurant La Concha
●バルレストラン ラ・コンチャ

☎0138-27-2181　MAP附錄②5 B-3

老闆兼主廚曾於西班牙學習料理，是西班牙菜的佼佼者。店名「Bar」在西班牙文中指的是站著喝酒的餐館，代表在店家內可輕鬆享用道地料理及酒品。除了西班牙風下酒菜「pinchos」（1個）280日圓，以及含有豐富配料的「海鮮燉飯」（2人份）2800日圓外，也大量使用鱈魚等在地食材製作料理。葡萄酒品項更是相當豐富。

🕐17:00～22:30（週日～22:00）　休週一（1月公休2～3週）　所函館市末廣町14-6　市電十字街站步行5分　P3輛

大蒜羅勒醬汁燉煮鱈魚1450日圓
焦香的大蒜風味相當促進食欲。餐前酒推薦店家自製Sangría（照片後方）1300日圓

改建大正10（1921）年建造的建築物，日西合璧的獨特氣氛極具魅力

預算 晚4000日圓～

更棒的玩法　參加充滿旅遊氛圍的港都獨特體驗

灣區身為一座貿易港，從幕末時期就已對世界開啟大門。尤其在洋溢著異國氛圍的紅磚倉庫群周邊，除了購物商圈之外，還有不少餐廳等店鋪，可盡情享受時髦港町的獨特風味。而周圍更有多家時尚雜貨店及體驗設施。

➡利用舊倉庫改建的箱館高田屋嘉兵衛資料館。灣區有不少歷史景點

十字街 ｜ 販售豐富伴手禮的綜合市場

購物 函館海鮮市場西波止場店
●はこだてかいせんいちばにしはとばてん

☎0138-24-8108　MAP附錄②5 B-3（函館西波止場）

除了北海道零食及水產加工品外，更提供豐富的在地啤酒及葡萄酒等商品。只要到這裡逛逛，都能找到想買的商品。而烏賊的實際展演販售更值得一看。

➡寬敞的店內，可見到北海道及函館的伴手禮一字排開

🕐9:00～19:00（視時期而異）　休無休　所函館市末廣町24-6　市電十字街站步行5分　P40輛

魚市場通 ｜ 享用鮮榨在地啤酒

美食 HAKODATE BEER
●はこだてビール

☎0138-23-8000　MAP附錄②5 B-4

享用以函館山地下水釀造的在地啤酒。除了五種在地啤酒外，也提供豐富餐點如香腸、海鮮燉飯等。

預算 午1000日圓～／晚3000日圓～

➡配料豐富的海鮮燉飯（1242日圓）很受歡迎

🕐11:00～14:30、17:00～21:30　休週三　所函館市大手町5-22　市電魚市場通站步行3分　P30輛（消費超過1000日圓免費停車1小時）

末廣町 ｜ 觀賞成長於北國的日本祖先資料

景點 函館市北方民族資料館
●はこだてしほっぽうみんぞくりょうかん

☎0138-22-4128　MAP附錄②5 C-2

需時1小時

資料館改建舊日本銀行函館分行建築而成，主要展出愛努族及北方民族相關服裝、生活用品等資料。還可在此見到函館董出的民俗學研究家資料。

➡愛努族的葉下小人在入口附近迎接

🕐9:00～19:00（11～3月～17:00）　休不定休　¥300日圓，學生150日圓　所函館市末廣町21-7　市電末廣町站即到　P無

十字街 ｜ 必買的伴手禮到這裡就對了！

購物 おみやげの店 こぶしや 函館店
●おみやげのみせこぶしやはこだててん

☎0138-23-5248　MAP附錄②5 B-3

販售包括白色戀人、ROYCE'、六花亭等知名點心與酒等北海道伴手禮，琳瑯滿目。此外，店家也提供與紅磚倉庫有關的點心等函館在地商品。

➡提供宅配服務
➡也有販售ROYCE'等北海道常見的零食

🕐9:00～18:00　休無休　所函館市豐川町11-7　市電十字街站步行5分　P3輛

十字街 ｜ 消除漫步疲憊的義大利菜

美食 ITALIAN GOGO
●いたりあんごーごー

☎0138-23-0524　MAP附錄②5 B-3

以義大利風格重現函館食材，十分美味。除了豐富種類的義大利麵之外，還集結了超過100種義大利產葡萄酒，可搭配料理一同享用。

預算 午1100日圓／晚2000日圓

➡函館和牛頰肉及牛肝菌肉醬義大利麵1500日圓

🕐12:00～22:30　休不定休　所函館市末廣町13-20　市電十字街站步行3分　P4輛

➡橙色明亮的店內充滿沉靜氛圍

大町 ｜ 一覽函館灣的公園

玩樂 綠之島
●みどりのしま

☎0138-27-3333（函館市元町觀光服務處）　MAP附錄②5 C-4

需時1小時

公園受到大海所環繞，可一覽灣區及函館山，此處的夜景更是相當美麗。走過「新島橋」就能抵達島上，整座島的面積約為8萬平方公尺。

➡遊艇停靠，洋溢著時髦的港都氛圍

🕐9:00～20:00（10、11月、1～3月～17:00）　休無休　所函館市大町15　市電大町站步行3分　P有

はこだて工芸舎
十字街　●はこだてこうげいしゃ

☎0138-22-7706　MAP附錄②5 A-3

使用建造於昭和10（1935）年的舊梅津商店建築物而成，主要展示、販售北海道為主的全日本30多位工藝家作品。此外，更舉辦陶藝體驗教室，以及全國手工藝術家企劃展。

➡位於銀座通入口的時尚西式耐火建築

🕐10:00～18:00　休無休　所函館市末廣町8-8　市電十字街站即到　P6輛

➡在歷史建築物內找尋喜歡的商品

SUQ+
寶來町　●すーくぷらす

☎0138-22-6167　MAP附錄②3 B-3

這家手工雜貨店位於住宅區內，必須脫鞋進入店內，讓人產生如同到朋友家玩樂般的放鬆感。店內陳列了老闆手工製作，大多僅有一個的皮革製品及服裝、雜貨等。

➡外觀看似一般民宅，請不要錯過了

🕐13:00～18:00　休週三～五　所函館市寶來町27-13　市電寶來町站步行5分　P無

➡店內擺設各種骨董家具

PICK UP！

務必確認！灣區的兩大雜貨店巡禮

建議可前往販售精緻手工雜貨的灣區兩大雜貨店逛逛。

函館站前・大門地區

はこだてえきまえ・だいもんちく

範例行程
需時3小時
最有效率走遍必逛景點

GOAL 16:00 ── 14:30 ── 14:00 ── 13:10 ── 13:00 START

函館站 ←步行5分← 參觀函館市青函連絡船紀念館摩周丸 P.67 ←步行16分← 在函館自由市場購物 P.62 ←步行13分← 函館早市享用海鮮蓋飯 P.59 ←步行2分← 函館站 P.89

船就位於海上

了解、體驗青函連絡船歷史的學習設施

集結各種類型的海鮮

能嘗以扁蟹、海膽等新鮮海產製成的蓋飯，常前往而聞名

許多蓋飯價格都相當實惠

收集資訊後就展開函館觀光

ＪＲ函館站為函館的玄關，其周邊更可轉乘市電、路線巴士、往函館機場的直達巴士，是函館市內的交通據點。抵達車站後，可先到站內的觀光服務處收集資訊，之後就可先前往函館早市。函館早市源自於戰後，近郊農家的太太們集結在一起，到函館站前廣場一角販售蔬菜，而這個市場規模年年擴大，現在已成為北海道規模最大的市場。市場內應有盡有，除了購物之外，也不可錯過新鮮的海鮮蓋飯。稍微多走幾步，還有專業廚師也常前往的函館自由市場，可盡情享受逛市場的樂趣。此外，還能參觀連結北海道與本州的連絡船譽周丸，夜晚則可至多家個性店鋪林立的「函館之屋台大門橫丁」享用最有函館特色的美味料理。

擠滿購物旅客的朝市仲通

漫步的訣竅！

出發前請check!

3. 夜晚車站周邊人潮較少較安靜
大門橫丁營業至深夜，但車站周圍到了22時左右就顯得相當寂靜。雖然治安並不差，但女性單獨行走時仍需多加小心。

2. 注意早市的營業時間
不少店家早上5時開門，並於14時關店。下午商品項就會減少，若想購買伴手禮者，請盡量於上午時間提早前往。

1. 首先到函館站收集資訊！
抵達函館後，首先可到觀光服務處掌握資訊及交通方式。服務處內更提供各種優惠券及票券，請先索取相關資料。

收集資訊就到這裡
函館市觀光服務處
●はこだてしかんこうあんないじょ
MAP 附錄② 6 B-1　☎0138-23-5440
位於函館站內，可提供外語諮詢的觀光服務處。還可在此購得方便觀光的市電、巴士1日乘車券，更提供各種簡介及優惠券。
⏰9:00～19:00
休無休
所函館市若松町12-13 函館站內
P40輛（站前廣場停車場）

地區指南

水產物
地方卸賣市場

豊川埠頭

ニチレイ

青函連絡船紀念館
摩周丸

函館港

函館國際酒店 H

中臨港通

東橫イン

男爵倶楽部

函館早市
・蓋飯
・站二市場

函館早市
廣場

函館站
觀光服務處

ともえ大橋

函館運転所

函館本線

東本願寺支院 卍

函館臨港道路

函館紐奧特飯店

函館福朋喜來登飯店

函館站前巴士轉乘站
駅前

自行車3分

函館站前

魚市場通

海峽通

十字街

市電

市役所前

函館站前

リソル コンフォート

卍 高龍寺

棒二森屋・

LUCKY PIERROT

日銀

函館市役所

東橫イン

ハートイン

グランティア

5 海峽通

歩行3分

キラリス函館
スマイル

土方歳三
最期之地碑

若松緑地

八幡通

2・5系統

	往湯之川方向	往谷地頭方向	往函館船塢前方向
首班車	平日 6:53	平日 6:36	首班車:6:40(往末廣町)
	週六・日・假日 7:01	週六・日・假日 6:56	6:43
末班車	22:40	末班車:21:54	末班車:22:17

函館光之屋台 大門横丁

大門地區

月光假面像

函館中央郵局

シネマ太陽

松風町

五稜郭・湯の川

函館自由市場

ロイヤル

サンシティー

高砂通

京極通

中部小

パーク

函館站前・大門地區
就是這個樣子！

1:9,000
0   100m

想在函館站前・
大門地區品嘗！

招牌美食

一花亭 たびじ的
海鮮蓋飯
附錄①P.3
使用整隻
活烏賊做
出這碗令
人印象深
刻的蓋飯

函館海鮮料理 海光房的
生烏賊
附錄①P.5
點餐後才從
店內水槽取
出烏賊製作

滋養軒的
鹽味拉麵
附錄①P.9
無添加的自
製麵條完美
結合口味溫
順的湯頭

滋養軒

必逛區域
函館站前

注目焦點 1
函館早市

在廣達3 ha的廣闊占地
內，共有250多家店鋪
進駐。市場內有許多販售
招牌烏賊料理、海鮮蓋飯
及鮮魚料理的店家，逛市
場時，忍不住就會因燒烤
鱈場蟹、烤螺及烤扇貝的
香氣停下腳步。市場內也
販售了新鮮海產加工品、
北海道內各地特產等，品
項豐富、應有盡有。此
外，釣起後可以當場享用
生烏賊的烏賊池也深受歡
迎。

注目焦點 2
摩周丸
P.67

於昭和63（1988）
年改建廢止的青函
連絡船「摩周丸」而
成的資料館。駕駛室
及無線通訊室仍保留
當時的樣貌，還可透
過各種展示品了解連
絡船的歷史。

更多小知識

隱含於函館車站的秘密

現在的函館車站為明治35（1902）年開業，為第5代車站。
其獨具特色的外觀是以運行至昭和63（1988）年的青函連
絡船為原型設計。此外，外牆則
採用鈦金屬製作，避免遭受海風
侵蝕，不愧是海港城鎮才有的巧
思。

ACCESS

函館機場
↓ 函館帝產
巴士20分
↓
函館站前
↓
JR函館站
前設有巴士
轉運站，步行5分還可
抵達市電函館站
前站，
交通相當便利。

小小深度旅遊區
大門地區

注目焦點 2
函館自由市場
P.62

聚集了超過40家店鋪，
販售各種鮮魚、蔬果、
乾物等。海鮮種類豐
富，也販售許多相當專
業的用品，不管是當地
市民，還是專業廚師都
常至此選購，不妨逛逛
這座當地人的廚房吧。

注目焦點 1
函館光之屋台 大門横丁
P.64

共有26家風格不
同餐廳林立的屋
台村，使用函館
及近郊新鮮食
材，製作豐富料
理。只要在横丁
內，還可點其他
店鋪的外賣，適合想同時品嘗不同料理
者。與在地常客的閒聊也是大門横丁的
大樂趣。

更多小知識

大門地區的歷史

北洋漁業及青函連絡船運最繁盛期間，共有1500
家餐廳櫛比鱗次，相當繁榮，而今日也隨著時代
演變而逐漸衰退。而為了找回通往大門地區的活
力，以商店街為中心，於2005年開設了大門横
丁，今日則成為當地交流場所之一。

ACCESS

函館站前
↓ 歩行5分
↓
大門地區

大門地區指的
是從函館
站前出發，
一路至市
電松風
町站，一
帶的地區。最近
的市電松風町站，
車站為松風町，但自
由市場僅需歩行5分即可
抵達，距離不遠。

私房資訊COLUMN → **租借輪椅或嬰兒車** ┊ 函館站內的函館市觀光服務處提供輪椅及嬰兒車（1個月～3歲幼兒）各3台免費租借服務，
請至服務處諮詢。

觀光服務處
自行車租借處
計程車排班處

如何買到好商品！
早市的基本 三要點

第一點
建議於早上5時～中午前前往。
為避免想買的商品售完，最晚也應該於早上8時開始選購。

第二點
建議大量試吃。
幾乎每家店鋪都提供商品試吃，可大量試吃，找出最喜歡的商品。

第三點
建議在信賴的店鋪購買。
前往貼有推薦店家標章「あさいっちゃん」的店鋪更安心。

在寬～敞的市場內找到好多樂趣！

函館早市

道內最寬敞的市場！
早市MAP

カネ二藤田水産朝市店

●函館紐奧特飯店

WC

C 函館早市廣場

WC

B 站二市場

D 鹽干市場

巴通

ともえ大橋

味処 きくよ食堂 本店（本館）

十字屋珈琲店
カネノヤマ鈴木商店
活いか釣り堀
元祖
味の匠

（2F）朝市食堂 二番館
（2F）站二市場屋頂 Barbecue

A 蓋飯橫丁市場

一花亭 たびじ

たいやき茶屋 北菓り

朝市仲通
朝市大通
JR函館站

P

主要販售物
■ 海產
■ 農產品
■ 餐廳
■ 其他

※店鋪販售商品可能有所變動

附錄②P.7對早市的店家及周邊有詳細介紹

玩樂方式
若想品嚐使用新鮮海產製作的海鮮蓋飯，最推薦的場所就是函館早市。不僅可在此購買伴手禮，還可享受釣烏賊及各種美食。

需時 2小時　推薦季節 全年
雨天時 在各設施內較理想
觀光小建議 多數店鋪在中午便會結束營業，建議購物及用餐都在中午前前往較佳。

函館早市

位於地點絕佳的函館站附近，約250間店鋪，除了鮮魚、也販售各種農產品及乾貨等。還有不少食堂使用在地食材製作海鮮蓋飯。

●はこだてあさいち
☎0138-22-7981
（函館朝市協同組合連合會）
MAP附錄②6 A-1

⏰5:00～14:00（1～4月為6:00～，視時期、店鋪而異）　休視店鋪而異　所函館市若松町9-19　交JR函館站即到　P220輛（第1停車場1小時250日圓，之後每30分120日圓，大停車場前30分免費，之後每30分100日圓）

～函館早市的4座主要設施～

鹽干市場 → D

●えんかんいちば　MAP附錄②6 A-1
市場位於朝市仲通上，店家主要販售鹽漬紅鮭、魷魚干等乾貨。在傳統懷舊氣息之中購物，還可和當地人互相交流。

販售商品
●乾貨
●水產加工物

↑位於仲通旁，建築物一目瞭然，非常顯眼

↓市場內共有5家店鋪

函館早市廣場 → C

●はこだてあさいちひろば　MAP附錄②6 A-1
這裡是早市的原點，主要直接販售各種源自函館近郊的蔬菜、水果、海產等。此處更設有美食街，可在此享用輕食或海鮮蓋飯。

販售商品
●生鮮海鮮
●水產加工物
●農產物

可品嚐料理
●海鮮蓋飯
●各種定食
●拉麵
●新鮮果汁

↑最適合作為購物途中的休憩處

↓最適合尋找伴手禮的物產街區域

站二市場 → B

●えきにいちば　MAP附錄②6 B-1
位於函館早市中央的市場，販售商品琳瑯滿目，包括海產及日用品等。最推薦前往此處釣烏賊，還可將購買的海鮮拿到2樓食堂，利用BBQ區自行燒烤享用。

販售商品
●生鮮海鮮
●水產加工物
●農產物

可品嚐料理
●海鮮蓋飯
●各種定食

可體驗活動
●釣烏賊

↑入口共有兩處，為朝市仲通及朝市大通

↓乾貨及加工品等深受好評的店家林立

蓋飯橫丁市場 → A

●どんぶりよこちょういちば　MAP附錄②6 B-1
除了十多家以海鮮蓋飯為主要餐點的食堂外，還有拉麵店、壽司店及伴手禮商店。多數店家從一早營業至中午過後，午餐時段也可至此享用。

販售商品
●生鮮海鮮
●水產加工品

可品嚐料理
●海鮮蓋飯
●各種定食
●壽司
●拉麵

↑一走出函館站西口，就能看到眼前這座設施

↓可在各店鋪入口前確認菜單

函館市區

夜景 特輯

市電 特輯

西部地區 元町 P.28

漫遊區 十字街 P.44

函館站前 大門地區 P.56

五稜郭 P.68

湯之川 P.78

伴手禮 特輯

道南 地區

大沼

北斗 P.92

木古內 P.96

P.100

江差 P.102

松前 P.104

生吃？燒烤？吃法千奇百種

玩樂方式① 新鮮海鮮的美味！

四周環海的函館是座名符其實的海產王國。不管是生魚片、燒烤都相當美味。快來大快朵頤一番吧！

函館早市的王道
盡情享用 海鮮蓋飯

推薦蓋飯請參照附錄①P.2

函館早市以「蓋飯橫丁市場」為中心，推出各式各樣的海鮮蓋飯。最適合在早餐時享用！

招牌
巴蓋飯 1599日圓～
以釜鍋蒸熟、熱騰騰白飯放鋪上滿滿的扇貝、海膽及鮭魚卵

在這裡品嘗 → 朝市仲通
味処 きくよ食堂 本店（附錄①P.3）

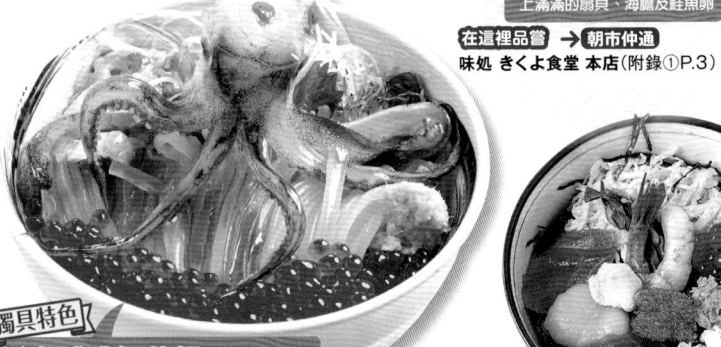

獨具特色
活烏賊跳舞蓋飯 1890日圓
淋上醬油後烏賊腳便會不斷扭動，是款十分獨特的蓋飯

在這裡品嘗 → A 蓋飯橫丁市場
一花亭 たびじ（附錄①P.3）

價格實惠
五目蓋飯 500日圓
放了大量配料，令人難以想像是銅板價就能吃到的料理

在這裡品嘗 → B 站二市場
朝市食堂 二番館（左下介紹）

將買來的海鮮帶進食堂
代客料理 再享用

2樓請店家代為料理

1樓購買食材

朝市食堂 二番館
在這裡品嘗 → B 站二市場

●あさいちしょくどうにばんかん MAP 附錄②7
食堂位於站二市場2樓，於1樓市場購買的食材，可帶到2樓，製成生魚片或燒烤等料理。

☎0138-22-5330
（站二市場組合事務所）
⏰6:30～14:00（視時期而異）
休第3週三（7～9、12月無休）
¥生魚片一條100日圓，燒烤每塊100日圓

↑也能吃到海鮮蓋飯或定食

可烤至自己喜好的熟度
自己燒烤 後品嘗

站二市場 屋頂Barbecue
在這裡品嘗 → B 站二市場

●えきにいちばおくじょうばーべきゅー MAP 附錄②7
在站二市場1樓購買的食材，可至瓦斯式燒烤台燒烤後享用。也可汆燙活螃蟹後品嘗（收費）。

☎0138-22-5330
（站二市場組合事務所）
⏰夏季的8:00～14:00
休期間中不定休 ¥免費
（食材須另購）

↑可依自己喜好燒烤後享用

選購伴手禮！

既然逛了早市，當然就想買些新鮮伴手禮回家。
除了生鮮產品外，也有豐富水產加工品，
最適合搭配白飯及酒一同享用。

可在此購買
A 蓋飯橫丁市場
B 站二市場
C 函館早市廣場
D 鹽干市場

購物途中的休憩景點

十字屋珈琲店
MAP 附錄②7
●じゅうじやこーひーてん
可在此品嘗
B 站二市場

📞 0138-22-1777（十字屋食料品店）

●店面共有8個吧檯座位
●也可外帶

由老牌食材用品店所經營。
在以海鮮蓋飯、定食等日式
餐點為主軸的早市中，還能
喝杯餐後咖啡，深受好評。
⏱7:00～14:00 休第1、第3週三

●綜合咖啡 350日圓

種類出奇豐富！

農產品

源自北海道肥沃大地的農產品是最
受歡迎的伴手禮。

玉米
因北海道溫差大，
可孕育出甘甜的玉米。
產季 7～9月

哈密瓜
北海道以紅肉哈密
瓜為主流，口味多
汁、甘甜
產季 6～8月

可在此購買
B 站二市場
C 函館早市廣場

最適合搭配白飯及酒！

水產加工品

使用烏賊的醃漬品或松前漬、醬油醃漬鮭魚卵等頗
受歡迎。由於多需冷藏或冷凍，建議請店家配送。

可在此購買
A 蓋飯橫丁市場
B 站二市場
C 函館早市廣場

烏賊麵線
切開北魷後再切成細絲，
附醬汁，3人份（冷凍）

烏賊一夜干
最適合當成下酒菜。產品
採真空包裝，有利於長時
間保存（需冷藏）

松前漬
以醬油醃漬魷魚乾及昆布
等製成的鄉土美食，是最
適合配飯的一品（需冷藏）

醬油醃漬鮭魚卵
以淡味醬油醃漬而
成。口感柔軟、入
口即化（需冷藏）

最推薦當季盛產物！

生鮮海產

在飯店也想盡情享用當季海產。雖然需
要外加一些費用，但若能將貨物直接寄
回，就能讓購物變得更輕鬆。

螃蟹
不管是帝王蟹或毛蟹，都
需挑選外殼較硬、肉質紮
實的較理想
產季 6～8月

海膽
有新鮮生海膽或鹽漬、及函
館、利尻、禮文等地的海膽
等，種類應有盡有
產季 5～8月

鯡魚
可同時享用到Q彈的鯡
魚卵及鯡魚肉。產季期
間約300日圓即可購得
產季 10～3月

根鮟魚
函館產根鮟魚為鮟魚的最
高級品，外型也比一般鮟
魚還大
產季 3～6、9～12月

北魷
仔細觀察烏賊表面，若不
斷活動就是新鮮的證明。
新鮮烏賊最建議生吃
產季 7～11月

在飯店享用活烏賊！
送到飯店還活著！
將海水及氧氣灌入特殊的專
用容器內，再運送烏賊。即
使在飯店，都能享受口感紮
實的生烏賊。

特別企劃 比較各種早市的海鮮醃漬伴手禮！

可在此購買
B 站二市場

烏賊醃漬物
170g 580日圓
使用當地烏賊製作的
函館カネニ招牌商品。

試吃報告
鹹度：★☆☆☆☆
嚼勁：★☆☆☆☆
原料 烏賊、烏賊肝臟等
感想 在比較的3款之中口
味最柔和的一款，可直
接食用！

函館カネニ站二店
●はこだてかねにえきにてん
📞 0138-26-3948
MAP 附錄②7
⏱6:00～14:00 休第3週三

真烏賊醃漬物
200g 648日圓
使用北海道產
北魷製作。

試吃報告
鹹度：★★☆☆☆
嚼勁：★★★★★
原料 北魷、食鹽、酒精等
感想 最有嚼勁！每咀嚼一次
就更能感受到鮮甜味。

カネノヤマ鈴木商店
●かねのやますずきしょうてん
📞 0138-27-1912
MAP 附錄②7
⏱5:30～14:00（夏季）、
6:00～14:00（冬季）
休1～6月、10、11月
的第3週三

味之小箱 墨魚汁醃漬物
50g 290日圓
小包裝剛好一次
吃完，令人滿意。

試吃報告
鹹度：★★★★☆
嚼勁：★☆☆☆☆
原料 北魷、墨魚汁、烏賊
肝臟等
感想 外觀最有特色！鹽味
也相當確實。

味の匠
●あじのたくみ
📞 0138-84-5420
MAP 附錄②7
⏱5:30～14:00（夏季）、6:00～
14:00（冬季）休第2、3週三

函館市區

特輯 夜景
特輯 市電
元町 西部地區 P.28
十字灣區街 P.44
函館站前 大門地區 P.56
五稜郭 P.68
湯之川 P.78
特輯 伴手禮

道南地區
大沼 P.92
北斗 P.96
木古內 P.100
江差 P.102
松前 P.104

玩樂方式③

釣起烏賊後可當場享用
挑戰 釣烏賊！

從烏賊池中釣起烏賊，並當場享用生烏賊美味很受歡迎。請務必來場珍貴的體驗！

關鍵！ 瞄準烏賊耳朵部分釣起

將釣鉤瞄準烏賊耳朵部分再釣起。若釣在身體上，釣起時烏賊會吐出墨汁喔！

元祖活いか釣り堀

● がんそかついかつりぼり MAP附錄②7
☎ 0138-22-5330（站二市場組合事務所）→ B 站二市場　在這裡體驗

◗ 6:00～13:30（烏賊釣完打烊）
休 1～6月、10～11月的第3週三、5月20日左右～6月1日、暫停烏賊捕撈作業日　¥ 時價（600日圓～）

START

1 付費&租借釣具

釣烏賊所需時間僅約5分左右，不須太多等待時間。需先付費，並租借釣具。

2 垂下釣線

既然都要釣烏賊了，當然希望釣起的是又大又有活力的烏賊。鎖定要釣的目標後就能垂下釣線準備。

3 釣起烏賊

妥善活用釣勾，勾住烏賊耳朵部位後，毫不猶豫地一口氣釣上水面。有時烏賊會噴水，這點請包涵。釣起後即可將烏賊遞給店員。

注意！ 烏賊可能會噴出大量的水

因烏賊的防衛行為所致，離開水面後會吐水。一旦烏賊腳面向自己時就須小心。

4 請店員協助處理烏賊

烏賊釣起後，店員會協助處理。此時還可觀賞店員們處理的速度。

5 享用生烏賊

不管是肝臟還是烏賊腳，可徹底享用完整一隻生烏賊。其透明、彈潤的口感令人欲罷不能，可搭配薑汁醬油一同食用。自己釣起來的烏賊想必會更好吃！

市場內的美味小吃

蘋果奶油鯛魚燒 240日圓

將北海道產蘋果製成蜜餞後，結合奶油及肉桂的獨創甜點。鯛魚燒還連著造型以外的餅皮，令人驚喜。
たいやき茶屋北菓り MAP附錄②7

北海道哈密瓜刨冰 490日圓

將北海道產紅肉哈密瓜切成一口大小，再鋪滿整個刨冰，十分奢華。僅限定於6～9月間販售。
たいやき茶屋北菓り MAP附錄②7

玉蜀黍 視店鋪而異

北海道將玉米稱為玉蜀黍，燒烤時沾上口味鹹甜的醬汁，香氣十足。

烤海膽 視店鋪而異

以炭火連殼燒烤的海膽帶有濃醇甜味及香氣，令人欲罷不能。不同時期可享用到北紫海膽及馬糞海膽等不同品種。

墨魚汁包 380日圓

麵團加入大量墨魚汁，外觀令人印象深刻。加入了烏賊、洋蔥、慈菇等食材，具有嚼勁。
味の匠 B MAP附錄②7

力ネ二的螃蟹包 450日圓

這款招牌中式肉包加入大量松葉蟹切片製作。在店外隨時都可吃到熱騰騰的包子，深受歡迎。
力ネ二藤田水產 朝市店 MAP附錄②7

當地人也會去的
函館市場

函館還有不少很有魅力的市場，購買在地漁產時可順道逛逛。

集結多家專賣店是當地人愛去的購物市場

函館自由市場

- はこだてじゆういちば
- ☎0138-27-2200
- **MAP** 附錄②6 C-3

市場內店鋪主要販售鮮魚、蔬果、乾貨等生鮮用品。不論居民或專業廚師都會來此選購而得名。也有可享用新鮮海鮮的食堂。
- 🕐6:00～17:30左右 休週日
- 🅿️函館市新川町1-2 🅿️40輛（設有殘障車位）

↑JR函館站步行10分
↑館內因在地顧客而充滿活力

↑乾貨也很適合作為伴手禮！

↑烏賊購買後可當場處理

商品購買後也可運送

函館少見的烏賊專賣店

↑海鮮的品質深受好評，種類也相當豐富

市場DATA
- ●店鋪共45家
- ●最佳時段為8:00～10:00左右
- ●每月8日及18日為特賣日

↑在地當季盛產海鮮一字排開
↑集結了超過40家的鮮魚、乾貨、蔬果等專賣店

市場亭 在這裡享用

- いちばてい
- ☎0138-22-1236
- **MAP** 附錄②6 C-3

點餐後才至市場購買海鮮，新鮮度沒話說。最推薦可挑選各種海鮮配料的蓋飯。
- 🕐7:00～17:00 休週日

↑享受各種海鮮蓋飯
↑提供迷你海鮮三色蓋飯2500日圓等具有函館特色的餐點

擁有80年歷史的函館市民廚房

中島廉賣 市電堀川町站步行2分

- なかじまれんばい
- ☎0138-51-0026
- **MAP** 附錄②9 B-3

昭和9（1934）年的大火後，因多家攤販聚集而形成此市場。現在包含攤販在內，共有70家店鋪林立，至今仍留有濃濃的昭和氣息。多家充滿特色的店鋪聚集，購物時還能享受與店員的對話也是魅力之一。
- 🕐10:00～18:00(視店鋪而異) 休週日(視店鋪而異)
- 🅿️函館市中島町25-18(中島町商店街振興組合事務局) 🅿️50輛

↑道南才有的「醃毛豆」300日圓頗受歡迎

↑創業50年的「なかむらさん家のおつけもの」

シゲちゃんすし 在這裡享用

- しげちゃんすし
- ☎0138-51-0339
- **MAP** 附錄②9 B-3

專門提供立食及外帶的壽司店。午餐時段只要600日圓，就能享用到職人經歷超過30年的老闆手捏壽司。
- 🕐11:00～19:30(食材用完打烊) 休週一(逢假日則翌日休)

↑店家面朝中島廉賣的大通り

↑午餐限定的壽司拼盤600日圓

↑被稱為「魚通り」的道路兩側有多家鮮魚店林立
↑市場分為「大通り」、「仲通り」、「魚通り」等三大區

市場DATA
- ●店鋪共70家
- ●最佳時段為10:00～12:00左右
- ●休憩區設有咖啡廳

↑玉村螃蟹店販售的毛蟹每隻1500日圓起

62

全國性的烏賊產地

徹底剖析!函館與烏賊的深切關聯

函館為什麼是烏賊城鎮?

函館烏賊好吃的理由

秋冬之際出生於東海的北魷,會沿著對馬海流及黑潮北上日本海,並食用浮游生物及沙丁魚成長。烏賊好吃的關鍵,在於富含於其肌肉內的胺基酸成分。北魷北上至函館時,肌肉恰巧生成於一定的狀態。因此,函館為可在最美味時期捕獲烏賊的最佳場地。

捕撈烏賊的歷史

函館正式開始捕撈烏賊,是在進入明治時代之後。當時源自佐渡的照明捕魷法傳至函館,讓函館及道南近海成為北魷主要生產地。

現在函館的烏賊捕獲量至今在日本仍首屈一指。目前除了使用假餌採一本釣方式外,也會使用定置網或流刺網捕撈。6月開放烏賊捕撈後,其照明用的「漁火」也成為函館夏季一大特色,頗受當地居民及觀光客所熟知。

↑閃耀於津輕海峽上的漁火

由烏賊及烏賊乾所撐起的函館產業

函館近海的烏賊捕撈早在明治時代以前就已出現,而烏賊加工業也具有相當長的歷史。目前眾說紛紜,但烏賊醃漬物約有300年歷史,而烏賊乾則有約700年的歷史。更有一段時期,函館的產業是由烏賊加工業所撐起的。北洋漁業(遠洋漁業)在戰後規模縮小時,函館的烏賊加工品於昭和28年(1953)年左右大量出口至東南亞地區,而當時全世界只有函館從事烏賊乾相關貿易。之後,更生產了燻製烏賊或魷魚絲等珍奇美味,讓函館不僅成為烏賊產地,也是日本國內首屈一指的珍饌美食加工地。

↓使用函館產烏賊製成的烏賊煎餅

↓烏賊耳朵部位接起來製成的珍饌,十分特別

↓以北魷製成的烏賊杯

為什麼生烏賊這麼細?

函館招牌的生烏賊或烏賊麵線,大多會縱切成細絲狀。這是因為烏賊的肌肉纖維是直向切開或橫向切斷肌肉纖維,較易入口。此外,函館捕獲的烏賊相當新鮮,肉質也較紮實,橫切新鮮烏賊時,其肉較容易捲起。因此,函館的生烏賊及烏賊麵線多縱切成細絲狀。

竟然有烏賊祭典!?

↑每年相當熱鬧的釣烏賊體驗
活動諮詢請洽☎0138-24-0033
(函館TMO)

9月下旬或10月上旬的週末,大門Green Plaza便會舉辦「函館烏賊祭」。主要提供釣烏賊體驗,並販售各種烏賊美食,是場處處皆是烏賊的活動。

↑處理時的速度會影響味道,也是專家技術的關鍵

街上隨處可見的烏賊設計

不愧是烏賊城鎮!走沒幾步路,處處都能見到以烏賊為原型的裝置藝術或招牌。

↓元町、灣區可見到這種鮮豔的烏賊水溝蓋

HAKODATE

上也有!景點介紹招牌

湯の川温泉発祥の地
THE ORIGIN OF YUNOKAWA SPA
270m→

↓JR函館站前的烏賊造型郵筒

↓湯之川的河川招牌也是烏賊造型!

二十間河口松倉川水系
鮫川

郵便
POST

ようこそ
函館へ!!
Welcome Hakodate

↓站二市場的巨大烏賊裝置藝術

漁火通
Isaribidori

↓漁火通招牌上也可見到歡樂的烏賊

函館漁港烏賊拍賣參觀活動

聽說可以現場參觀烏賊拍賣,潛入清晨5時的函館漁港!

在這裡參觀!
函館市水產物地方卸賣市場
MAP 附錄②5 B-4 所函館市豐川町27-6

5:00
烏賊拍賣在這座「函館市水產物地方卸賣市場」舉辦。自函館站步行約15分左右的距離,交通便利。

5:05
可免費進入場內,只要向市場入口的警衛提出參觀申請,就可取得入場許可證。戴著許可證,開始潛入!

5:10
市場內早已充滿活力。還可像這樣近距離看到殺魚的樣貌,但請多加留意,避免造成市場內人員的困擾。

5:15
漁船下午3時左右出港,至漁場捕撈烏賊後回港。多數船隻會裝設水槽,讓烏賊維持活的狀態返回港口。

5:20
漁夫們在漁船旁挑選烏賊。漁夫們聽著烏賊發出的「Kyu Kyu」聲,挑選出最好的烏賊。

5:25
結束挑選後,購買人也逐漸聚集至於船旁的拍賣會場,等著在開始拍賣前,鑑定送達的烏賊狀態。

5:30
5點半鐘聲響起,拍賣也同時展開。拍賣人不斷喊出價格,購買人覺得價格不錯時便會出聲。

5:40
得標後,排列整齊的籃子一一送出,運送至卡車上。烏賊的鮮度就是最重要的關鍵,故一轉眼間就會運送完成。

6:00
就這樣,早上6時左右,烏賊就會排列於早市的各家店鋪前方。了解烏賊流通的背景後,在早市購物及吃早餐也變得更有趣了!

大門橫丁

在函館站附近一家家喝酒♪

集結各家特色店鋪的 屋台村

全餐點400日圓！提供豐富小吃餐點

A 居酒屋 焼きとん&ちょい飲み **箱館バル** LO.24時
▶やきとんあんどちょいのみ はこだてばる
☎0138-23-3203
預算 2000日圓

所有餐點皆為400日圓，是家可輕鬆享用美食的店鋪。軟嫩多汁的「烤豬肉串」，以炭火燒烤森町產的SPF豬，最受歡迎。此外，也有不少獨家菜色，如「法式奶油燒烤新鮮扇貝」或「千層派風豬肉片沙拉」等。

🕐17:00～24:00　休無休

最推薦！
厚切五花肉
2條400日圓
最受歡迎的烤肉料理，油脂甘甜，肉質軟嫩。

➜附上蔬菜及山葵醬油漬的「SPF豬肉培根」400日圓
➜進入大門仲通後就可見到醒目的橘色招牌

---

③ 確認擁擠程度&客層！

擁擠時段
20時左右～

主要客層
地元客＋觀光客＝1:1

建議
可近距離與其他客人談天，請務必互相交流。

② 橫丁內是這個樣子！

◀JR函館站
洗手間只有一處
•洗手間
大門仲通▼
D
E
F
A B C

① 確認位置！

函館站步行5分

函館光之屋台
大門橫丁
▶はこだてひかりのやたいだいもんよこちょう
☎0138-24-0033
（管理公司 はこだてティーエムオー）

🕐休視店鋪而異　所函館市松風町7-5　所JR函館站步行5分　P無

函館早市　函館站
H函館組奧特飯店
H函館福朗
喜來登飯店
函館站前
グランティア
市電 H ボーニモリヤ　キラリス函館
H リリル
高砂通
H プラザ
東橫イン H　大門仲通

MAP 附錄②6 B-2

函館市區

特輯 夜景
特輯 市電
元町 西部地區 P.28
灣區 十字街 P.44
函館站前 大門地區 P.56
五稜郭 P.68
湯之川 P.78
特輯 伴手禮
道南 地區
大沼 P.92
北斗 P.96
木古內 P.100
江差 P.102
松前 P.104

以生魚片及煙燻方式提供銀鯖魚料理

C 居酒屋 はこはち漁港
いざかやはこはちぎょこう
☎ 0138-26-5361　預算 2000日圓　L.O.23時

最推薦！
銀鯖魚二吃
780日圓
可同時享用銀鯖魚生魚片及煙燻料理。

使用八戶海岸產的銀鯖魚製成生魚片或煙燻料理，是深受好評的道地美味。人氣餐點燉煮雞肉內臟580日圓及使用魚粉提味的蔥燒蛋捲550日圓也十分推薦。

◷ 17:00～23:00
休 不定休
→自大門仲通進入即可抵達
→店內寬敞，團體客人也可進入

B 螃蟹料理 Crab House
くらぶはうす
☎ 0138-23-2233　預算 2500日圓

攤販少見的活螃蟹排，以及點餐後才汆燙活螃蟹製成的水煮螃蟹等，在此可以吃到各式各樣的螃蟹料理。此外，烤扇貝或烏賊等北海道產食材料理也相當豐富。

◷ 17:00～23:00
休 不定休
→店鋪充滿尚酒吧氛圍
→美味的鱈場蟹讓酒一杯接著一杯

豪邁享用鱈場蟹！

最推薦！
石板烤鱈場蟹腳
1880日圓
以奶油燒烤後再享用，是最受歡迎的料理。　L.O.23時

E 爐端 炉ばた大謀
ろばただいぼう
☎ 0138-22-3313　預算 2500日圓

由身為漁船主人的老闆使用每天清晨以定置漁網捕獲的海產製作餐點，並以實惠價格提供，深受歡迎。小巧店內僅有8個吧檯座位，顧客之間都能盡情談天。

→店內眾人與店長談天樣貌　L.O.23時
◷ 17:00～23:00
休 無休
→積極使用在地產品的店家「綠燈籠」

最推薦！
活生烏賊（附肝臟）
650日圓
6～12月間提供。亦提供不帶肝臟生烏賊600日圓。

要吃生烏賊就要來這！

D 成吉思汗烤肉 函館グルメジンギスカン ラムジン
はこだてぐるめじんぎすかんらむじん
☎ 090-5223-0837　預算 2000日圓

健康無羶味的生羔羊肉搭配具有酸味的專用醬汁享用，深受女性顧客好評。自製調味羊肉套餐也相當受歡迎。

◷ 18:00～22:30左右（售完打烊）
休 週四
→特色為店家復古綠色的外觀 
→與身旁的在地人開心談天

炭火烤得多汁！成吉思汗烤肉

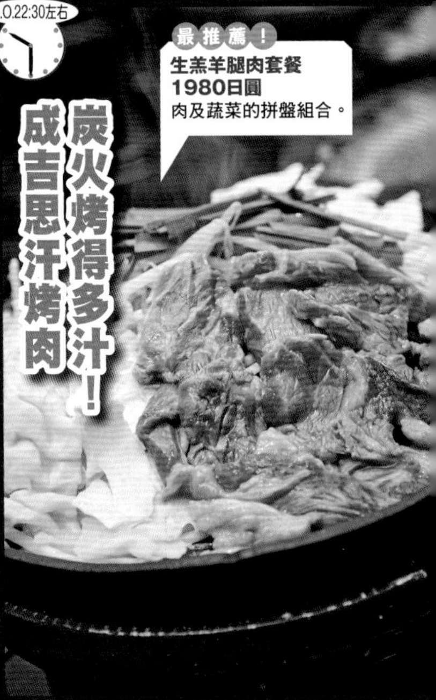

最推薦！
生羔羊腿肉套餐
1980日圓
肉及蔬菜的拼盤組合。　L.O.22:30左右

專欄 大門地區的 今 昔

↗戰前大門地區的餐廳及娛樂設施櫛比鱗次（圖片提供：函館市中央圖書館）

大門地區從明治後期開始成為車站前最熱鬧的繁華街區，最熱鬧時約有1500家店鋪林立。1980年代，隨著青函連絡船的廢止，大門地區也逐漸衰退。2005年，為了找回往昔的活力，「大門橫丁」也全新開幕。

↗橫丁內聚集了26家特色店鋪

F 壽司 すし処雑魚亭
すしどころざこてい
☎ 0138-27-3777　預算 2000日圓　L.O.22時

使用現捕海產製作壽司，價格實惠。最推薦餐點為包含新鮮鮑魚及海膽的大漁（12貫）2800日圓。三色蓋飯1800日圓等蓋飯餐點也相當豐富。

◷ 11:30～14:00、17:00～22:00
休 週一 
→自然露出笑臉的歡樂空間

最推薦！
晚酌套餐 1540日圓
貫壽司搭配生魚片、小菜及酒。

新鮮海鮮一字排開！
→午餐時段也深受歡迎

雖然稍微奢侈點的料理也不錯，但要不要換個口味，前往深受在地人長年愛戴的食堂用餐呢？吃完後你也能成為函館人！每家店鋪都有分量十足的料理，請餓著肚子去吧！

津輕屋食堂
◉つがるやしょくどう

以良心價格提供家庭美味餐點。首先點選白飯及味噌湯，再從櫥窗中選擇喜歡的料理，組合成定食後享用。2014年上映的電影《陽光只在這裡燦爛》也選定此處拍攝外景，因而聲名大噪。

📞0138-23-4084　MAP 附錄②6 B-2
➡前方的座位正是電影《陽光只在這裡燦爛》主演者綾野剛坐過的位置

🕐10:30～19:30　休週四　所函館市松風町7-6　🚉JR函館站步行5分　🅿無

➡位於大門橫丁旁

➡入口旁的櫥窗內隨時擺放著約20～25種配菜

➡咖哩飯470日圓
樸實的家庭料理深受好評

自己製作人氣定食

自己製作定食
烤紅鮭 370日圓
拌炒長豆 170日圓
馬鈴薯沙拉 170日圓
白飯（中）180日圓
味噌湯 70日圓
合計960日圓

櫥窗中的餐點約100日圓起，品項包括烤魚及燉煮料理等。

餐後就在此享用咖啡！

珈琲焙煎工房 函館美鈴 大門店
こーひーばいせんこうぼう
はこだてみすずだいもんてん

📞0138-23-7676
MAP 附錄②6 B-2

圓，「推薦咖啡」450日圓，「咖啡捲」280日圓

創業於昭和7（1932）年的咖啡製造商，於昭和21（1946）年開設的第一家直營店便是大門店。店內設有咖啡廳，可在此飲用香氣濃醇的自家烘焙咖啡。

🕐10:00～19:00　休無休　所函館市松風町7-1　🚉JR函館站步行10分　🅿無

函館魚市場食堂 魚いち亭
◉はこだてうおいちばしょくどううういちてい

📞0138-22-0136　MAP 附錄②5 B-4

位於魚市場2樓的食堂。顧客多為市場相關工作人員，但中午時段也會有許多觀光客造訪。每天早上，店家會從1樓的批發商購買海鮮，故能以便宜價格享用新鮮生魚片及定食，頗受好評。此外，食堂面朝函館灣的美麗海景也是其魅力之一。

🕐6:30～13:00　休週日、假日、每月2次週三※每月2次週三為市場公休日（每月調整）　所函館市豐川町27-6 函館市水產物地方卸賣市場2F　🚉市電魚市場通站步行5分　🅿50輛

➡函館灣景緻
➡大片窗戶可飽覽函館灣景緻

新鮮烏賊定食
（附白飯、味噌湯、漬物、醬油醃鮭魚卵）
1000日圓～

使用早上現捕的烏賊製作，其肉用於生吃、烏賊腳則汆燙後提供。6～12月提供真烏賊，1～5月則提供長槍烏賊。

可享受海景的市場食堂

➡每日不同的「魚定食」500日圓。主餐為當日推薦的烤魚或燉煮魚料理

美味的市場內咖啡廳
咖啡和海鮮料理都有

扇貝、鮭魚卵蓋飯
（附味噌湯、小菜）
1500日圓
1500日圓

Coffee Marche
◉こーひーまるしぇ

📞0138-22-7686　MAP 附錄②6 C-3

提供豐富海鮮料理的市場咖啡廳。號稱「市場就是冰箱」，因此顧客點餐後，店家便會至市場購買食材，隨時都能享用到新鮮海產。最受在地人歡迎的是大分量的「銀鱈定食」。此外，新鮮的「生烏賊定食」與豐富種類的海鮮蓋飯也相當推薦。

🕐7:00～16:00（海鮮料理售完打烊）　休週日　所函館市新川町1-2 函館自由市場內　🚉市電新川町站即到　🅿40輛

銀鱈定食
（附白飯、味噌湯、小菜）
1200日圓

又厚又大塊的銀鱈以味噌及醬油醃漬調味，到好處的油脂香氣十分美味。

➡位於函館自由市場內的一角。可外帶飲品及霜淇淋

函館市區

夜景 特輯

市電 特輯

元町 西部地區 P.28

十灣字區 街 P.44

函館站前 大門地區 P.56

五稜郭 P.68

湯之川 P.78

伴手禮 特輯

道南 地區

大沼 P.92

北斗 P.96

木古内 P.100

江差 P.102

松前 P.104

JR函館站 | 不管是誰～都～知～道

景點 📷 月光假面像
●げっこうかめんのぞう

📞 0138-24-0033 (はこだてティーエムオー) 　 MAP 附錄②6 B-3

作者川內康範先生出身自函館，而這座銅像則是昭和49（1974）年由川內先生所捐贈。「不憎恨、不殺戮、赦免吧」的知名台詞也刻在基座上。

需時 10分

🚶 自由參觀
📍 函館市松風町
🚉 JR函館站步行5分
🅿 無

↑立於大門Green Plaza

更棒的玩法 函館交通據點有不少市場及伴手禮商店

除了函館站內及函館早市外，Kiralis函館1樓等車站周邊也有不少伴手禮商店聚集。其中，百貨公司棒二森屋（MAP附錄②6 B-2）內還可以買到廣受歡迎的函館Carl Raymon商品，以及Hasegawa Store的烤雞便當。

↗棒二森屋內的「Hakodate Sweets & Cafe」薈萃了市內各種和菓子及西式點心

JR函館站 | 豐富北海道伴手禮

購物 🛍 山松 松岡商店
●やままつまつおかしょうてん

📞 0120-26-3296 　 MAP 附錄②6 B-2

只要是北海道伴手禮，幾乎都可在此見到。函館等北海道各地特產、點心、工藝品等，種類繁多。此外，店家獨家的魚翅松前漬也深受好評。

↗走出函館站西口就能見到，交通方便

🕐 8:00～19:00(8月～20:00，1～2月會有變動)
🈺 無休　📍 函館市若松町14-10 函館ツインタワー1F
🚉 JR函館站即到　🅿 設有特約停車場

JR函館站 | GLAY官方設施

景點 📷 G4Space
●じーふぉーすぺーす

📞 0138-22-8277 (SODAPOP) 　 MAP 附錄②6 B-2

展出函館出身的樂團GLAY成員所穿過的服裝、樂器及相關物品。此外，也販售成員TERU所設計的角色「ZURA」原創商品。

🕐 11:00～20:00
🈺 週二、第3週一
📍 函館市松風町6-18 SODA POP內
🚉 JR函館站步行7分　🅿 無

↗此處已成為歌迷的聖地。展出樂團成員的相關用品

JR函館站 | 利用青函連絡船改造的資料館

景點 📷 函館市青函連絡船紀念館摩周丸
●はこだてしせいかんれんらくせんきねんかんましゅうまる

📞 0138-27-2500 　 MAP 附錄②6 A-1

曾活躍於昭和時代的青函連絡船中，這艘「摩周丸」營運至昭和63（1988）年的最後一天。當地也保留了摩周丸作為產業遺產，並改建為資料室對外開放。船隻仍實際漂於海面上，館內則將駕駛室、無線通訊室保留當時樣貌，提供民眾參觀。3樓休息區則可眺望海景，成為引人矚目的賞景據點。此外，4樓則復原了過往的和式座位，讓人想像當時搭乘青函連絡船的旅途。

🕐 8:00～18:00(11～3月為9:00～17:00)　🈺 無休
💴 500日圓，小、中、高中生250日圓
📍 函館市若松町12番地先　🚉 JR函館站步行4分　🅿 無

需時 1小時

駕駛室
可在此體驗親手掌舵的感覺，十分珍貴。各種器材幾乎都維持過往樣貌，未更換新品，請小心使用

↗摩周丸的藍白色完美搭配，十分美麗

PICK UP! 大門地區超過50年的老牌酒吧

昭和33（1958）年，在大門地區的柳小路開幕以來，堅守著無服務費原則，任誰都能輕鬆前往的老牌酒吧。2015年時，店鋪保留過往樣貌遷移至現址。進入店內後，就能感受到彷彿倒轉回昭和時期的氛圍。

預算 🍺 1000日圓

↗店家的招牌飲料：蘭姆HighBall 250日圓

函館站前 舶來居酒屋 杉の子
●はくらいいざかやすぎのこ

📞 0138-23-4577 　 MAP 附錄②6 B-2

🕐 18:30～23:00　🈺 週日、一(週六、日、一連假時則連假最終日休)
📍 函館市松風町8-5
🚉 市電函館前站步行4分　🅿 無

希望能持續營業下去，歡迎各位輕鬆前來

老闆青井元子女士

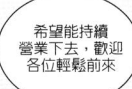

↙函館雞尾酒海峽之光（右）概念源自以函館為舞台的小說，以及海炭市敘景（左）各850日圓

↑1樓座位保留過往店內使用的吧台座椅

走在箱館戰爭主舞台的城郭中

五稜郭
ごりょうかく

地區指南

範例行程
最有效率走遍必逛景點
需時3小時

GOAL 16:00
市電五稜郭公園前

14:30
在咖啡廳
小憩片刻
P.73
逛累了就到咖啡廳享用甜點！
值得一看的拉花藝術

步行3分

五稜郭塔 P.71
享受離地90m的美景
步行15分

14:00
五稜郭公園 P.70
可從樓梯爬上城堤
漫步於幕末男子們所度過的夢之舞台
唯一可看到五稜郭呈現星形狀的地點

步行5分

13:10
市電五稜郭公園前

步行15分

START 13:00

從五稜郭塔俯瞰五稜郭公園

出發前請check！

漫步的訣竅！

走在箱館戰爭舞台的公園內

這個區域以呈現星形的西式城郭「五稜郭跡」（五稜郭公園）為中心，也是幕末至明治維新間，日本國內最後一場戰爭「箱館戰爭」的舞台。今日這裡則整頓成為公園，全年都有不少觀光客湧入。公園內復原了通往的箱館奉行所，其完美建築技法令人震懾，逛過公園後，可登上五稜郭塔，從展望台上欣賞星形的五稜郭美景。此外，也可透過立體模型及展示牌了解箱館戰爭的歷史。市電五稜郭公園前站所在的地區，到夜晚則成為函館首屈一指的繁華鬧區，不少在地人御用的餐廳聚集於此。2017年春天又有新的複合式設施SHARE STAR HAKODATE（P.76）開幕，相當受到眾人矚目。不妨試著到五稜郭地區，享受熱鬧的函館之夜。

1.
確認四季不同的活動

五稜郭公園周邊在不同季節也會舉辦各種有趣活動。其中，5月的「箱館五稜郭祭」還會舉辦維新遊行，值得一看。

打鬥場景的表演不容錯過

2.
欲享受夜間樂趣者請住宿於五稜郭地區

五稜郭地區有不少深受在地人歡迎的居酒屋，是首屈一指的鬧區。若想玩到深夜，建議訂五稜郭附近的旅館住宿。此處也有不少經濟實惠的商務旅館。

前往在地人御用的居酒屋吧

3.
事先確認市電的末班車時間

許多餐廳營業至深夜，但市電末班車約為22時左右（往函館船塢的末班車為22時01分，往湯之川方向則為22時55分），請多加留意。

電停前路口到了夜晚就閃耀著霓虹燈，十分熱鬧

自行車租借處
計程車排班處

N

0 ———— 200m
1:13,000

夜景 特輯

市電 特輯

元町
西部地區
P.28

灣區
十字街
P.44

函館站前
大門地區
P.56

五稜郭
P.68

湯之川
P.78

伴手禮 特輯

地圖

道南地區

大沼
P.92

北斗
P.96

木古內
P.100

江差
P.102

松前
P.104

想在五稜郭品嘗！

招牌美食

活魚料理 いか清的
生烏賊
附錄① P.4
由熟練的廚師以最快速處理烏賊，避免影響鮮度

すし蔵的
壽司
附錄① P.7
使用當季盛產食材製作握壽司，深受觀光客歡迎

Restaurant箕輪的
烤牛肉
P.72
使用最高等級的黑毛和牛菲力製作，為店家的代表餐點

Chouette Cacao的
巧克力
附錄① P.13
綜合巧克力共6種，可可香氣令人垂涎三尺

地圖上地名：
函館盲
大称寺
夜間急病中心
市立中央図書館
市営田家団地
新興通
とき わ通
大川公園
新川通
・箱館奉行所
五稜郭公園
六花亭
本通電車車庫
松見通
柳町団地
市立函館高
大妻高
最上寺
・五稜郭塔
LUCKY PIERROT
Hasegawa Store
梁川公園
妙覚寺
ときわ通
・北洋資料館
道立美術館
函館五稜郭支援
函館五稜郭病院
步行3分
柏ヶ丘ホール
柏野小
函館工高
交通公園
千代田小
Grantia
柏木プラザ
せいきょう通
柏木小正myoku通
八千代通
マックスバリュ
道了寺
テトラ
高龍寺
五稜郭時計台通
平和通
北進通
五稜郭ガーデン
自行車3分
SHARE ∧ STAR HAKODATE
五稜郭公園前
法華クラブ
杉並町
湯之川
かずみ園
本町
丸井今井
ドーミーイン
市電
柏木町
アネックステトラ
エスパル
凌雲中
市民プール
陸上競技場
中央病院前
函館中央病院
遺愛女子高・中
柏木町
千代台公園
オーシャンスタジアム
駒場通
函館站前

時刻表：
	往湯之川方向	往谷地頭方向	往函館船場前方向
首班車	平日 7:10	平日 6:20	6:24(往大廣町)
	週六日・假日 7:16	週六日・假日 6:40	6:27
末班車	22:55	21:38	22:01

五稜郭地區 就是這個樣子！

必逛區域
五稜郭公園

注目焦點 1
五稜郭塔
P.71
了解箱館戰爭的英雄——新撰組（舊幕府派）副長土方歲三，以及夢想成立蝦夷共和國的榎本武揚歷史。舊幕府軍雖然最後戰敗，但貫徹自身信念的土方歲三的生活方式，至今擄獲許多人的心。五稜郭塔中以立體模型及展示牌等方式，介紹培里提督來航至箱館戰爭結束間的歷史。

ACCESS
市電 湯之川		市電 函館站前	
計程車 10分	市電 15分	計程車 10分	市電 17分

市電 五稜郭公園前

除了市電車站「五稜郭公園前」一站外，JR五稜郭站也位於此區域以西約2km處。不過，JR五稜郭車站位於五稜郭公園西北方，距五稜郭較理想。乘市電車較理想。建議欲前往公園者搭

步行15分

五稜郭公園

小小深度旅遊區
本町

注目焦點 1
首屈一指的鬧區
P.74
觀光客大多前往元町一帶，但當地人大多集中於本町地區，也就是市電五稜郭公園前站的路口一帶。這一帶有不少百貨公司或商務人士，白天有許多購物者及商務人士，夜晚則搖身一變，點亮閃閃霓虹，成為活力滿點的鬧區。多家在地人熟悉的店鋪開設於此，包括營業至深夜的海鮮居酒屋等。

注目焦點 2
SHARE ∧ STAR HAKODATE
P.76
2017年4月開幕的複合式設施，地下1樓設有美食樓層，僅可在此購買伴手禮，百貨公司更設置了寬敞的內用座位，供顧客更方便地用餐。此外，商店也相當豐富，包括源自函館的人氣皮革製品OZIO分店。

行啓通的公共藝術
走在函館街頭，隨處都可見到各種公共藝術。尤其行啓通僅長約500m，就有8座公共藝術。這是函館市於1999年度至2007年度，為活化市中心街道、提升魅力所設置，作品經由公開招募而選出。前往五稜郭公園的道路上，可找找自己喜歡的公共藝術。

圖片提供：函館市立中央圖書館

注目焦點 2
箱館奉行所
P.71
經過約150年時間後重新復原的箱館奉行所，過往作為蝦夷地的政治中心。使用大量現代建築少見的奢華建材建造，館內不僅可參觀其做工之精細，也能了解更多五稜郭及箱館戰爭的歷史。

更多小知識
五稜郭公園的櫻花
五稜郭為箱館戰爭的象徵，其於大正3（1914）年改為五稜郭公園，並開放一般民眾參觀，現在則成為知名的賞櫻勝地。這些櫻花為公園開幕當年，為紀念《函館每日新聞》第1萬號發行而栽種，每年黃金週前後，廣大的五稜郭一帶就可見到約1600棵櫻花盛開的景象，讓賞花遊客目不暇給。

ACCESS
市電 湯之川		市電 函館站前	
計程車 10分	市電 15分	計程車 9分	市電 16分

市電 五稜郭公園前

最熱鬧的地區集中於市電車站「五稜郭公園前」所在的本町交叉路口周邊。而本町這個名稱源自昭和天皇皇太子時期造訪五稜郭、五稜郭公園的道路～五稜郭公園前交叉路口～本町交叉路口的道路，又稱為「行啓通」。

私房資訊COLUMN 五稜郭公園的賞花成吉思汗烤肉 在北海道，大家最流行在櫻花樹下賞花時享用成吉思汗烤肉。五稜郭公園周邊更販售了可輕鬆享受成吉思汗烤肉的套餐（每人2000日圓）。☎090-6694-7500(サンフレッシュサービス)

五稜郭公園為幕末期間，土方歲三曾活躍一時的舞台。光是漫步於公園內，就能見到不少箱館戰爭的相關遺跡，但若能造訪2010年復原的箱館奉行所或五稜郭塔等設施，還可更進一步接觸歷史。

玩樂方式

需時 3小時

下雨時 需準備雨具

推薦季節 5月上旬～12月下旬

觀光小建議
五稜郭公園於早上5時便開放，五稜郭塔於8～9時左右開放（視時期而異），箱館奉行所則是9時開放，3個地點的開放時間都較早，建議可安排於上午前往參觀。

五稜郭公園

お休み処いたくら柳野
兵糧庫
大砲
箱館奉行所 拍照景點
武田斐三郎先生顯彰碑
前往城堤的階梯 ★
城堤
一之橋
二之橋
武者返
土壘（半月堡）
護城河
五稜郭塔 拍照景點

如何爬上城堤？

園內有些如城堤般高起的部分，其中幾處設有階梯，可由此爬上城堤。爬上後就能用與城郭內樹木相同的高度眺望城郭內。但無法沿著城堤繞行城郭一圈。

◆位於箱館奉行所斜拍對面的階梯（上方空拍圖中加註★的位置）。可由此攀上城堤

五稜郭公園

ごりょうかくこうえん

需時 3小時

MAP 附錄②9 C-2

☎0138-31-5505（公園管理事務所）

※圖片提供／函館市教育委員會

這座邊長255m的五角形城郭，為元治元（1864）年所完成，主要用於箱館開港後的警備、蝦夷地的防衛等目的。設計這座城的是荷蘭學者武田斐三郎，據說只要看過一本西方的築城書籍就完成設計。目前五稜郭已整頓為公園開放一般民眾參觀，也是函館的名勝之一。

🕐5:00～19:00（11～3月至18:00）　休無休　¥免費
函館市五稜郭町44　🚃市電五稜郭公園前站步行15分
🅿使用五稜郭觀光停車場等公共停車場

範例路線　編輯部推薦

五稜郭地區　繞一圈

START & GOAL　市電五稜郭公園前

步行20分

二之橋
步行即到
從半月堡經二之橋進入城郭內。進入城郭內後，即可見到藤棚架構成的隧道，春季時更能欣賞藤花盛開美景。

武者返
步行即到
可參觀構造特殊的「武者返」石牆。石牆最上方多鋪設了突出的一列石頭，可防止敵軍攀上。

一之橋
步行3分
此處是五稜郭公園的玄關，走過這座橋後，可前往獨立於城郭之外的土壘（半月堡）。附近設有城郭的介紹立牌。

五稜郭塔
步行15分
聳立於五稜郭公園入口前方，可先至此處俯瞰五稜郭的星形外觀。
P.71 拍照景點

武田斐三郎先生顯彰碑
步行3分
盛讚其設計五稜郭功績的石碑。由於武田先生被認為是難得一見的天才，更有觸摸石碑就能讓頭腦變好的都市傳說。

箱館奉行所
步行即到
城郭內最值得一看的景點。可仔細參觀充滿傳統技術之美的建築。
P.71 拍照景點

お休み処いたくら柳野
步行即到
可輕鬆前往這座休憩處。建築物前方的是昭和36（1961）年時，（當時）秩父宮殿下親手種植的櫻花樹。

兵糧庫
步行即到
建造五稜郭時一併完成的1棟附屬建築物。夏季會公開建築物內部，展出相關資訊及出土文物。

大砲
步行即到
兵糧庫前有座箱館戰爭時使用的大砲，展出的大砲為英國製及德國製兩種。

函館市區

特輯 夜景

特輯 市電

元町 西部地區 P.28

灣區 十字街 P.44

函館站前 大門地區 P.56

五稜郭 P.68

湯之川 P.78

特輯 伴手禮

道南地區

大沼 P.92

北斗 P.96

木古內 P.100

江差 P.102

松前 P.104

五稜郭塔內部 是這個樣子!

展望2樓 享受離地90m 處的景觀

透過360度環景玻璃窗,享受充滿魄力的景觀。欣賞過星形的五稜郭公園美景後,還可到歷史回廊了解五稜郭歷史。

展望2樓
展望1樓

五稜郭歷史回廊
使用年表、繪製圖等圖說展示與紀念桿等方式介紹歷史

高 107m!

由塔內向外眺望 五稜郭公園的四季

榮獲日本春季美景排行榜第一名佳績!

冬 被白雪覆蓋、雪白的五稜郭令人印象深刻。還可見到護城河結冰的樣貌。

秋 樹木在10月中～11月上旬,會染上一層艷紅,讓人感受到短暫的秋意。

夏 夏季的五稜郭洋溢著一片盎然綠意,可清楚見到城郭中央的箱館奉行所。

春 每年4月下旬～5月上旬共有1600多棵櫻花綻放,城郭呈現浪漫粉紅。

1樓商店

人氣的攝影景點

尋找 **土方歲三像** 吧!

↑位於2樓,以眾所周知的土方照片為原型製作

↑腰際插著長刀,右手持馬鞭的西式裝扮土方像。位於1樓大廳

展望1樓 透過玻璃地板眺望下方

最大特色為可清楚看見玻璃地板下方的透明樓層。此外,亦設有販售霜淇淋的咖啡攤。

透明樓層
地板鋪設強化玻璃,可清楚透視下方,相當驚悚,宛如在空中散步般。

使用山川牧場牛奶製成的霜淇淋300日圓

可在1樓商店購買的 五稜郭伴手禮

土方歲三饅頭(16顆裝)1234日圓
↑印上土方歲三名字的限定原創饅頭。外皮及紅豆內餡都使用大量黑糖製作

土方君磁鐵五稜郭塔與我 270日圓
五稜郭塔限定商品。為崇拜土方歲三的函館觀光導覽員「土方君」人氣商品,最適合作為伴手禮

GO太君玩偶→ (L)1728日圓
五稜郭的吉祥物GO太君玩偶。高約30cm,可當成參觀五稜郭的紀念

需時 1小時

五稜郭塔

●ごりょうかくたわー

☎0138-51-4785　MAP 附錄②9 C-2

這座位於五稜郭公園旁,高達107m的白色展望塔,不僅可欣賞風景,館內也有不少可看之處。展望樓層設有360度環景窗戶,除了星形的五稜郭外,市區景緻也盡收眼底。此外,展望2樓設置了五稜郭歷史回廊,利用模型、展示牌等說明,清楚介紹函館歷史。

🕐8:00～19:00(10月21日~4月20日為9:00～18:00)　休無休　¥900日圓　所函館市五稜郭町43-9　🚃市電五稜郭公園前站步行15分　P使用五稜郭觀光停車場等公共停車場

奉行所內部 是這個樣子!

館內依主題分為4大區,可沿著指示路線參觀。請脫下鞋子,仔細走過館內每一區。

歷史發現區
使用展示板等方式詳細解說五稜郭及箱館戰爭歷史。此外,也可學習到與這些歷史相關的人物生涯。

再現區
共4間房、72張榻榻米大的大廳間過去主要為每年固定儀式使用,為奉行所內位階最高的地點。可感受到江戶時代發生的事件及風情。

建築復原區
介紹日本傳統建築技術的復原工程設計,以及當初施工樣貌。更可實際觸摸木材連接處的結構,了解相關知識。

影像播放區
以17分鐘的高畫質影片介紹歷經4年完成的復原工程,包含工匠們對復原奉行所的講究之處。

箱館奉行所 **需時 30分**

●はこだてぶぎょうしょ

☎0138-51-2864　MAP 附錄②9 C-2

隨著幕末箱館開港,因而設置了這座江戶幕府的官署。今日則依據過往的舊照片、圖片、文獻資料,復原昔日樣貌。使用建築當時的產地材料及工法建造,於2010年完工。在館內可了解傳統建築技法及五稜郭歷史。

🕐9:00～17:45(11～3月～16:45)　休無休(可能因整理館內而臨時休館)　¥500日圓　所函館市五稜郭町44-3　🚃市電五稜郭公園前站步行18分　P使用五稜郭觀光停車場等公共停車場

↺箱館奉行所咖啡豆1080日圓,可在家重溫於函館所飲用的咖啡豆

↺箱館奉行所咖啡 310日圓

過往位於奉行所正面的板庫,今日則復原為「お休み処いたくら柳野」,除了提供飲品、霜淇淋外,也販售獨家奉行所伴手禮。

MAP 附錄②9 C-2
🕐9:00～18:00(11～3月～17:00)　休無休

對面還設有休憩處

咖啡廳閒適時光
餐廳

五稜郭地區開設了不少寬敞、氛圍沉靜的咖啡&餐廳，在漫步五稜郭公園途中也可順道繞去逛逛，優雅地享受美味餐點及咖啡輕食吧。

MAP 附錄②9 C-3
れすとらんみのわ
Restaurant 其輪
☎0138-51-2051

創業於昭和62（1987）年的正統派法式餐廳，使用函館海產等極具季節風味的食材，結合細緻調味，製作出美味餐點。事前提供自己的需求，餐廳也能配合、設計適合的餐點。

🕐11:30～13:30、17:30～20:00　🈶週一　📍函館市杉並町4-30　🚃市電杉並町步行5分　🅿10輛

發揮素材原味的烤牛肉為店家招牌

也提供午餐
B全餐 2160日圓
C全餐 3240日圓

烤牛肉
5400日圓
店家的招牌料理，使用最高等級A5的日本國產黑毛和牛菲力製作。亦提供7560日圓以上的晚間全餐。

富含道產海鮮的海鮮沙拉
1080日圓
加入7～8種當季盛產海鮮，結合具有爽口酸味及水果清香的醬汁一同享用。

↑店內裝潢雖簡單，氛圍卻精緻、優雅

MAP 附錄②9 C-3
れすとらんばすく
Restaurante VASCU
☎0138-56-1570

舉辦世界料理學會、函館西部地區酒吧街等活動，深受全國各地矚目的正統派西班牙餐廳。食材多使用近海產的海鮮、自家菜園栽種的蔬菜等，令人見到店家堅持地產地消的原則。雖為正統餐廳，但卻不需過於拘謹，可輕鬆用餐的環境也是其魅力之一。

🕐11:30～14:00、17:00～20:00　🈶週三　📍函館市松陰町1-4　🚃市電杉並町站步行5分　🅿8輛

↑進入店內，首先就被吊掛於樑下的自家製生火腿所吸引

晚間全餐
（渡島半島的料理）
4645、6480、8640、10800日圓
招牌為自家製生火腿，經過鹽漬、去鹽、發酵及熟成等作業，耗上2個冬天1個夏天的時間。圖為料理一例。

午間全餐MenuA
1945日圓

與嫻靜住宅區融合的高雅店鋪

MAP 附錄②9 C-3
カフェレストランベリーズバー
Cafe Restaurant PERRY'S BAR
☎0138-83-6008

這家法國料理餐廳位於住宅區中，深受在地人的喜愛。使用北海道及日本各地嚴選素材，創造出色彩繽紛、外觀也相當吸引人的餐點。

🕐11:30～13:30、17:30～20:30（週日、假日～20:00）　🈶第1、3、5週一（此外亦有臨時公休）　📍函館市松陰町1-7　🚃市電杉並町站步行5分　🅿9輛

也提供午餐
Perry's Lunch A
2200日圓

在地人喜愛的休閒風創意法國料理

晚間全餐A
5500日圓
主餐為白老產黑毛和牛沙朗牛排。主餐共有5種料理供顧客選擇，圖為其中一例。

店內使用白樺木裝飾，令人印象深刻，

↑店內氛圍沉靜

簡單調理才能充分引出美味

午間全餐
1650日圓

MAP 附錄②8 D-2
びすとろはく
BISTRO HAKU
☎0138-53-8486

不管是一個人，還是與家族同行，都能在這家餐酒館享用美食。熟知在地食材的主廚擅長活用素材本身美味及香氣，並以最簡單的方式調理，讓顧客充分享用當季食材的美味。此外，店內豐富的紅酒品項也與料理十分搭配。

🕐11:00～14:15、18:00～22:00　🈶週日　📍函館市本通1-7-18　🚌本通小学校前巴士站即到　🅿4輛

燉煮牛尾
1980日圓
花上8小時仔細燉煮的牛尾肉入口即化。此外也有許多適合搭配葡萄酒的料理。

↑店內挑高、寬敞

MAP 附錄②9 B-1
れすとらんらたーち
Restaurant La tachi
☎0138-43-8118

可同時在店內享受到道地料理以及休閒氛圍。活用素材美味製作的全餐料理及夜間限定的甜點推車也深受好評。店內採開放式廚房設計，拉近眾人與主廚間的距離，還可近距離欣賞廚師製作餐點的樣貌，十分有趣。

🕐11:30～13:30、18:00～20:00（週二僅開放午餐、週日僅開放晚餐）　🈶第1週三　📍函館市龜田本町3-24　🚃JR五稜郭站步行8分　🅿4輛

La tachi
全餐（晚）
5500日圓
石狗公湯，需事先預約。圖為餐點其中一例。

也提供午餐
推薦午餐
1080日圓

在「街上的洋食店」享用正統法國菜

函館市區

夜景 特輯

市電 特輯

西部地區 元町 P.28

灣區 十字街 P.44

函館站前 大門地區 P.56

五稜郭 P.68

湯之川 P.78

伴手禮 特輯

地區 道南

大沼 P.92

北斗 P.96

木古內 P.100

江差 P.102

松前 P.104

位於五稜郭公園旁
在盎然綠意中享受遲來的早餐

賴床套餐 880日圓
8～12時的時間限定
料理。2款烤麵包
搭配季節水果、優
格及飲料。

→Pibery綜合咖啡490日圓

找一家舒適的獨棟

咖啡廳 &

MAP 附錄②9 C-2
ビーベリー
Pibery
☎0138-54-0920

🕐8:00～18:00（週日～17:00）、11～3月為9:00～18:00（週日～17:00）　休週一、第2週二　所函館市五稜郭町27-8　🚃市電五稜郭公園前站步行15分　🅿10輛

店內充滿木頭氣息，讓人可在此享受悠閒氛圍。手工麵包、甜點及自家烘焙咖啡最受歡迎。天氣好時，還可在面朝五稜郭公園的露台享受最美好的咖啡時光。

→透過大片窗戶欣賞五稜郭公園的美景

MAP 附錄②9 C-1
なついこーひーぶりゅっけ
夏井珈琲Brücke
☎0138-52-3782

🕐11:00～21:30　休週三（逢假日則營業）　所函館市五稜郭町22-5　🚃市電五稜郭公園前站步行20分　🅿7輛

→室內裝潢致力於追求舒適感

這座獨棟咖啡廳受四季花海所環繞，是由熟知咖啡美味的老闆所經營，為自家烘焙咖啡專賣店。共有3種口味的自家製聖代等適合搭配咖啡的甜點也深受女性等族群歡迎。

就連餐具都有所堅持，
呈現出外觀也相當吸引人的餐點

鰻魚鹹派與
義大利麵套餐
（附霜淇淋、
咖啡或紅茶）
1188日圓
充滿鰻魚鹹味與香味
的鹹派，搭配以羅勒
調味的義大利麵。

在翻新的咖啡廳內
享受巨大聖代

23番地的
偶像聖代
3600日圓
以2公升裝容器製作
出這款特大聖代。
不少人會特地拍照
作為旅途的紀念。

→巧克力奶茶630日圓

MAP 附錄②9 C-3
ちゃくら
茶蔵
☎0138-56-3566

改建民宅而成的隱密咖啡廳。店內充滿溫暖、沉靜的木頭風味，提供豐富飲品，以及堅持全手作的美食。

→改建超過80年歷史民宅而成，完美融合店內的歐洲骨董家具

🕐11:00～17:30　休週四　所函館市杉並町23-25　🚃市電杉並町站步行7分　🅿7輛

在古典店內品味
招牌拉花藝術

MAP 附錄②9 C-3
おーるどにゅーかふぇ
OLD NEW CAFE
☎0138-55-2005

咖啡廳面朝本町的市電通而建，由知名咖啡大師所經營。老闆會依據顧客的形象，製作卡布其諾等咖啡上的拉花藝術。

布丁聖代 880日圓
當季水果加上布丁、
糖漬黃桃等配料的布
丁聖代。

🕐11:00～20:00（可對應預約時間營業；週日、假日僅午間營業）　休週一　所函館市本町32-6　🚃市電五稜郭公園前站步行3分　🅿無

→卡布其諾600日圓

→店內由馬賽克磁磚製成的吧檯，令人印象深刻

MAP 附錄②9 C-2
ろっかていごりょうかくてん
六花亭 五稜郭店
☎0120-12-6666

源自帶廣的甜點店，其餐點豐富的喫茶室內，可透過大片玻璃欣賞五稜郭公園景色，徹底放鬆身心。尤其櫻花盛開之時，還能看到最美的風景。

🕐10:00～17:00（商店為9:30～18:30、視時期而異）　休無休　所函館市五稜郭町27-6　🚃市電五稜郭公園前站步行10分　🅿18輛

→穩重氛圍相當適合其喫茶室的名稱

鬆餅
520日圓
正反面都塗滿奶
油，是充滿復古風
情的鬆餅。

透過窗戶欣賞五稜郭的四季
同時享用老店的甜點

品嘗用這家店才有的高超
燒烤技術烤出來的炭火串燒

☑ 店內Check
除了吧檯以外，也設有下嵌式
座位。下嵌式座位還可拉下廉
子，搖身一變成為包廂

只有這裡可以吃到
西京味噌烤豬肉，
是最好吃的料理！

店長　山本健先生

↑前方左邊的西京味噌串燒豬肉（2根）380
日圓為店家招牌菜色。綜合生魚片（時價）及
高湯玉子燒480日圓也頗受歡迎。此外，全年
皆提供田酒（1合）800日圓，令人開心

→店家連食材的熱度都相當講究，
使用特別訂製的烤台來燒烤

在酒吧或居酒屋熱鬧地玩到深夜

的夜晚

五稜郭地區有不少居酒屋及酒吧林立，更是適合玩通宵的地點。
本篇特別介紹日式、西式等不同類型的飲酒店家，不妨選擇喜愛
的店，享受函館的夜晚吧。

居酒屋
串燒きかいもり　L.O.22時
●くしやきかいもり
☎0138-51-2812　MAP 附錄②9 C-3

從大馬路繞進巷子內，就可見到這
家風格隱密的居酒屋。店家在常
見的餐點上也耗盡心力，就連串燒台
及串燒的串法、一旁添加的調味料等
細節都十分講究，更提供各種令人感
受到專業技術的餐點。

↑位於自鬧區有一小段距離的寂靜
地段

🕒17:30～22:00　休週一
所函館市本町31-3-102
交市電五稜郭公園前站即到
P無
預算：3900日圓

居酒屋
地元家　L.O.24時
（餐點為23:30）
●じもとや
☎0138-55-1777　MAP 附錄②9 C-3

由函館早市的螃蟹專賣店所經營的
居酒屋，店家透過專家的眼光，
嚴選道內各地的當季螃蟹製作餐點。
除了新鮮海產外，也有豐富的燒烤及
炸物餐點。此外，店家也仔細挑選約
50款日本酒，更有日本酒侍酒師，可
協助顧客挑選適合搭配料理的酒。

☑ 店內Check
下嵌式座位的包廂擁有懷舊的
矮桌。此外，也設有多人可同
歡的和式座位

←日本酒品質
鑑定士常駐的
店家

🕒17:30～餐點23:30、飲品
24:00　休週三　所函館市本町
5-16　交市電五稜郭公園前站
即到　P無
預算：3000～4000日圓

價格實惠的
螃蟹料理
很受歡迎

↑店家位於
鬧區，自市
電五稜郭
站步行僅
1分距離

←使用店內水槽內的烏賊
製作成生烏賊（時價）

←使用整條松葉蟹蟹腳製作成奢侈的
「整隻蟹腳可樂餅」620日圓

←↓酪梨關東煮330日圓
可使用湯匙挖起後食用。
白蘿蔔、烤豆腐、蹄等必
備配料各220日圓～

說到函館的關東煮就會想到這家名店

↑濃醇奶油風味的「三
大螃蟹　螃蟹奶油可樂
餅」（2個）780日圓

☑ 店內Check
除了吧檯座位外，也有稍微
挑高的座位。老闆娘賓至如
歸的接待令人舒適

居酒屋
おでん 冨茂登　L.O.22時
●おでんふもと
☎0138-55-7799　MAP 附錄②9 C-3

昭和36（1961）年創業於寶來町，
為了讓在地人可以更輕鬆享受美
食，故於2006年遷移至五稜郭。創業
後不斷添加高湯製作的關東煮，除了
白蘿蔔、雞蛋等必備食材外，更提供
酪梨、番茄等特殊品項。不僅關東
煮，店家更提供生魚片、烤魚等豐富
的單點料理。

↑環境輕鬆，獨自前來的女性
顧客也相當多

🕒17:30～22:00　休週一
所函館市本町4-9 五稜郭ハ
イム1F　交市電五稜郭公
園前站即到　P無
預算：4200日圓

函館市區

以石窯燒烤的羅馬披薩最受歡迎

請放心前來享用店裡的招牌披薩

老闆 久末成彌先生

→薄麵皮、口感輕盈的「SoL的瑪格莉特披薩」1350日圓

→番茄奶油紅蝦義大利麵 1300日圓

Dining Bar
PIZZERIA LOUNGE SoL
●ぴっつぇりあらうんじそる

☎0138-32-5044　MAP 附錄②9 C-3

週五、六、假日前日L.O.翌1時

這家義式Lounge面朝道路而建，採落地玻璃窗。使用道地石窯燒烤的義式披薩為店家招牌餐點，亦提供義大利麵、各種單點料理。店內的義式雞尾酒相當受女性顧客所喜愛，可在時尚氛圍中享受美食與美酒。

↑週末店內一位難求，需事先預約

🕐18:00～餐點24:00（週五、六、假日前日～翌1:00）　休週二（逢假日則翌日休）　所函館市本町6-14　市電五稜郭公園前站即到　P無
預算：3000～4000日圓

店內Check
設有可見到開放式廚房的吧檯座位，以及沙發座位、用玻璃隔開的包廂

→由義大利專家在北海道製作的瑞考塔起司 800日圓

ENJOY！
五稜郭

對素材的堅持與專家技巧相輔相成的店鋪

燒烤扇貝907日圓（前）、福島町黑米烏賊飯756日圓（後）

居酒屋
肉鍋と肴 どんぐり
●にくなべとさかなどんぐり

L.O.23時

☎0138-76-4217　MAP 附錄②9 C-3

提供加入在地食材的鄉土料理，以及成吉思汗烤肉等餐點。除了綜合生魚片等海產料理外，更使用北海道產的鹿肉、棕熊肉，以及馬肉、羊肉、豬肉及鬥雞等肉類，製作成成吉思汗烤肉、壽喜燒或涮涮鍋等料理。

↑店家位於丸井今井後方的建築物2樓

🕐17:30～23:00　休週日　所函館市本町32-9　市電五稜郭公園前站即到　P無
預算：3500日圓

店內Check
提供以下嵌式座位為主，可容納2～35人的各種大小包廂

→「道產鹿肉鍋」（1人份）1300日圓

使用在地魚產製作的活魚料理也深受歡迎

→可享用到當天推薦新鮮生魚片的「11項綜合生魚片」2041日圓（至少需於1日前預約）

店內Check
全店採下嵌式座位包廂，可在此享受舒適的用餐時光。由於店家頗受歡迎，建議事先預約

居酒屋
函館海鮮居酒屋 魚まさ 五稜郭総本店
●はこだてかいせんいざかやうおまさごりょうかくそうほんてん

L.O.24時

☎0138-53-1146　MAP 附錄②9 C-3

所有素材皆選用清楚了解產地及生產者的優質食材，更是擁有積極使用在地產品的「綠燈籠5顆星」認證店鋪，受到許多在地人的支持。除了烏賊外，黑鮪魚及扇貝料理也十分美味。

↑深受在地人的喜愛，平日也會湧入許多顧客

🕐17:30～24:00（週五、六、假日前日～翌1:00，週日～23:00）　休無休　所函館市本町4-7　市電五稜郭公園前站步行3分　P無
預算：5000日圓

五稜郭公園前｜以珍貴的在地魚類料理受到歡迎

美食 四季 粹花亭
●しきすいかてい

☎0138-51-1810　MAP附錄②9 C-2

使用各個季節的當季盛產素材製作餐點，深受好評。餐點內容視當天進貨的食材而調整，菜單也僅有三種全餐料理。必須至少於用餐前一日預約。

預算 4000日圓～

↑全餐料理共6道菜，如綜合生魚片等

🕐18:00～22:00　休週三　所函館市本町20-6　市電五稜郭公園前站步行5分　P無

杉並町｜風味絕佳的手打蕎麥麵

美食 手打ち蕎麦きたわせ
●てうちそばきたわせ

☎0138-87-0605　MAP附錄②8 D-3

使用北海道內最優質的蕎麥粉，結合仔細熬煮的醬汁，是家堅持製作美味的蕎麥麵店。五稜郭地區也有其分店。

預算 1000日圓

🕐11:00～14:30　休週二　所函館市松陰町10-16　市電杉並町站步行5分　P7輛

↑天使蝦蒸籠蕎麥麵1600日圓　附炸蝦及炸季節蔬菜

更棒的玩法｜深受在地市民喜愛的美食景點

市電五稜郭公園前站周圍，是在地居民聚集的鬧區。下午可到時尚咖啡廳度過悠閒時光，夜間則可到霓虹燈閃爍的本町地區，享用在地居民常去的居酒屋美食。此外，五稜郭也是充滿藝術、文化氣息的街區，因此美術館及各種資料館也不容錯過！

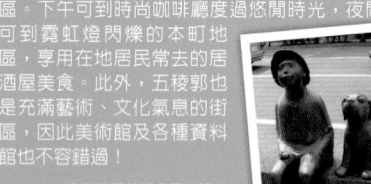

↑前往五稜郭公園的路上，可見到許多公眾藝術

五稜郭公園前｜豐富的複合式料理

美食 creative dish goen
●くりえいてぃぶでぃっしゅごえん

☎0138-84-1535　MAP附錄②9 C-2

可享用到多種類型的豐富原創料理＆酒類的成熟風居酒屋。餐廳也提供午餐，綜合多樣菜色的拼盤料理也極受歡迎。午間、夜間的氛圍截然不同。

預算 1000日圓、3500日圓

↑goen的午餐拼盤1200日圓

🕐11:45～14:00、18:00～22:00、週六晚～23:00　休週日(逢假日前日則翌日休)　所函館市本町22-11 グリーンエステート1F　市電五稜郭公園前站步行3分　P4輛

↑店內氣氛隱密

五稜郭公園前｜輕鬆享用割烹料理

美食 くずし割烹 和のふ
●くずしかっぽうわのふ

☎0138-32-4343　MAP附錄②9 C-2

除了函館外，也堅持選用各地當季食材，讓顧客可在日式沉靜氛圍中輕鬆享受割烹料理。

預算 6000～7000日圓

↑每月宴席全餐的其中一例。1人席即可享用

🕐17:30～22:00(逢假日則翌日休)　休週日　所函館市梁川町22-19　市電五稜郭公園前站步行5分　P3輛

↑設有一人也可輕鬆享受用餐的吧檯座位

杉並町｜保留當時樣貌的女校

景點 遺愛學院舊宣教師館
●いあいがくいんきゅうせんきょうしかん

☎0138-51-0418　MAP附錄②9 C-3

需時 10分

這間女校創校於明治16(1883)年，為當時東京以北最早的女校。占地內保留了當時作為女性傳教士所居住的洋房，也獲指定為日本國家重要文化財。

↑為國家指定重要文化財

🕐自由參觀(僅外觀)　休週日、假日　所函館市杉並町23-11　市電杉並町站即到　P無

五稜郭公園前｜集結購物及美食樂趣的複合設施

購物 SHARE∧STAR HAKODATE
●しえすたはこだて

☎0138-31-7011　MAP附錄②9 C-3

需時 2小時

建造於五稜郭地區中央地帶的複合式設施，設置有內用區的美食街，以及店家皮革製品店OZIO的分店等店鋪，可同時享受購物及美食之趣。

↑位於市電五稜郭公園前站前，交通便利

🕐10:00～20:00(視設施而異)　休無休　所函館市本町24-1　市電五稜郭公園前站即到　P使用特約停車場

↑美食街「SHARE∧STAR Kitchen」共有11家店鋪進駐

五稜郭公園前｜重現懷舊的大眾食堂美味

美食 Dining Kitaichi 味彩食堂
●だいにんぐきたいちあじさいしょくどう

☎0138-87-0501　MAP附錄②9 C-2

預算 800日圓、1500日圓

店家為以鹽味拉麵聞名的「函館麵廚房あじさい」的系列店，重現あじさい前身為洋食店家「北一食堂」的大眾食堂餐點。

↑拿坡里義大利麵650日圓

🕐10:30～20:25　休第4週三(有時期性變動)　所函館市五稜郭町29-22　市電五稜郭公園前站步行10分　P8輛

↑與「函館麵廚房あじさい本店」築物相同

五稜郭公園前｜展出北海道藝術家的美術作品

景點 道立函館美術館
●どうりつはこだてびじゅつかん

☎0138-56-6311　MAP附錄②9 C-2

需時 1小時

展出書道家金子鷗亭、畫家田邊三重松等與道南地區關係密切者的作品，戶外廣場則展出近代雕刻巨匠布德爾的女性雕像。

↑雷諾瓦的《勝利的維納斯》

🕐9:30～16:30　休週一(逢假日則開館，設有國定假日補假)　¥260日圓(特別展費用另計)　所函館市五稜郭町37-6　市電五稜郭公園前站步行7分　P215輛

PICK UP! 五稜郭公園的隱藏版吉祥物!? Gosshi

這個妖怪Gosshi以悠游於公園河中的鯉魚為原型設計，會不定時出沒，遇到了就代表相當幸運！野田貸ボート店售有Gosshi周邊商品。

↑郭散吉祥發出物力在的五地稜

↑Gosshi T恤2500日圓

↑包裝上畫有Gosshi圖樣的零嘴DON de MACARONI糖奶油口味400日圓

PICK UP! 閒適周遊 划著小船逛遍五稜郭公園

五稜郭公園前 野田貸ボート店
●のだかしぼーとてん

☎0138-51-9327　MAP附錄②9 C-2

需時 30～40分

創業於大正11(1922)年的老牌小船租借店，可租借小船，花上30～40分鐘繞行一周，享受不同角度的五稜郭公園美景。店家還保留1艘已使用30～40年，現在相當少見的木造船，可享受古典氛圍。

🕐4月中旬～10月底的9:00～17:00(受理時間)　休不定休(風勢過強、雨天則公休)　所函館市五稜郭町44-5(五稜郭公園內)　市電五稜郭公園前站步行15分　P無

↑位於五稜郭公園內的二之橋附近，位置明顯好辨認

↑白色小船為今日唯一一艘木造船，只為擁有造船師傅的函館才有的情景

↑老闆在門口繪製了天使翅膀，成為絕佳的拍照景點

幕末男子的悲壯軌跡
至今仍擄獲許多日本人心的英雄

土方歲三的生涯

成長歷程

土方歲三生長在武藏國（今日的東京都日野市）一座富有農家中，為6個小孩（也有一說為10個小孩）中的老么。與其端正相貌相反，土方歲三小時候相當粗暴，更從不立志「想成為武士」。土方歲三曾在一處稱作試衛館的道場中練習劍道，之後，他也在這座道場遇到後來的夥伴近藤勇。

27歲・新撰組

文久2（1862）年，幕府以護衛將軍之名，召集了浪人，也成為新撰組的起源。之後，土方歲三與近藤勇逐漸掌握了組織的實權，但慶應3（1867）年10月，第15代將軍德川慶喜卻決定將政權交回朝廷，宣告江戶幕府時代即將結束。然而，包括新撰組在內的舊幕府派人馬無法接受此事實，便於各地發起對新政府的抗戰。

33歲・戊辰戰爭及蝦夷地偽政權

慶應4（1868）年，源自鳥羽、伏見之戰的戊辰戰爭爆發，舊幕府軍戰敗。之後，土方等人便與希望開拓蝦夷地、率領舊幕府逃兵的榎本武揚合作，一路前往蝦夷地。

↑帶著土方到蝦夷地的榎本武揚
↓曾為蝦夷地偽政權根據地的箱館奉行所

35歲・箱館戰爭及其生命之終

明治2（1869）年4月，新政府展開攻擊。五稜郭內的軍事議論中，土方主張徹底抗戰，並挺身而出，自願擔

明治元（1868）年，舊幕府逃兵登陸蝦夷地後，首先佔領的便是箱館郭前城。之後陸續攻陷松前城，榎本眼看就可成功平定蝦夷地。榎本便設立了蝦夷地偽政權，並經士官以上官階者的投票，讓榎本成為總裁，土方則成為陸軍奉行並

任隊長與新政府軍抗戰。沒想到，這一次出兵卻成為土方歲三最後一場戰役，享年35歲。面對從箱館登陸後反攻的新政府軍，土方救援舊幕府逃兵未果，在折返途中遭遇砲火

襲擊而倒地。關於土方歲三臨終之際畫面眾說紛紜，包括「騎著馬遭受襲擊」、「被同伴狙擊而死」等，至今仍壟罩在謎團當中。在土方死後6日，舊幕府逃兵宣告投降，箱館戰爭也畫下句點。雖然土方歲三死亡之地也眾說紛紜，但目前最有力的說法是一本木（今函館市若松町）一帶。至今仍有許多支持者上前獻花致意。

舊幕軍鷲之木上陸地
●きゅうばくぐんわしのきじょうりくち
榎本武揚率領的舊幕府逃兵首次登陸蝦夷地之處，就是森町這座可眺望駒岳的海岸
MAP 附錄②1

圖片提供／土方歲三資料館

土方歲三最期的地碑
●ひじかたとしぞうさいごのちひ
位於函館市若松町，不少來自日本各地的支持者仍會至此獻花
MAP 附錄② 6 C-2

碧血碑
●へっけつひ
設立於函館山山麓，有800多人戰死的舊幕府逃兵長眠於此。據說土方遺骨也埋葬於此處

詳見→P.41
MAP 附錄②3 A-4

何謂箱館戰爭？

明治元（1868）年，新政府軍與舊幕府軍間的戰爭在箱館五稜郭一帶爆發。當時舊幕府軍佔領了五稜郭，並將戰事拓展至函館、道南地區。之後也將針對此，新政府軍也展開反擊，並以壓倒性的戰力差別打敗了舊幕府軍。就這樣延續了2年左右，這場新舊交替的戲碼才宣告閉幕。

箱館戰爭相關景點
不只有五稜郭而已！

湯之川溫泉
←據說戰爭期間榎本武揚與傷病兵皆會至此泡湯。湯之川鄰近「榎本町」之名也源自其姓氏
詳見→P.78

土方・啄木浪漫館
←展出土方歲三所戴的頭巾等珍貴展品，還可更詳細了解土方的生涯
詳見→P.82

松前城
←這是日本最後的日式城郭，也是北海道唯一一座城。此外，也是攻陷土方歲三的箱館戰爭一大戰場
詳見→P.104

四稜郭
←為防範五稜郭後方來襲的攻擊而建的土牆遺跡，如蝴蝶展翅般的外型為其特色。
詳見→P.79

↑每年5月箱館五稜郭祭（P.13）時舉辦的維新遊行隊伍

GOAL 16:00 市電湯之川溫泉
步行1分
不要忘了帶毛巾

15:10 湯巡禮舞台（足湯）P.82
除走累了疲勞雙腳就到這裡！
步行7分

14:30 湯処永寿湯温泉 P.80
100%天然溫泉的泉水熱到不行
步行11分

低溫中也能享受44度的暖和溫泉

14:00 函館市熱帶植物園 P.82
到暖稱猿山之處看看猴子
冬天還可見到漫泡溫泉的猴子們
步行15分

13:10 湯倉神社 P.82
可順道繞去逛逛湯川溫泉發祥之地紀念碑
輕鬆逛至此處後再參拜吧
步行3分

START 13:00 市電湯之川

湯之川（ゆのかわ）地區指南

洋溢著歷史浪漫情懷與港都風情的溫泉鄉

享受漫步美食及溫泉巡禮

湯之川溫泉位於可眺望津輕海峽的海岸線及松倉川沿岸，集結了約30座溫泉設施，是北海道首屈一指的溫泉鄉。擁有開湯於承應2（1653）年的歷史，目前每年約有180萬人至此住宿，是相當受歡迎的溫泉勝地。除了在旅館內放鬆身心外，周邊也有不少景點，不妨一邊漫步，一邊品嘗各種美味。漫步行程中包含湯之川溫泉發祥神社，可見到猴子的熱帶植物園，還有相當暖和的大眾溫泉浴場，以及可消除雙腿疲勞的足湯等，處處都充滿魅力。夏天到深秋的夜晚，還可見到搖曳在海面上的烏賊漁船燈火，部分旅館更能在泡湯之際欣賞海上的點點漁火。

從湯元漁火館（P.80）看見的漁火景象

漫步的訣竅！

出發前請check!

1. 全日本離機場最近的溫泉街，可有效安排行程
若為3天2夜的行程，建議第1晚可住宿於函館市區，第2晚則至湯之川溫泉過夜，回程直接前往機場即可。

2. 有不少小吃店鋪，務必品嘗
COFFEE ROOMきくち（P.82）的霜淇淋、後藤精肉店（P.82）的炸肉排、銀月（P.82）的串糰子等提供各種小吃的店鋪櫛比鱗次，泡湯之餘也能順道逛逛。

COFFEE ROOMきくち的霜淇淋及銀月的串糰子很受歡迎

3. 前往不住宿溫泉或大眾浴池時請自備毛巾
不少不住宿溫泉或大眾浴池必須付費才能使用毛巾、浴巾，因此自行攜帶毛巾較為安心。泡足湯時也可帶著毛巾前往。

4. 事先瀏覽湯之川溫泉協同組合的網頁
網站上刊登了8月中旬舉辦的「湯之川溫泉煙火大會」等豐富溫泉資訊，以及各種住宿設施資訊，可安心諮詢。

湯之川溫泉煙火大會為受歡迎的夏季特色活動

函館市區
夜景特輯
市電特輯
元町西部地區 P.28
十字街 P.44
大門地區函館站前 P.56
五稜郭 P.68
湯之川 P.78
伴手禮特輯
道南地區
大沼 P.92
北斗 P.96
木古內 P.100
江差 P.102
松前 P.104

從湯之川地區出發 函館郊外私房景點

湯之川地區前往函館機場或郊外都相當方便，因此也可拓展旅遊範圍，前往私房景點探索。

距離湯之川車程20分
四稜郭
○しりょうかく

造型奇特的西式土牆遺跡
☎0138-27-3333（函館市元町觀光服務處）
MAP 附錄②14 C-3

位於五稜郭以北3km處的西式土牆遺跡。明治2（1869）年，為預防來自五稜郭後方的攻擊，因而緊急建造。土牆外型宛如蝴蝶展翅般奇特，並於昭和9（1934）年獲指定為日本國家史跡。

🕐自由參觀
📍函館市陣川町59
🚌JR函館站搭往上陣川的函館巴士30分，赤川入口下車步行30分
Ｐ有

⬆占地約2300㎡。土牆內四角設有砲台

距離湯之川車程25分
舊戶井線拱橋
○きゅうといせんあーちきょう

☎0138-82-2115（函館市戶井支所產業建設課）
MAP 附錄②1

遺留於夢幻鐵路沿線的水泥拱橋
這條橋位於昭和12（1937）年為運輸軍用物資而建的鐵路遺跡上，當初因缺乏建材，僅建設了幾公里。可沿著國道欣賞其景觀。

🕐自由參觀
📍函館市汐首町
🚌JR函館站搭往惠山御崎或戶井原木的函館巴士50分，汐首灯台下車即到
Ｐ無

⬆拱橋外型宛如古羅馬水道橋

距離湯之川車程20分
函館 蔦屋書店
○はこだてつたやしょてん

☎0138-47-6565
MAP 附錄②14 B-3

創造新生活型態的書店＆咖啡廳
東京代官山深受歡迎的蔦屋書店第一家地區店。書籍數量為代官山店的4倍之多，更由精通各領域的事業顧問負責選書，創造出這座受書香環繞，令人感到悠閒的創新空間。

🕐7:00～翌1:00 🚫無休 📍函館市石川町85-1 🚌JR函館站搭往新函館北斗駅的函館巴士30分，新都市病院前下車步行10分 Ｐ650輛

➡位於函館新道旁，設有星巴克及室內公園

⬆在店內的北海道產家具上充分放鬆。除了販售書籍、DVD外，也有餐廳進駐

往湯之川方向
首班車:6:09
末班車:3:07

往谷地頭方向
首班:平　日 6:19
　　週六日·假日 6:26
末班車:21:24
　　23:12

往函館船場前方向
首班車:6:14
末班車:21:48
　　23:12（往駒場車庫）

往谷地頭方向
首班車平　日 6:18
　　週六日·假日 6:25
末班車:21:23
　　23:11（往駒場車庫）

往函館船場前方向
首班車6:13
末班車:21:47
　　23:11（往駒場車庫）

步行3分

自行車3分

湯之川溫泉
Hakodate Hotel Banso

N
0 — 200m
1:12,000
津輕海峽

想在湯之川品嘗！
招牌美食

鮨処 木はら的
壽司 附錄1 P.6
由生長於漁夫家庭的師傅使用當季海鮮製作各種握壽司

BLUE TRAIN的
鹽味拉麵 附錄1 P.8
進到使用列車車廂改造的店內，享用味道清爽又多層次的拉麵

湯之川地區就是這個樣子！

必逛區域
湯之川溫泉

注目焦點1 溫泉 P.80
溫泉每日的湧出量高達7000噸之多，相當豐沛。其泉質為無色透明的鈉·鈣氯化物泉。泉水清澈，擁有絕佳保溫效果。源泉溫度高達65度，為調整其溫度，大多會於浴池中加水調整。

注目焦點2 漁火
了溫泉街的旅遊氣氛。至清晨，多數溫泉旅館都可見到漁船為捕撈烏賊所點亮的燈光。每年6～12月可見到的漁火是湯之川溫泉的特殊景緻。每天深夜都增添

注目焦點3 湯倉神社 P.82
神社位於市電終點站「湯之川」附近，此處也被譽為湯之川溫泉發祥之地，境內石梯下有「湯川溫泉發祥之地碑」。此外，神社主要保佑健康長壽，可在漫步途中前往參拜。

更多小知識
湯之川溫泉的歷史
據說溫泉為享德2（1453）年時發現湧泉而開始。明治19（1886）年，在挖掘水井工程中，挖到每分鐘可湧出140ℓ的泉水，因而成為熱鬧的溫泉療養地。

ACCESS

函館機場
🚌巴士8分
▼
湯之川溫泉

市電 函館站前
🚋市電32分
▼
市電 湯之川

市電停車站共有「湯之川溫泉」及「湯之川」終點站2處，請沿著湯之川線逛逛這些店家。加留意的各種湯之川店街聚集有亦在地店鋪中選途下車，在商店街中多

湯元啄木亭
●ゆもとたくぼくてい

位於頂樓的露天浴池

☎ 0138-59-5355
MAP 附錄②8 E-4

湯之川溫泉內最大型的飯店，在其大浴場及空中露天浴池泡湯時，都可享受函館夜景及海上漁火。

∭溫泉資訊∭
🕐 13:00～21:00
🛁 800日圓

溫度 40～42℃
效能 割傷、燙傷、虛弱體質等

無休　函館市湯川町1-18-15　市電湯之川溫泉站步行5分　P 80輛

湯之濱飯店
●ゆのはまほてる

浴池各有不同特色

☎ 0138-59-2231
MAP 附錄②8 F-4

設有岩石浴池、檜木浴池等不同浴池的大浴場深受歡迎。其中露天浴池還可眺望津輕海峽美景。

∭溫泉資訊∭
🕐 13:00～20:00
🛁 1000日圓

溫度 39～42℃
效能 神經痛、肌肉痛、關節痛等

無休　函館市湯川町1-2-30　市電湯之川溫泉站步行8分　P 60輛

湯元漁火館
●ゆもといさりびかん

豐富泉量

☎ 0138-57-1117
MAP 附錄②2 E-3

採用100%源泉的天然溫泉。可觀賞海景的露天浴池充滿特色，新鮮的海產也是魅力之一。

∭溫泉資訊∭
🕐 13:00～20:30
🛁 500日圓

溫度 43～44℃
效能 腸胃疾病、婦科疾病、風濕等

無休　函館市根崎町375-1　JR函館站搭往日吉營業所的函館巴士25分，熱帶植物園前下車步行10分　P 60輛

溫泉比一比

老牌大眾浴場？

玩樂方式　利用湯之川溫泉最引以為傲的泉水洗去旅途的疲憊。飯店或旅館的不住宿溫泉，以及在地人最愛的大眾浴場，喜歡哪一種呢？

大黑屋旅館
●だいこくやりょかん

老牌溫泉旅館

☎ 0138-59-2743
MAP 附錄②8 F-4

創業於大正7（1918）年的老牌溫泉旅館。對於天然湧泉湧出的新鮮泉水相當有自信。

∭溫泉資訊∭
🕐 6:00～24:00　🛁 500日圓

溫度 43℃左右　效能 手腳冰冷、慢性皮膚炎、神經痛等

無休　函館市湯川町3-25-10　市電湯之川站步行5分　P 20輛

以偏熱的泉水聞名

∭溫泉資訊∭
🕐 6:00～22:30　🛁 440日圓

溫度 44～48℃　效能 割傷、燙傷、慢性皮膚病等

長生湯
●ちょうせいゆ

位於市電軌道旁的大眾浴場

☎ 0138-59-2681
MAP 附錄②8 F-4

這座小巧雅緻的大眾浴場充滿了懷舊氣息，中央的橢圓形浴池也隔出區塊，提供不同溫度的溫泉。

∭溫泉資訊∭
🕐 6:30～21:00　🛁 440日圓

溫度 45℃左右　效能 關節痛、肌肉痛、風濕等

週二　函館市湯川町2-20-9　市電湯之川站步行3分　P 8輛

湯処永寿湯溫泉
●ゆどころえいじゅゆおんせん

☎ 0138-57-0797
MAP 附錄②8 E-4

引進100%源泉，設有中溫48℃及低溫44℃兩種浴池，推薦喜愛熱水澡的旅客前往。

無休　函館市湯川町1-7-14　市電湯之川溫泉站步行8分　P 30輛

↑櫃台
←鞋櫃使用木頭鑰匙

佇立於溫泉街中心地帶

貸…包租浴池　　…免費（附贈或租借）　　…收費（租借或販售）　　…無　　※泉水溫度視季節變動

熱騰騰 湯之川溫泉 小故事

壹 湯之川溫泉開湯 是多虧了那個人!?

箱館戰爭時，舊幕府軍總裁榎本武揚讓傷病士兵至溫泉療養，自己也至此處泡湯。當時，他曾說過「在這裡挖大概30m深，就會有50℃的溫泉湧出」，而派人前往挖掘，果然成功挖出水溫54℃的豐沛泉水。

我要挖掘這裡！

貳 函館人最喜歡高溫了？

函館的溫泉、大眾浴場水溫都偏高。在更衣處，還常常見到因太熱而全身通紅的當地人在休息。此外，也有大眾浴場會設有高溫、中溫、低溫3種不同溫度的浴池。

↑這天永寿湯溫泉的溫度竟接近50℃！

↑首次體驗高溫水者先從低溫浴池泡起

參 猴子也喜歡溫泉!?

函館市熱帶植物園會引入湯之川溫泉的地熱，冬季也因為可見到浸泡於溫泉內的日本獼猴而聞名。猴子相當怕冷，在這裡就能透過湯之川溫泉暖和身子。

詳情請見P.82

讓人想在此放鬆身心的浴池

↑外觀時尚又具有復古氣息

←↓有壺湯等多種類型浴池

Hakodate Hotel Banso

●ほてるばんそう

☎ 0138-57-5061

MAP 附錄②8 F-4

江戶時期就開始使用的古湯，於2016年秋天重新整修開幕。充滿無色透明泉水的天然溫泉大浴場及寬敞的露天浴池為店家招牌。

休無休 所函館市湯川町1-15-3 交市電湯之川溫泉站步行5分 P60輛

♨溫泉資訊♨

⏰ 12:00～21:00 💴 1080日圓(不含入湯稅)

溫度 41～42℃
效能 神經痛、肌肉痛、手腳冰冷等

旅館的浴池？

ケロリン

湯之川

深受在地人及觀光客喜愛的大眾浴場

大盛湯

●たいせいゆ

☎ 0138-57-6205

MAP 附錄②8 F-4

這座使用天然溫泉的大眾浴場從戰前就開始營業，設有溫度不同的三座浴池，也是觀光客常前往的大眾浴場。

休第1、3、5週三 所函館市湯川町2-18-23 交市電湯之川站即到 P10輛

♨溫泉資訊♨

⏰ 6:30～21:30 💴 440日圓

溫度 42～49℃
效能 神經痛、肌肉痛、關節痛

↑櫃台販售洗髮精及毛巾等物品

↑在地常客還會帶著泡湯用的置物籃前來

←店家位於市電車站旁，也深受觀光客歡迎

🛁…浴巾 🧻…毛巾 🧴…洗髮精 🧼…肥皂 💨…吹風機 個…休息包廂 露…露天浴池

湯之川溫泉 ｜ 在地市民御用的足湯

玩樂 湯巡禮舞台（足湯）
●ゆめぐりぶたいあしゆ

☎0138-57-8988（函館湯之川溫泉旅館協同組合） MAP附錄②8 F-4

※電話諮詢請於平日9:00～17:00

足湯位於市電湯之川溫泉站附近，可盡情在此浸泡，讓身體更暖和。足湯不提供毛巾，請自行攜帶。

└9:00～21:00
休無休 ¥免費
所函館市湯川町1-16-5
市電湯之川溫泉站即到 P3輛

需時10分

↑已成為人氣休憩景點

↑足湯還設置一頂屋頂，每逢下雨天也能使用。溫泉水每天整個浴池內的一次

更棒的玩法

棒

漫步於可眺望津輕海峽、北海道首屈一指的溫泉勝地

知名的溫泉勝地湯之川又有「函館奧座敷」之稱，在旅館及大眾浴場泡湯後，還可逛遊石川啄木、土方歲三相關景點，來趟歷史之旅。而漫步途中更有不少小吃能滿足口腹之慾。想必是一趟內心及胃都能滿足的旅程。

↑流經溫泉街的松倉川也充滿特色

湯之川溫泉 ｜ 沙沙的口感令人欲罷不能!

購物 COFFEE ROOMきくち
●こーひーるーむきくち

☎0138-59-3495 MAP附錄②8 F-4

創業於昭和56（1981）年的老牌咖啡店，店門口販售的可外帶霜淇淋最受歡迎，更是在地無人不知、無人不曉的招牌商品。霜淇淋接近雪酪的沙沙口感最具特色。

└9:00～21:30(11～3月～21:00)
休無休 所函館市湯川町3-13-19
市電湯之川溫泉站步行7分 P10輛

懷舊氣息的黃色外牆醒目

↑最受歡迎的摩卡霜淇淋，可在店內以310日圓享用。

日乃出町 ｜ 啄木深愛的大森濱

玩樂 啄木小公園
●たくぼくしょうこうえん

☎0138-27-3333（函館市元町觀光服務處） MAP附錄②9 C-4

公園內立有石川啄木坐像，並以其生前常漫步、作歌的大森濱為背景。此外，亦設有長椅，可一面眺望海景一面放鬆。

└自由入園 所函館市日乃出町25 JR函館站搭往日吉營業所的函館巴士7分，啄木小公園下車即到 P10輛

↑啄木像由雕刻家本鄉新所製作、贈與

↑是眺望沒入津輕海峽的美麗夕陽絕佳景點

日乃出町 ｜ 學習函館相關人物知識

景點 土方·啄木浪漫舘
●ひじかたたくぼくろまんかん

☎0138-56-2801 MAP附錄②9 C-4

紀念館統整了2人的生涯，不僅展出土方在戰鬥時所戴的頭巾，還重現啄木執教鞭的彌生尋常小學教室樣貌。

└9:00～18:00 休無休
¥800日圓 所函館市日乃出町25-4 JR函館站搭往日吉營業所的函館巴士7分，啄木小公園下車即到 P20輛

需時1小時

↑位於及浪漫由這棟劇啄木佛火古者院通典與學本尊再築談與學生就在現

湯之川溫泉 ｜ 深受在地人喜愛的糰子

購物 銀月
●ぎんげつ

☎0138-57-6504 MAP附錄②8 F-4

深受在地人喜愛的知名糰子店。以100%北海道產米製成的上新粉，製作出「串糰子」，口感軟嫩到彷彿入口即化，常在傍晚前就已售完。

└8:30～17:30 休週二不定休 所函館市湯川町2-22-5 市電湯之川溫泉站步行5分 P5輛

昭和41（1966）年創業

↑口味包含醬油、芝麻、紅豆餡，以及當季特殊口味。1根108日圓

湯之川溫泉 ｜ 移動式的招牌拉麵店

美食 函館元祖巴士拉麵
●はこだてがんそばすらーめん

☎090-2873-7173 MAP附錄②8 F-4

利用26人座巴士車體改造為店鋪，四處販售拉麵。白天大多接受活動等預約，僅有夜間於湯之川溫泉街上營業。

預算 晚700日圓～

└20:00～翌0:30(湯之川溫泉的營業時間內)(天候不佳時則暫停營業) 休無休 市電湯之川溫泉站步行10分 P無

↑鹽味拉麵函館頭爽，充滿日式之祥之苑附近起於湯館特色

湯之川 ｜ 位於台地上的湯之川溫泉發祥地

景點 湯倉神社
●ゆくらじんじゃ

☎0138-57-8282 MAP附錄②8 F-3

湯倉神社發祥於1453年，有位樵夫利用此處的湧泉治療身上的傷，於是建立一座小祠堂表達感謝，並祭祀藥師如來而起。湯之川溫泉發祥之地碑上則記載了溫泉的歷史。

└自由參觀 所函館市湯川町2-28-1 市電湯之川站即到 P100輛(僅供參拜者停放)

需時10分

↑提供可釣起籤詩的「墨魚汁籤詩」300日圓

↑深受喜愛的湯之川溫泉守護神

湯之川 ｜ 每天銷售一空的熟食

購物 後藤精肉店
●ごとうせいにくてん

☎0138-57-8287 MAP附錄②8 F-4

為創業超過90年的精肉店，使用馬鈴薯、越冬薯等當季新鮮薯類製作的可樂餅，以及用昆布醬油調味的炸肉餅很受歡迎。

└11:00～19:00 休週日、假日 所函館市湯川町2-26-16 市電湯之川站即到 P無

↑位於市電軌道旁

↑每個炸肉餅75日圓

湯之川溫泉 ｜ 離大海極近的隱密餐廳

美食 Restaurant Assiette Caprice
●れすとらん あしえっと きゃぷりす

☎0138-59-3336 MAP附錄②8 F-4

不少餐點價格實惠，一個人也能安心進入這家餐廳。當天餐點依當季食材而決定，令人期待與美食的邂逅，更是餐廳的一大特色。

預算 中1300日圓～ 晚1500日圓～

↑晚餐以使用當季食材製作的各種單點料理為主，可搭配葡萄酒一同享用。

└11:30～14:00、17:00～20:00 休不定休 所函館市湯川町1-2-20 市電湯之川溫泉站步行10分 P有

湯之川溫泉 ｜ 可見到少見的南國植物

景點 函館市熱帶植物園
●はこだてしねったいしょくぶつえん

☎0138-57-7833 MAP附錄②8 F-4

園內共約300種、包括亞洲及中南美洲的熱帶植物，還有罕見的植物。此外，更設有水之廣場、足湯及幼兒遊樂設施。

需時1小時

└9:30～18:00(11～3月～16:30) 休無休 ¥300日圓 所函館市湯川町3-1-15 市電湯之川溫泉站步行12分 P124輛

↑因冬季可見到泡溫泉的猴子而聞名

↑在園內的展望台可以見到整座植物園全貌

函館市區

特輯 夜景

特輯 市電

元町西部地區 P.28

灣區 十字街 P.44

函館站前 大門地區 P.56

五稜郭 P.68

湯之川 P.78

特輯 伴手禮

地區 道南

大沼 P.92

北斗 P.96

木古內 P.100

江差 P.102

松前 P.104

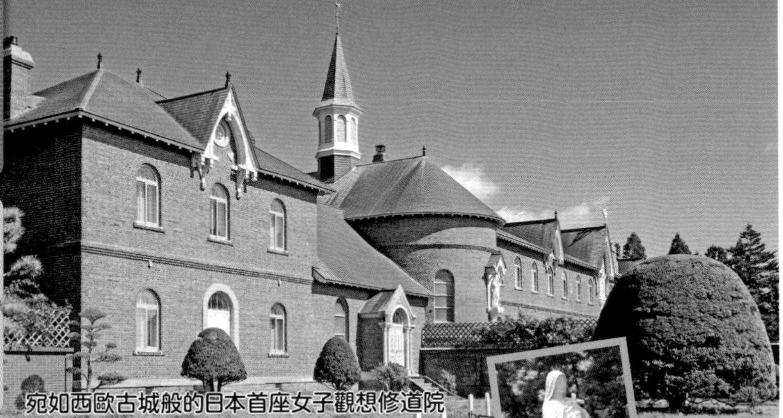

◀教堂前庭可一覽函館街景及海上風光

\ 還有很多要介紹！/
湯之川地區周邊
推薦
參觀景點

湯之川周圍有不少極具魅力的景點，往返溫泉的路上，也可順道繞至喜歡的地點逛逛！也許能邂逅函館的另一面。

宛如西歐古城般的日本首座女子觀想修道院

天使的聖母 特拉皮斯汀女子修道院
●てんしのせいぼとらぴすちぬしゅうどういん

☎0138-57-3331（建地內商店）　MAP 附錄②2 F-2

明治31（1898）年，由8位修女創設而成。今日的建築物為昭和2（1927）年所重建，至今仍有修女在院內生活。雖然無法參觀修道院內部，但可參觀前庭、盧爾德洞窟、「旅人聖堂」等處。

⏰8:00～17:00（11月～4月中旬～16:30）　休無休　免費　所函館市上湯川町346　交トラピスチヌ入口巴士站步行10分　P無

� 位於院內的聖女大德蘭像

◎呈現12角形的小巧建築「旅人聖堂」，內部開放參觀

◎瑪德蓮（12個裝）1600日圓。使用簡單原料製成的法國傳統點心

盧爾德洞窟
法國西南部有座名為盧爾德的小城鎮，據傳聖母瑪利亞曾指示當地人挖掘泉水，因而治癒不少疾病，而這座洞窟名稱就源自此傳說。此處還有一尊少女伯爾納德像，正仰望著瑪利亞像告解。

北海道唯一
一座國家指定文化財庭園

見晴公園
●みはらしこうえん

☎0138-40-3605
（函館市住宅都市施設公社花與綠的課）
MAP 附錄②2 E-2

公園內的日式庭園「香雪園」約為明治31（1898）年由和服商岩船峯次郎所建造而成。公園已獲指定為國家名勝，集結了許多值得一覽的景點，如書院風格的園亭等。

◎秋季則成為賞楓名勝

⏰自由參觀（園亭為9:00～17:00）　休無休　所函館市見晴町56　交JR函館站搭函館巴士14系統40分，香雪園下車步行1分　P155輛

在山丘上與牛隻接觸

函館牛乳 Ice118
●はこだてぎゅうにゅうあいすいちいちはち

☎0138-58-4460　　MAP 附錄②14 C-4

位於函館牛奶工廠建地內的設施，建地內的牧場提供小牛哺乳體驗（至少需於1週前預約）、餵食體驗。此外，使用新鮮牛奶製作的霜淇淋，為避免其營養流失，僅採最小限度加工製作，保留牛奶最原始的濃醇風味。

⏰4、10月為9:30～17:00、5、6、9月為9:00～17:00、7、8月為9:00～18:00、11～3月為10:00～16:00　休無休（11～3月為週三）　小牛哺乳體驗費1000日圓(需預約)　所函館市中野町118　交JR函館站車程20分　P60輛

◎位於可俯瞰津輕海峽的山丘上

餵食體驗
可購買飼料（100日圓），飼養育成牛放牧場內的牛隻。工廠內展示相關資料，還可透過玻璃窗參觀工廠作業，大人小孩都能同樂。

◎夏季開放參觀工廠內部

◎使用大量新鮮牛奶製成口味濃醇的霜淇淋300日圓

◎抹茶與牛奶綜合霜淇淋搭配紅豆、白湯圓的紅豆聖代380日圓

飛機從眼前飛過，極具魄力的公園

空港綠地 高松展望廣場
●くうこうりょくちたかまつてんぼうひろば

☎0138-21-3431
（函館市土木部施設管理課）
MAP 附錄②2 E-3

公園距離函館機場航站僅500m左右，可近距離欣賞停放於函館機場的飛機，以及飛機起飛、降落的樣貌。此外，也設有仿造飛機離地樣貌的淺水池，是在地人最佳的休憩場所。

⏰8:00～18:00、12～3月為9:00～17:00　休無休　免費　所函館市高松町435-78　交函館機場車程4分　P3輛

◎廣場中央的水池較淺，夏季可見到玩水的孩童們

◎事先確認飛機航班時刻，就能拍到充滿魄力的起飛、降落畫面

伴手禮

Hakodate's Souvenir
精選特輯

一舉介紹各種函館獨特伴手禮，從必買商品到特色紀念品，一應俱全！可在函館站或函館機場購買，將熱門伴手禮一次買齊吧！

南素材！
充滿各種道

零食

車站・機場 冷藏7日
函館洋菓子 Snaffle's的
起司奶油捲
(8個裝) 1296日圓

自從2000年問世以來，這個商品就成為代表函館，甚至也代表了北海道的人氣伴手禮。口感鬆軟，入口即化。

車站・機場 冷凍90日
※函館機場僅販售部分口味
petite-merveille的
Mel Cheese
(8個裝)1250日圓

函館起司蛋糕的元祖。除了北海道產牛奶及新鮮奶油外，也加入混合丹麥及法國產的起司製作。

車站・機場 常溫90日
※小盒裝僅於函館站販售
King Bake的
函館麵包乾
各432日圓～

一口大小的酥脆麵包乾。口味豐富，如奶油、巧克力、咖啡等。

車站・機場 冷凍90日
嘉福堂Kitchen的
函館雪子
(6個裝)1250日圓

使用厚澤部町產的番薯及函館牛奶，結合鮮奶油，再以軟嫩的求肥包裹起。

車站・機場 冷凍70日
志濃里的
函館舒芙蕾
(5個裝)864日圓

將於函館製作的奶油乳酪及北海道產的鮮奶油包裹於鬆軟的舒芙蕾內。

機場 常溫9個月
道南食品的
北海道がチチチ。
(60g)648日圓

充滿牛奶美味的白巧克力，其輕盈口感令人沉迷。

函館市區

▶特輯

🎁函館伴手禮

精選特輯

P.84

地區南

大沼
P.92

北斗
P.96

木古內
P.100

江差
P.102

松前
P.104

JR函館站 🚉 P.89 & 函館機場 ✈ P.90 就能買到 函館

一次集結人氣品牌
北海道點心

車站 機場 常溫180日

石屋製菓的
白色戀人
（36片罐裝）2535日圓
★札幌代表

北海道最有名的伴手禮。使用燒烤色澤美麗的蘭朵夏餅乾夾上白巧克力。

車站 機場 冷藏1個月

ROYCE'的生巧克力
[牛奶味]
（20顆裝）778日圓
★札幌代表

北海道必買伴手禮ROYCE'的生巧克力。其滑順、入口即化的口感及溫醇美味為最大魅力。

車站 機場 冷藏9～10日

六花亭的
奶油葡萄夾心餅乾
（10個裝）1300日圓
★帶廣代表

以專用麵粉製作餅乾，中間則夾入含有葡萄乾的自製奶油。冷藏後更能增添其美味。

車站 機場 冷凍180日

LeTAO的
雙層乳酪蛋糕
（12cm）1728日圓
★小樽代表

吃起來綿密及牛奶香醇風味的乳酪蛋糕有重乳酪及生乳酪兩層口感，帶有高雅甜味。

車站 機場 常溫25日

北島製パン的
箱館鹽蜂蜜蛋糕
1404日圓

使用北海道嚴選素材製作蜂蜜蛋糕，帶有些微鹽味，更能引出素材的美味。

車站 機場 常溫120日

昭和製菓的
北海道
可以喝的蘋果凍
292日圓

使用100%北海道七飯町產蘋果汁製成這款可以飲用的果凍。

車站 機場 冷凍70日

志濃里的
函館
起司條
972日圓

使用奶油乳酪仔細燒烤，製成這款口味濃醇的條狀起司蛋糕。

車站 機場 常溫6個月

Trappist修道院的
Trappist餅乾
（3片裝12個入）735日圓

北海道知名的餅乾。使用發酵奶油製作，風味多層次，口感酥脆，令人欲罷不能。

機場 冷凍90日 冷藏5日

Doux et Tendre的
黑巧克力
（9個裝）1080日圓

使用100%北海道產鮮奶製作濃醇鮮奶油，再以柔順的生巧克力包裹，製成這款奢華的生巧克力。

機場 常溫90日

五勝手屋本舖的
五勝手屋羊羹
（3條裝）843日圓

明治初期起便於江差販售的傳統北海道點心，其中又以壓出後食用的圓罐羊羹最知名。

車站 機場 常溫90日

不二屋本店的
函館美鈴珈琲花林糖
410日圓

這款花林糖帶有函館美鈴珈琲的微苦風味，同時又能享受咖啡的濃醇香氣。

車站 機場 常溫60日

やごし本舗的
DON de MACARONI
380日圓

乾燥的通心粉搭配砂糖、奶油調味，製作成的零嘴。酥脆口感及濃醇、多層次的美味深受歡迎。

車站 常溫30日

函館おたふく堂的
豆渣餅乾（原味）
410日圓

口感酥脆、口味溫和，堅持無添加製作。此外，亦提供櫻花、蘋果等季節限定商品。

車站 機場 常溫1年

道南食品的
北海道
骰子牛奶糖
（2顆×5箱）172日圓

這個也不能錯過

原本為其他廠商於日本全國製造、販售的骰子牛奶糖，改由函館的集團企業道南食品承接製作，成為北海道限定伴手禮，展開新路線。

成熟風味!

不愧是烏賊城鎮!

烏賊商品

阿部商店的 烏賊飯
🚉車站・✈機場 常溫90日
940日圓

將森站的招牌鐵路便當「烏賊飯」製成真空包,有效期限延長至3個月,可帶回自家享用。

布目的 塩辛・干しちゃった
🚉車站・✈機場 常溫1年
238日圓

將烏賊醃漬物乾燥後製成的創新商品,越嚼越能感受到烏賊的美味,適合配酒。

Tonami食品的 烏賊杯
🚉車站 常溫180日
1404日圓

將北魷製成的商品「烏賊德利」改良後,以玻璃杯造型設計的獨特產品,可將酒倒入享用。

函館田邊食品的 烏賊燒賣
🚉車站・✈機場 冷凍90日
(8顆裝) **1080日圓**

除了真烏賊外,也使用大量北海道食材製作。口感鬆軟有彈性。

布目的 社長的 烏賊鹽漬物
🚉車站・✈機場 冷藏18日
648日圓

將布目社長帶給客戶的伴手禮商品化。用徹底熟成的國產北魷所製成。

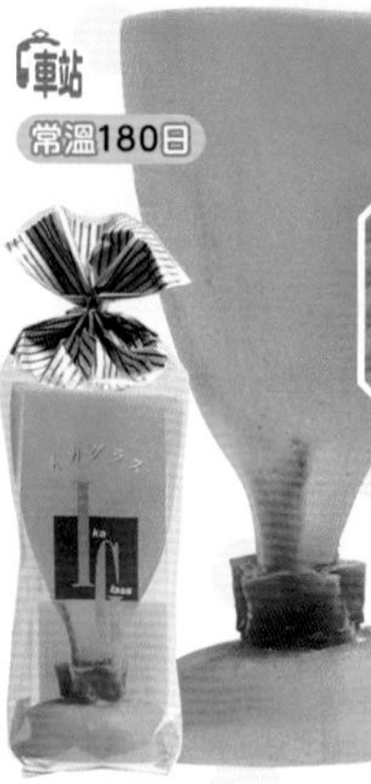

不二屋本店的 函館 活活烏賊仙貝
🚉車站・✈機場 常溫90日
432日圓

充滿海潮香氣的煎餅。除了味道外,就連包裝都是烏賊造型。

這個也不能錯過

Romance製菓的 跳舞烏賊軟糖
🚉車站・✈機場 常溫270日
324日圓

烏賊外型的蘋果口味軟糖。包裝內側也印上烏賊跳舞的插圖,十分有趣。

医食同源的 松前漬 手作組合
🚉車站 常溫6個月
1404日圓

使用包裝內的烏賊乾、天然褐藻、真昆布、特製無添加醬汁及水混合後就大功告成。

褐藻昆布

讓零嘴更健康

能戶食品株式會社的 函館味噌濃縮湯包
✈機場 冷藏180日
1080日圓

味噌中加入細切褐藻、真昆布以及鰹魚精華製成。將一匙分量溶入熱水中,就能泡出一碗味噌湯。

たかせ的 褐藻男爵黏黏老爹
✈機場 常溫60日
170日圓

使用北海道產男爵馬鈴薯與褐藻,製成這款獨特商品,帶有些許鹽味,最適合作為下酒菜或一般零嘴。

医食同源的 褐藻黑醋
🚉車站 常溫2年
3024日圓

加入適當程度的褐藻,以清爽、口味溫順的青森產蘋果汁風味為特徵。

不二屋本店的 芝麻褐藻調味料 (內有白芝麻)
🚉車站・✈機場 常溫1年
648日圓

口味清爽的無油脂調味料,不僅適合搭配沙拉,也可用於搭配烤魚、肉類料理。

梶原昆布店的 褐藻仙貝
🚉車站・✈機場 常溫100日
432日圓

加入乾燥的褐藻,製成帶有清爽鹽味、風味樸實的商品。咀嚼時可感受到的黏性也是其特色之一。

道南食品株式會社的 函館褐藻牛奶糖
🚉車站・✈機場 常溫1年
(18顆) **130日圓**

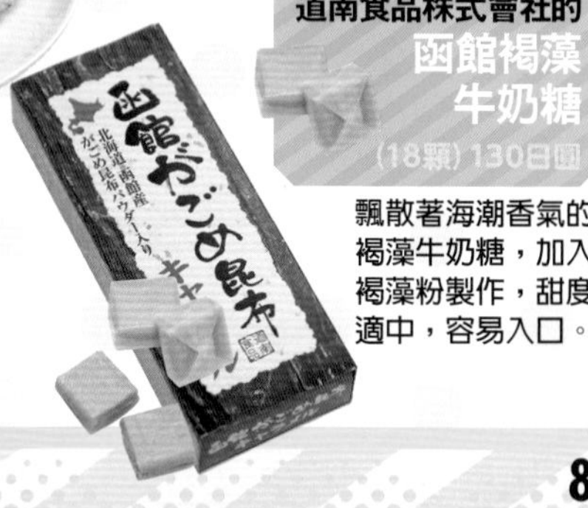

飄散著海潮香氣的褐藻牛奶糖,加入褐藻粉製作,甜度適中,容易入口。

函館市區

特輯

函館伴手禮

精選特輯

P.84

地道南區

大沼 P.92

北斗 P.96

木古內 P.100

江差 P.102

松前 P.104

在家也能輕鬆享受美味！

美食伴手禮

輕鬆享用拉麵

笹川的**煙燻雞蛋**
函館物語 (3顆裝) 411日圓

因電視節目介紹而蔚為話題的煙燻雞蛋，使用天然櫻木片仔細燻製，蛋黃為半熟狀態。

車站 機場 冷藏30日

Kiosk的**三草松前漬**
函館きらり 2880日圓

Kiosk原創的松前漬使用函館產的褐藻及鯡魚卵、螃蟹等奢華食材製作。

車站 冷凍4個月

五島軒的**英國風**
咖哩 540日圓

車站 機場

明治中期，由第一代料理長製作的咖哩已成為洋食老店五島軒的傳統美味，現在還可輕鬆在家享用。

常溫2年

北海道名產！

機場 冷藏1年

Trappist修道院的
Trappist奶油 1080日圓

堅守傳統製法，以乳酸菌製成的發酵奶油，帶有微微酸味及獨特風味。

函館酪農公社的
Hakodate Milk
（羅勒）280日圓

使用瑪利波乳酪及香氣濃郁的羅勒製成，大小適中，適合用來配酒。
※尺寸、價格可能視販賣場所而異

車站 機場

冷藏90日

函館麵廚房あじさい的
箱館鹽生拉麵
3包裝 1188日圓

車站 機場 常溫45日

為「函館麵廚房あじさい」販售的伴手禮拉麵。可品嘗到清爽鹽味高湯及直麵口感。

函館Carl Raymon的
迷你莎樂美腸 324日圓

車站 機場

常溫60日

（圖片僅供參考）

以北海道產豬肉、牛肉為原料，塞入天然羊腸中製成一口大小的莎樂美腸，最適合作為下酒菜。

函館酪農公社的
函館瑪利波乳酪
（原味）2300日圓

結合柔軟口感及溫醇風味的起司，加熱後就會融化，烤至燒焦會讓味道更美好。

機場 冷藏3個月

冷藏15日 ※分量、價格視販賣場所而異

雪印惠乳業的
Soft Katsugen
（500㎖）148日圓

北海道居民最常飲用的無酒精乳酸菌飲料，口味清爽易入口。（於便利商店、超市等處販售）

 機場

奧尻winery的
OKUSHIRI葡萄酒
梅洛葡萄(紅)2980日圓

使用生長於奧尻海風吹拂下、富含礦物質的葡萄釀造。梅洛葡萄（紅）帶有些微香草香氣及溫順口感，深受歡迎。

口味略有不同

車站 機場

札幌酒精的**喜多里**
（左）720㎖昆布
（右）720㎖馬鈴薯
各1200日圓

使用厚澤部特產May Queen馬鈴薯釀製此處才有的獨特風味燒酒。此外，以南茅部產昆布釀造的燒酒則帶有些微昆布香氣。

蔚為話題的當地吉祥物

土方君
便條紙(右)216日圓
明信片(左)162日圓

角色設定為一位崇拜土方歲三的觀光導遊，喜愛新撰組、幕末者不容錯過。

〔機場〕

北寄貝壽司君
資料夾(右)324日圓
造型鑰匙圈(左)1000日圓

北寄貝壽司君以北斗市特產的北寄貝握壽司為原型設計，並推出文具、吊飾等豐富的周邊商品。

※僅資料夾
※資料夾設計視賣地點而異

〔車站〕 〔機場〕

Maru獄書套
720日圓

表面印製了較大的Logo，內側則印有日式花紋，是一款引人注目的時尚書套。

〔機場〕

復古設計十分時尚

Maru獄腰袋R調
2490日圓

函館少年刑務所製作的布製雜貨，復古設計十分帥氣，在網路上引發熱議。

〔機場〕

也可當肩背包使用

從吉祥物雜貨到交通工具商品都有

雜貨

鉄下H5系
北海道新幹線
432日圓

以H5系列車為原型設計的孩童尺寸襪子。只要穿上這個，就能跑得跟新幹線一樣快！？

〔車站〕

AIR DO
航空原子筆
540日圓

原子筆末端加上外型渾圓可愛的AIR DO機體，墨水僅有黑色。

©AIR DO

〔機場〕

票夾Touch and Go
615日圓

繪有JR北海道IC卡「Kitaca」吉祥物小飛鼠插圖，設計可愛。

〔車站〕 〔機場〕

幸福心跳〜
函館（入浴劑當地Kyun醬烏賊ver）
194日圓

北海道的觀光宣傳吉祥物Kyun醬搖身一變成為函館特色造型！是香氣清爽的入浴劑。

〔車站〕 〔機場〕

褐藻生肥皂
756日圓

加入褐藻粗粉末，提升保濕成分，洗完後仍有保濕感的獨特肥皂。

〔車站〕

Rakkuru號
模型車
1300日圓

為紀念函館市電最新款列車Rakkuru號運行而發售，內附的貼紙可設計自己獨特的列車。

〔車站〕(2F北文館) 〔機場〕

函館機場
跑道毛巾
1620日圓

全日本30座機場所推出的跑道毛巾函館版，忠實重現跑道樣貌。毛巾為高品質的愛媛縣今治產。

北海道道地美味

可在便利商店・超市購買

果汁・酒類

Ribbon Napolin
151日圓

明治44（1911）年發售至今的長賣碳酸飲料。口味雖甜，卻又相當清爽。

Sapporo Classic
350㎖・500㎖ 開放式價格

使用100%麥芽及Fine Aroma啤酒花製作，其清爽口味適合北海道氣候，可充分凸顯出北海道食材的美味。

泡麵

Maru chan
炒麵便當
195日圓

北海道常見的杯裝炒麵，泡麵的熱水還可用來沖泡湯。

麵包・零嘴

維他命蜂蜜蛋糕
100日圓左右

大正10（1921）年誕生於旭川的蜂蜜蛋糕，口味樸實溫和。

函館市區

特輯 函館伴手禮

精選特輯

P.84

地道南地區

大沼 P.92
北斗 P.96
木古內 P.100
江差 P.102
松前 P.104

函館站 完全指南

提供豐富觀光資訊、伴手禮！

要買伴手禮就到這裡！①

隨著新幹線開通，JR函館站內也大幅整修，拓展不少伴手禮、美食販售區。此外，也有不少只有這裡才能買到的限定商品，是不容錯過的景點！

函館伴手禮

享用現做美味 展示販售區

函館洋菓子 Snaffle's 函館站內店

以乳酪蛋糕捲聞名的代表——起司蛋糕捲聞名的價格實惠新店鋪。除了實際製作、販售現做的彈性口感法蘭酥以外，更販售函館地區限定的Men戀草莓起司蛋糕捲。

☜內餡使用的奶油包括焦糖巧克力等3種口味

製作出這個！

函館麵包乾 各432日圓～
※3種巧克力口味、起司口味540日圓

法蘭酥 1片200日圓 限定

📞0138-83-5015 🕐8:00～20:00

Men戀草莓起司蛋糕捲 8個裝1555日圓 限定

ISIDATE 巧克力 1片800日圓 限定

King Sweets JR函館站店

這家甜點專賣店為在函館擁有88年歷史的老牌烘焙坊「King Bake」所開設，除了用深受在地人喜愛的吐司製成的人氣商品「函館麵包乾」外，也販售巧克力等熱門商品。

📞0138-22-8826 (北海道Kiosk)
MAP 附錄②6 B-1
👁視店鋪而異 休無休
📍函館市若松町12-13
🚌函館機場搭帝產巴士約20分 🅿136輛(100日圓／30分)

Premium Roll專賣店 Gâteau Roulé 函館站店

販售使用大量嚴選原料製作的蛋糕捲。函館站店提供切片蛋糕捲等豐富種類商品，可於12小時內帶回自家或配送。

☜抹茶、乳酪、藍莓口味為一組

📞0138-84-5488 🕐8:00～20:00

新幹線色三色捲 1080日圓 限定

集結車站限定商品的 專賣店區域

醋霜淇淋 400日圓 限定
➜加入果實醋的霜淇淋

医食同源 函館站店

販售各種不添加化學調味料、保存劑的商品，如使用函館產褐藻為主要原料製作各種手工熟食套餐，以及可飲用的醋及霜淇淋等。

📞0138-40-3938 🕐8:00～20:00

集結北海道知名零食的 綜合伴手禮專區

P.84還有許多伴手禮精選商品！

北海道四季彩館 JR函館店

除了函館伴手禮以外，也集結種類豐富的北海道零食，出發前可在此一次購買所有商品。

📞0138-83-2966 🕐6:30～20:00

集結多種商品的 鐵路便當專區

北斗七星 1300日圓

駅弁の函館みかど

創業於昭和11（1936）年，販售多款函館特色鐵路便當，包括傳統的鯡魚乾便當，以及紀念新幹線開通的便當等。

☝散壽司風鐵路便當

📞070-6956-1500 🕐6:00～19:00

函館和牛飯 1950日圓

四季海鮮 旬花 函館站店

本店位於五稜郭塔的海鮮日式料理店，以專家技術處理函館和牛或烏賊等在地食材，製作成嚴選鐵路便當販售。

☝以特製味噌醬調出溫順口味

📞0138-43-5677 🕐6:00～20:00

1F 函館市觀光服務處

便利景點

有提供市電及巴士乘車券，也接受觀光諮詢。

📞0138-23-5440 🕐9:00～19:00

2F 食の宝庫 北海道

有效安排旅程景點

由灣區人氣店鋪「和ダイニング井井」所經營的地產地消餐廳。

📞0138-22-2220
🕐11:00～20:30（午餐時段為11:00～14:00）
海鮮三吃1382日圓

2F 函館麵廚房あじさい JR函館站店

美食景點

人氣拉麵店的分店。自製涼拌小菜配料是此分店才有的桌邊服務，一定要試試。

鹽味拉麵 750日圓
📞0138-84-6377 🕐10:00～19:30

有咖啡廳或餐廳

函館機場 完全指南

▶▶ 手禮樣樣齊，就在北往開業 ◀◀

☎0138-57-8881

MAP 附錄② 2 F-3
函館市高松町511
JR函館站前搭乘函館巴士
20分 ￥791 機(100日圓／1小時、30分鐘內免費停車)

1F
2F
3F

3F 美食 餐飲區

各種在松3種、各種輕食店／咖啡及咖啡廳可供休憩。

3F 購物 伴手禮區

集中於搭乘口2種，除了北海道伴手禮外，也能看到當地銘菓。

3F 美食 餐廳 Pollux

可一覽機場跑道，還能在清爽海岸的遼闊風景中享用美食。眺望遼闊的宜蘭美景。

☎0138-57-8884
□8:00～19:05为右

2F 紀念伴手禮

P.84參考 許多伴手禮推薦圖片！

2F 圖文區

☎0138-57-8884
□8:00～起飛班機時間(19:30为右)

圖書商品類
旗魚布
小410日圓

1F 免費觀光服務

□7:45～最後班機抵港時間

1F 投幣式置物櫃

□8:00～15:00
每件600日圓

1F 投幣式置物櫃
共有69個置物櫃(小)
每日每次(小)
300日圓

購物 暢貨區

圖書商品類
手巾
540日圓

海藻精華護手霜
(添加海藻、海洋深層水)
1150日圓

圖書商品類
648日圓

圖書精選護手霜
486日圓

圖書鑰匙圈
小162日圓

函館市區

夜景 特輯

市電 特輯

西部地區 元町 P.28

灣區 十字街 P.44

函館站前 大門地區 P.56

五稜郭 P.68

湯之川 P.78

伴手禮 特輯

道南地區

大沼 P.92

北斗 P.96

木古內 P.100

江差 P.102

松前 P.104

從函館
稍微走遠一點

道南地區

座落於林蔭大道深處的燈台聖母 Trappist修道院（P.96）

往前周邊地區的交通方式

		JR大沼公園站
鐵道	約30分・1680日圓 JR函館本線（特急）	
	約1小時・730日圓	
巴士	2號月台 函館巴士經大沼公園往鹿部	
車	約35分・32km 經國道5號・函館新道	

		JR新函館北斗站
鐵道	約15～20分・360日圓 JR函館本線・函館Liner	
	約55分 700日圓	
巴士	1・2・5號月台 函館巴士 25・33・103・130系統等	
車	約30分・18km 經國道5號・國道227號・道道262號	

JR函館站

		江差（中歌町巴士站）
巴士	約2小時15分・1880日圓 1號月台 函館巴士往江差	
車	約1小時35分・72km 經國道5號・227號	

		JR木古內站
鐵道	約1小時5分・1110日圓 道南漁火鐵道 往木古內	

		江差（中歌町巴士站）
巴士	約1小時35分・1230日圓 函館巴士 往江差	
車	約1小時・50km 經國道5・228號	

		松前（松城巴士站）
巴士	約1小時30分・1250日圓 函館巴士 往松前出張所	
車	約1小時5分・55km 經國道228號	

		松前（松城巴士站）
巴士	約3小時～3小時10分・2050日圓 6號月台 函館巴士快速松前號	
車	約1小時55分・99km 經國道5・227號・函館江差道・國道228號	

CONTENTS

洽詢處

★大沼國際交流Plaza
　📞0138-67-2170

★北斗市觀光服務處
　📞0138-84-1147

★木古內町役場
　📞01392-2-3131

★江差觀光會議協會
　📞0139-52-4815

★松前觀光協會
　📞0139-42-2726

229 乙部町

森町 森

道央自動車道 大沼公園

駒岳

鹿部駅

鹿部町 太平洋

厚澤部町

大沼公園站

227

七飯藤城IC

新函館北斗站

七飯町

大沼 → P.92

228

日本海

北海道

北斗 → P.96

函館市

函館IC

赤川IC

五稜郭站

函館站

北斗茂辺地IC

函館機場

江差 → P.102

228

上之國町

木古內 → P.100

北海道新幹線

木古內站

知内町

津輕海峽

函館市區 → P.19

松前 → P.104

福島町

松前灣

小樽

札幌

二世谷

新千歲機場

登別溫泉

奧尻島

大沼 ☆

江差 ☆

☆函館市區

☆北斗

松前 ☆ ☆木古內

介紹的地區在這裡！

大沼

山與樹林與水岸度假區

（おおぬま）

日本大沼為日本新三景之一，為湖面漂浮了126座島嶼的水岸度假勝地，最適合享受湖畔漫步、自行車等戶外活動。玩樂過後，還可盡情品味大沼牛、糰子、霜淇淋等招牌美食。

洽詢處	
大沼國際交流Plaza	☎0138-67-2170
函館巴士	☎0138-22-8111

MAP　廣域　附錄②P.14

交通方式　▶P.110

大沼在這裡！

函館

玩樂方式

可輕鬆享受湖畔漫步，或較長時間的戶外體驗，遊玩大沼的方式琳瑯滿目。可依照自己的時間及目的調整行程。

漫步湖畔

輕鬆漫步 享受大沼的自然

漫步於此！

大沼湖畔遊步道 　15～50分

●おおぬまこはんゆうほどう

距離大沼公園站約5分路程的大沼、小沼上有大小多座島嶼，每座島嶼間以橋樑連接，整頓成完善的遊步道。共有4條路線，最推薦的路線為步行50分的「島嶼巡禮之路」。

☎**0138-67-2170**
（大沼國際交流Plaza）

MAP 附錄②15 B-4

□入園自由　¥免費　所七飯町大沼町　□JR大沼公園站步行5分　P260輛
＜預約＞不要

自在單車行

租借自行車繞行湖畔一周

↑提供都市車及登山車等車種

↑受群木環繞的大沼駒岳神社及巨大岩石。據說鑽過岩石下的裂痕，就能心想事成

60～90分

在這裡租借！

Friendy Bear

●ふれんどりーべあ

大沼周圍設有環繞一周約14km的鋪設道路，奔馳於大沼及駒岳的壯闊景觀中，並走訪各個能量景點吧。

☎**0138-67-2194**　**MAP** 附錄②15 B-4

□4～11月下旬的9:00～17:00　休期間中無休　¥1000日圓（一日騎到飽）　所七飯町大沼町　□JR大沼公園站即到　P20輛　＜預約＞不需要

大沼湖畔可看到的動植物

大沼公園因有許多浮葉植物生長而聞名，而喜愛湖岸的水鳥也會出來見客。

7月上旬～8月中旬會綻放紅、白、黃等各種顏色的花

水芭蕉
於4月中旬～5月上旬間綻放

睡蓮

蝦夷栗鼠、綠頭鴨
在散步途中有可能會遇到唷

函館市區

夜景 特輯
市電 特輯
元町西部地區 P.28
灣區十字街 P.44
函館站前大門地區 P.56
五稜郭 P.68
湯之川 P.78
伴手禮 特輯

地道南區

大沼 P.92
北斗 P.96
木古內 P.100
江差 P.102
松前 P.104

依行程分類

大沼的

在涼爽風中前往
大沼正中央

各種船隻類型

電動船 　天鵝船 　手划小船

在這裡搭船！

大沼遊船

10～30分

乘船來趟優雅的水上漫步

●おおぬまゆうせん

這是大沼觀光的人氣活動之一。推薦搭乘遊覽船或天鵝船、手划小船，一面眺望景觀、拍照，度過閒適時光。此外，若想享受速度感及刺激體驗者，建議搭乘電動船。

📞0138-67-2229
MAP 附錄②15 B-4（乘船處）C-3（遊覽船乘船處）
🕐4月上旬～12月上旬的8:00～17:00（視時期而異）🈺期間中無休 遊覽船30分1100日圓等（視船種而異）🚌七飯町大沼町1023-1 🚉JR大沼公園站步行7分 🅿無
<預約>不需要

在優雅氛圍下享受
美食與美景

在這裡用餐！

●午餐菜色如圖所示。每年春天更新餐點內容，附飯後咖啡

Table De Rivage

30分

搭觀光船享受湖上午餐

●ターブル・ドゥ・リバージュ

在緩緩行駛於湖面上的觀光船上享用午餐，除了開闊感外，午餐也都堅持使用大沼近郊食材製作。

📞0138-67-3003 MAP 附錄②15 B-3
🕐5月中旬～10月末為10:30～19:00 🈺週二 🈺午餐行程2600日圓（含乘船費用）🚌七飯町大沼町141 🚉JR大沼公園站步行7分 🅿10輛 <預約>需要

目標前往小沼
的無人島

在這裡體驗！

Exander Onuma Canoe House

120分

划獨木舟前往無人島

●イクサンダー大沼カヌーハウス

划著加拿大獨木舟漂流於小沼，參加2小時行程，登陸無人島，並享用湖底湧泉沖泡的咖啡。

📞0138-67-3419 MAP 附錄②15 B-2
🕐接受預約時間為9:00～18:00 🈺無休 🈺小沼獨木舟巡禮行程（2小時，4～11月）4000日圓 🚌七飯町大沼町22-4 🚉JR大沼站步行10分 🅿10輛 <預約>需要

以新型態交通工具
奔馳於大自然間

在這裡體驗！

Segway Japan Tour 事務局

150分

享受賽格威兜風之旅

●セグウェイジャパン ツアー事務局

騎上賽格威，與自然導覽一同漫步於綠地當中。路線包含山路及草原，千變萬化。天候不錯時，還可遠至駒岳。

📞080-3434-8360 MAP 附錄②15 A-1
🕐預約時間為4月下旬～10月下旬的10:00～17:00（週六、日、假日除外）🈺無休 🈺2小時30分行程9000日圓 🚌七飯町西大沼溫泉（函館大沼王子大飯店內）🚉JR大沼公園站車程8分 🅿230輛 <預約>需要

可體驗與馬
一同生活

在這裡體驗！

大沼流山牧場 Paard Musee

180分

在牧場體驗與馬共同生活

●おおぬまながれやまぼくじょうぱどみゅぜ

可在此參加「牧場生活體驗」，近距離接觸馬、山羊或兔子等動物的生活，如放牧、飼料準備、運動、健康確認等，深受歡迎。

📞0138-67-3339 MAP 附錄②15 C-1
🕐9:00～17:00 🈺無休 🈺牧場生活體驗7560日圓（3小時）🚌七飯町東大沼294-1 🚉JR流山溫泉站即到 🅿110輛 <預約>需要

遊玩過後
的享受

大沼獨特的
知名美食

盡情遊玩過後，就能大口品嘗使用在地產食材製作的美食及知名料理。當然也別忘記享用老店的糰子，以及使用濃醇牛奶製作的甜點。

沙朗牛排
100g3000日圓〜（附蔬菜、無酒精飲料）

自行燒烤後享用。牛肉彈性適中，卻入口即化。肉可以50g為單位，點選100g到300g分量。外加白飯套餐（白飯、味噌湯或其他湯品）350日圓。

放牧中的牛隻

Challenge Beef 大沼 Kurobeko
●チャレンジビーフ 大沼黑ベコ
☎0138-67-3653 MAP 附錄②15 C-2

餐廳由隸屬於七飯町和牛生產改良組合的6家農家所經營，使用以嚴選飼料與橫津岳伏流水飼育的A4等級以上黑毛和牛，製作成燒肉、漢堡排、牛排等餐點。價格相當實惠，可盡情享用。

店內內部座位可見到

🕚11:00〜19:30 休週二（逢假日則翌日休）所七飯町上軍川436-1 🚉JR大沼公園站搭計程車10分 🅿50輛

高級黑毛和牛
大沼牛牛排
LUMBER HOUSE
●ランバーハウス
☎0138-67-3873 MAP 附錄②15 C-1

外觀為小木屋的餐廳。為了徹底展現出素材味道，僅使用簡單調味。可選擇各種部位製作牛排，如沙朗Rocky牛排，以及使用腿肉的scribe等。

🕚11:00〜14:30、17:00〜19:30 休週一（逢假日則翌日休）所七飯町軍川19-32 🚉JR大沼公園站車程5分 🅿10輛

天氣好時可選擇露台座位。一面聽著鳥鳴一面享用美食

Rocky牛排
（沙朗300g）4000日圓

用送上來的岩烤盤將牛排烤至自己喜愛的熟度。點選附沙拉、麵包或白飯、牛奶或湯的套餐須外加450日圓。

長年受到在地人的愛戴
勾芡炒麵
レストラン★梓
●れすとらんあずさ
☎0138-67-2158 MAP 附錄②15 C-4

餐廳提供的餐點集結日式、西式、中式等各風格特色，分量十足。使用大沼牛製成的漢堡排及道南產無菌豬（SPF豬）、在地蔬菜，嚴格講究素材。此外，辣味十足的咖哩及義大利麵也深受歡迎。

🕚11:00〜19:00（12〜3月〜17:00）休無休 所七飯町大沼町324-9 🚉JR大沼公園站步行5分 🅿30輛

勾芡炒麵
980日圓

加入蝦子、烏賊、蔬菜等豐富配料製成的分量十足招牌餐點。最大特色為炒麵內的炸雞。此外，以油炸麵製作的酥脆炒麵980日圓也值得推薦。

老牌牧場的 霜淇淋
山川牧場 Milk Plant
●やまかわぼくじょうみるくぷらんと
MAP 附錄②15 B-2
☎0138-67-2114

創業於明治後期的大沼老牌牧場。使用頗受好評的自家製鮮奶製作霜淇淋，口味濃醇有深厚，廣受歡迎。

🕚9:00〜17:00（11〜3月為10:00〜16:00）休無休（11〜3月為週四，逢假日則翌日休）所七飯町大沼町628 🚉JR大沼公園站車程5分 🅿75輛

霜淇淋
香草 300日圓

亦提供巧克力及咖啡等口味。

同時比較雙色糰子 糰子
沼の家
●ぬまのや
MAP 附錄②15 B-4
☎0138-67-2104

創業於明治38（1905）年的老店，大沼糰子以小盒子呈現出大沼及小沼樣貌，不將糰子串於竹籤上，也是為了象徵湖面上約126座島嶼。

🕚8:30〜18:00（售完打烊）休無休 所七飯町大沼町145 🚉JR大沼公園站即到 🅿6輛

大沼糰子
大650日圓、小390日圓

包含醬油、紅豆泥及芝麻等組合。

嚴選大沼周圍80km範圍的食材
地產地消法國料理
大沼鶴雅 Auberge EPUY
●おおぬまつるがおーべるじゅえぷい
☎0138-67-2964 MAP 附錄②15 B-4

嚴格選用大沼周圍約80km範圍內的食材，製作成各種創意料理，並以可挑選主餐的半自助餐或全餐方式提供。午餐共有2種全餐，晚餐則提供3種全餐，可依據風格及預算挑選。（住宿資訊請見P.117）

🕚11:30〜14:00（午餐為90分制）、18:00〜20:00 休無休 所七飯町大沼町85-9 🚉JR大沼公園站步行3分 🅿50輛

太陽香氣／半自助全餐（午餐）
2484日圓

以半自助餐方式提供的午間餐點，可自行選擇主餐。主餐內容依季節調整，每次造訪都有不同樂趣。

函館市區

夜景 特輯

市電 特輯

元町 西部地區
P.28

灣區 十字街
P.44

函館站前 大門地區
P.56

五稜郭
P.68

湯之川
P.78

伴手禮 特輯

地道南區

大沼
P.92

北斗
P.96

木古內
P.100

江差
P.102

松前
P.104

JR大沼公園站 | 大沼獨特的鄉土料理

美食 源五郎
● けんごろう

☎0138-67-2005　MAP 附錄② 15 B-4

預算 🌙1500日圓

這家鄉土料理店提供大沼四季美食，如蒲燒鰻魚等川魚料理，以及使用蓴菜、大沼牛製作的定食等。西太公魚佃煮等原創伴手禮也不容錯過。

↑附蓴菜等小菜，分量十足。在地產大沼牛陶板燒定食2160日圓

🕐11:00～15:00　休週三　所七飯町大沼町145　🚃JR大沼公園站即到　🅿4輛

JR大沼公園站 | 老闆娘所製作的蛋糕深受好評

美食 Country Kitchen WALD
● かんとりーきっちんばると

☎0138-67-3877　MAP 附錄② 15 C-4

預算 🌙1500日圓 🌙1500日圓

小木屋餐廳內充滿溫暖氛圍，提供法國及義大利的質樸家庭料理。最推薦餐點為使用大沼周邊當季蔬菜的季節拼盤。

↑季節拼盤1620日圓其中一例

🕐11:00～15:00、17:00～20:30　休週三、四　所七飯町大沼町301-3　🚃JR大沼公園站步行5分　🅿5輛

本町 | 將小麥與裸麥的風味濃縮於麵包內

購物 こなひき小屋
● こなひきごや

☎0138-65-8513　MAP 附錄② 14 B-3

堅守歐洲麵包傳統風味，製作出香氣濃郁的麵包，如口感紮實的德式麵包或法國麵包等。使用季節素材製作的麵包也值得注目。

竟多達80則並列90種的麵包

🕐8:00～17:00　休週日　所七飯町本町4-1-55　🚃JR函館站搭往ななえ新病院的函館巴士40分，ななえ新病院下車步行3分　🅿4輛

東大沼 | 搭乘纜車來趟空中漫步

玩樂 函館七飯纜車
● はこだてななえごんどら

☎0138-67-3355　MAP 附錄② 14 B-2

需時 1小時

「函館七飯Snow Park」在冬季為滑雪場，夏季則開放纜車運行。可至山頂遠眺大沼公園、駒岳等壯闊自然美景。

→空中散步單程約15分
→山麓站附設商店

🕐4月28日～10月下旬的9:00～日落（預定）　休期間中無休　¥1800日圓　所七飯町東大沼666　🚃JR大沼站車程10分　🅿2000輛

鳴川 | 參加新鮮水果的採收體驗

玩樂 築城果樹園
● つきじかじゅえん

☎0138-65-4763　MAP 附錄② 14 B-3

需時 1小時

6月中旬至10月中旬間，可採收當季水果如草莓、櫻桃、李子等。每個季節可採收的水果不同，建議事前確認較理想。

相當美麗

↑外表鮮紅的櫻桃

🕐9:00～17:00（10月為9:00～16:00，視品種而異，需洽詢）　¥草莓40分時價（700～1000日圓）、櫻桃60分1000日圓、李子及蘋果60分600日圓等　所七飯町鳴川4-297　🚃JR大沼公園站搭計程車20分　🅿30輛

西大沼 | 跨越池塘享受四季不同景觀

溫泉 函館大沼王子大飯店 西大沼溫泉 森のゆ
● はこだておおぬまぷりんすほてるにしおおぬまおんせんもりのゆ

☎0138-67-1111　MAP 附錄② 15 A-1

需時 1小時30分

泉水偏鹼性，可去除多餘油脂及老廢角質，讓皮膚變得更光滑，被認為是美肌之湯，廣受歡迎。提供JR大沼公園站的免費接駁巴士，相當方便。

綠意盎然、露天浴場則在春季可欣賞櫻花、秋季則可觀賞楓紅賞

🕐14:00～18:00（視住宿狀況可能不開放使用）　休無休　¥非住客泡湯1080日圓（附毛巾）　所七飯町西大沼溫泉　🚃JR大沼公園站車程10分　🅿230輛

這裡也相當推薦！

大沼的
人氣景點

峠下 | 了解道南名產昆布相關資訊

景點 北海道昆布館
● ほっかいどうこんぶかん

☎0138-66-2000　MAP 附錄② 14 B-2

昆布自古以來就是代表北海道的產物，這座體驗型博物館是由昆布製造商所經營。館內介紹昆布歷史、生態等各種資訊。其中，直徑16m的圓形劇場內，更播放充滿魄力的海中昆布影片。館內亦設有商店，販售原創伴手禮及昆布霜淇淋。

🕐9:00～17:00　休無休　¥免費入館　所七飯町峠下32-1　🚃JR新函館北斗站車程5分　🅿67輛

需時 1小時

↑商店內也提供商品試吃，位於昆布博物館中央的昆布藝術

↑造景

JR大沼公園站 | 到此收集資訊

景點 大沼國際交流Plaza
● おおぬまこくさいこうりゅうぷらざ

☎0138-67-2170　MAP 附錄② 15 B-4

需時 10分

為大沼國定公園周邊的觀光據點，提供旅遊規劃、導覽、戶外體驗等資訊。此外，亦有豐富的簡介手冊及優惠券，漫步前可至此逛逛。

↑位於JR大沼公園站旁

↑販售人氣的三月羊餅乾

🕐8:30～17:30　休無休　¥免費入館　所七飯町大沼町85-15　🚃JR大沼公園站即到　🅿13輛

麵糰內加入昆布一同揉製，呈現出清爽鹽味。保存期限長達6個月也是其魅力之一。

昆布拉麵 237日圓

●北海道昆布館
※店鋪資訊請參照上方資料。

昆布零食 626日圓

以零食風格製作的昆布商品，將其鹽味調整至偏淡，才能享受昆布原本風味。

昆布產品

帶有香香麥芽味道及些微甜味，可感受到啤酒花的苦味，兼具美味與甘甜風味。

老啤酒 330ml瓶 648日圓

●Brau Haus大沼

☎0138-67-1611　MAP 附錄② 15 C-4

🕐9:00～16:00　休無休　所七飯町大沼町208　🚃JR大沼公園站步行3分　🅿10輛

使用淡色麥芽創造出清爽風味，特徵為其絕佳的銳利風味，色澤則呈現美麗金黃色。

科隆啤酒 330ml瓶 648日圓

當地啤酒

人氣 伴手禮
掌握老店人氣商品及特產品

介紹大沼的必買伴手禮！每一項都是使用在地食材製作，十分美味。

以冷凍成熟葡萄，僅萃取濃縮果汁的「榨汁製法」釀造出這款白酒。

●函館葡萄酒葡萄館（はこだてわいん）

☎0138-65-8170

MAP 附錄② 14 B-2

🕐10:00～18:00　休無休　所七飯町上藤城11　🚃JR七飯站搭計程車7分　🅿50輛

尼加拉瓜風釀造 2916日圓

葡萄酒

北斗的5大魅力

包含歷史建築物、春季櫻花等季節不同美景，加上農、漁產美食，以及誕生於新函館北斗站周邊的觀光據點。本篇一次介紹道南最受矚目的北斗各種魅力！

\函館出發/ 車程20分
稍微走遠一點

北斗 ほくと

新函館北斗站所在的道南觀光據點

開北海道新幹線於2016年3月26日開通，同時北斗市北部也開設了「新函館北斗站」，成為引人矚目的道南觀光據點。北斗為米、番茄、北寄貝等特產農、漁業興盛的城鎮，有不少充滿自然風情的景點。

洽詢處
北斗市觀光服務處 ☎0138-84-1147
函館巴士 ☎0138-22-8111

MAP	
廣域	附錄②P.1
詳細	附錄②P.14
交通方式	▶P.110

北斗在這裡！
函館

魅力 1

位於林蔭另一端的祈禱聖地

Trappist 修道院

燈台的聖母 Trappist 修道院

●とうだいのせいぼとらびすとしゅうどういん
☎0138-75-2108　MAP附錄②14 A-4

日本最早設立的男子修道院，院內修道士們過著自給自足的生活。院外設有資料展示室、商店，距離修道院步行30分處還有盧爾德洞窟可自由參觀。院內設施僅開放男性參觀，必須事先以回郵明信片申請。

🕐院外自由參觀，商店為4月～10月15日的9:00～17:00，10月16日～3月底的8:30～16:30，院內參觀僅週二14:00～（每日限定1組，需事先申請）
休無休（商店為12月25日休）
¥免費　所北斗市三ツ石392　🚃道南漁火鐵道渡島當別站步行20分　🅿30輛

聖堂
昭和49（1974）年建造，圖左側為盧森堡製管風琴。
※僅限男性參觀，須事先申請

盧爾德洞窟
位於修道院步行30分距離的後山上，整面山壁滿藤蔓，瑪利亞像則靜靜佇立其中。

商店也不容錯過

Trappist餅乾
24個裝 1363日圓
使用修道院製酪工廠生產的Trappist奶油製作，讓餅乾中帶有美味又豐富的奶油風味。

Trappist Cookies

霜淇淋
350日圓
使用Trappist奶油製作的霜淇淋與甜筒（販售期間為3月21日～11月第2週日）

函館市區

夜景 特輯
市電 特輯
元町西部地區 P.28
十字街灣區 P.44
函館站前大門地區 P.56
五稜郭 P.68
湯之川 P.78
伴手禮 特輯

道南地區
大沼 P.92
北斗 P.96
木古內 P.100
江差 P.102
松前 P.104

前往展望台前的路上還可遇到牛隻

夏 一覽北斗田園風光及函館山風景

木地挽高原全景展望台

賞景勝地木地挽高原位於海拔683m的木地挽山上，展望台則位於海拔560m處。設有室內展望室，可欣賞函館山景緻與大沼、駒丘的風景，天氣晴朗時還可見到噴火灣及羊蹄山。

●きじひきこうげんぱのらまてんぼうだい
☎0138-84-1147（北斗市觀光服務處）
MAP附錄②14 A-2

↑設有完善的休憩空間及洗手間

前往展望台途中的樂趣
Melody Road

前往展望台的路途中，汽車時速約50km左右行駛時就能聽見北斗市相關音樂。往不同方向前進時，其音樂也有所不同，值得期待。

時速50Kmで
MAP附錄②14 A-2

秋 努力游泳的鮭魚

茂邊地川的鮭魚洄游

●もへじがわのさけのそじょう
☎0138-73-3111（北斗市經濟部觀光課）
MAP附錄②14 A-4

每年10月上旬～11月下旬間，茂邊地川都可見到鮭魚洄游樣貌。河川較淺，故可從川邊直接見到眼前的鮭魚，是道南少見的珍貴景點。

⌂自由參觀
🚃道南漁火鐵道茂邊地站步行5分
🅿有

→見到力爭上游的鮭魚令人感動

春 至賞櫻名勝兜風

魅力 2 ★ 絕景景點

隨著季節呈現不同風貌

只有這個時期才有的樂趣
櫻花霜淇淋

以鈴木牧場牛奶（附錄①P.16）製作，僅在櫻花期才販售這款櫻花霜淇淋。霜淇淋的外觀呈現淡粉紅色，櫻花的香氣於口中擴散。

法龜寺的枝垂櫻

北斗櫻迴廊

●ほくとさくらかいろう
☎0138-84-1147（北斗市觀光服務處）
MAP附錄②14 B-3

道道96號旁及其周邊共有4處賞櫻名勝，包括「松前藩戶切地陣屋跡的櫻花樹」、「法龜寺的枝垂櫻」、「大野川沿岸的櫻花樹」、「清川千本櫻」等，夜間還會點上燈光，創造出夢幻氛圍。

夜間還會點上燈光

21時（預定）

←點燈時間為18時30分～

←松前藩戶切地陣屋跡的櫻花樹隧道

北斗櫻迴廊MAP

函館本線
大沼
新函館北斗站
函館
江差
227
法龜寺的枝垂櫻（夜間點燈）
大野川沿岸的櫻花樹（夜間點燈）
96
鈴木牧場牛乳
227
松前藩戶切地陣屋跡櫻花樹隧道（夜間點燈）
清川千本櫻
北海道新幹線
函館灣
道南漁火鐵道
228
→松前
←松前
燈台的聖母Trappist修道院
松前藩戶切地陣屋跡的

享用日式美味
若乃寿し
豪邁飽嘗北寄貝及戎朗牡蠣！

●わかのずし
☎ 0138-73-3116
MAP 附錄②14 B-3

擁有超過50年歷史的老店，提供壽司、生魚片、下酒菜等使用特產北寄貝的料理。也可依據顧客預算、喜好設計餐點，十分窩心。須至少於前一日預約。

⏰11:30～21:00　🈳週一　🏠北斗市飯生2-8-10　🚃道南漁火鐵道上磯站即到
🅿1輛（可使用附近免費停車場）

↑包括北斗產品牌戎朗牡蠣、北寄貝、扇貝等海鮮的貝鮮套餐B1512日圓

↑北寄貝壽司（1貫150日圓左右），生北寄貝、氽燙北寄貝（各300日圓左右），北寄貝奶油燒（300日圓左右）　➡設有吧檯座位及可隔間的和式座位

可當作伴手禮
北寄貝燒賣

↑北寄貝燒賣10顆1674日圓

日新商會 華隆
●にっしんしょうかいかりゅう
☎ 0138-73-2136
MAP 附錄②14 B-3

使用在地食材製作燒賣的外帶專賣店。

⏰9:00～18:00　🈳週日　🏠北斗市飯生3-2-12　🚃道南漁火鐵道上磯站即到　🅿3輛

↑北寄貝咖哩（附沙拉）1000日圓

享用洋食美味
POPEYE & OLIVE
●ぽぱいあんどおりーぶ
☎ 0138-73-2175　**MAP** 附錄②14 B-3

擁有40年歷史的老牌咖啡廳＆餐廳。北寄貝咖哩花2天時間熬煮，其偏辣的咖哩醬與北寄貝甜味完美融合。

⏰10:30～18:30　🈳週一
🏠北斗市飯生3-4-4　🚃道南漁火鐵道上磯站即到
🅿可使用附近免費停車場

蒸烤後享用
貝鮮焼 北斗フィッシャリー
●かいせんやきほくとふぃっしゃりー
☎ 0138-73-0700　**MAP** 附錄②14 B-3

由上磯郡漁協所經營，提供牡蠣等貝類蒸烤料理。直售處則販售鹽藏海帶及昆布醬油等加工品。

⏰11:00～19:00
🈳週一（逢假日則翌日休）
🏠北斗市飯生1-13-29 北斗漁港（上磯地區）內
🚃道南漁火鐵道上磯站步行14分　🅿26輛

↑所有桌上都裝設了燒烤台

↑位於北斗漁港內側

蔬菜採收後立即BBQ！！

COLUMN
展出過去的臥鋪特急列車「北斗星」
北斗星廣場
●ほくとせいひろば

↑修繕後保留下車廂的美麗外觀

☎ 0138-75-2030（北斗軒）
MAP 附錄②14 A-4

展出2節過往臥鋪特急列車「北斗星」車廂的廣場。可參觀車廂內部，充分了解過往的英姿。

⏰外觀自由參觀（北斗軒為11:00～17:30，北斗星內部參觀至18:00）
🈳週二　🏠北斗市茂辺地3-31-43　🚃道南漁火鐵道茂邊地站步行3分　🅿12輛

一面眺望北斗星 一面享用午餐
北斗軒
●ほくとけん

最受歡迎的北寄炒飯及道地藥膳中華料理。用餐時還可欣賞北斗星車廂。

↑北寄炒飯800日圓

↑黑芝麻無湯擔擔麵900日圓

BBQ區域可以成吉思汗燒烤肉方式享用現採的蔬菜（需預約）。3500日圓

體驗採收過程
谷觀光農場
●たにかんこうのうじょう
☎ 0138-77-6843　**MAP** 附錄②14 A-3

占地約5ha的寬闊農場內，提供初夏的草莓、櫻桃採收體驗，一直到秋天的馬鈴薯挖掘等，各種採收體驗都十分有趣。直售處也售有新鮮蔬菜。

⏰6月中旬～10月中旬的10:00～16:00　🈳不定休、雨天公休　🏠北斗市向野144-5　🚃JR新函館北斗站車程15分　🅿30輛

↑種植了豐富的葡萄及李子

購買新鮮蔬菜就到這裡
JA 新はこだて「あぐりへい屋」
●じぇいえいしんはこだてあぐりへいや
☎ 0138-77-7779　**MAP** 附錄②14 B-3

販售道南特產的JA農協直售處，除了當季的農產品外，亦售有使用在地蔬菜製作的熟食、乳製品等各種加工品。

⏰9:30～16:00（1～3月為～15:00）
🈳週一　🏠北斗市東前62　🚃JR新函館北斗站車程10分　🅿50輛

↑販售當日清晨現採蔬菜

函館市區

夜景 特輯

市電 特輯

元町西部地區 P.28

十字街 灣區 P.44

函館朝市地區 P.56

五稜郭 P.68

湯之川 P.78

伴手禮 特輯

道南地區

大沼 P.92

北斗 P.96

木古內 P.100

江差 P.102

松前 P.104

★★★

購物&美食專區 HOKKURU

●しょっぴんぐあんどふーどえりあほっくる

☎0138-77-5011（北斗市觀光協會）

MAP 附錄②14 B-2

位於JR新函館北斗站旁的複合式設施，集結北海道必買伴手禮店鋪、推廣道南地區產品的店鋪等。此外，可品味北海道招牌餐點的餐廳也進駐此處。

⏰視櫃位位而異 📍北斗市市渡1-1-7 🚉JR新函館北斗站即到 🅿584輛

還有釣烏賊餐廳！

烏賊吊起後可當場製成生烏賊或燒烤料理享用。1000日圓左右（時價）

↑販售北海道、東北酒類的酒鋪稻村屋

↑提供可試飲道產葡萄酒的試飲機（付費）

↑可可塔（草莓）450日圓

→北斗市甜點店Joli Creer所開設的Café Berry5

聚集各種伴手禮！ Hotto Marushe Ogaaru

●ほっとまるしぇおがーる

☎0138-84-1146

MAP 附錄②14 B-2

準備各種北斗市名產，及代表北海道的點心等商品。此外，北寄貝君與新幹線周邊商品也相當豐富。

⏰9:00～19:00 🚫無休 📍北斗市市渡1-1-1 JR新函館北斗站1F 🚉直通JR新函館北斗站

集結北斗市等道南地區的伴手禮

魅力 5

豐富的購物&咖啡廳 新函館北斗站前地區

北斗市 特產品大集合！

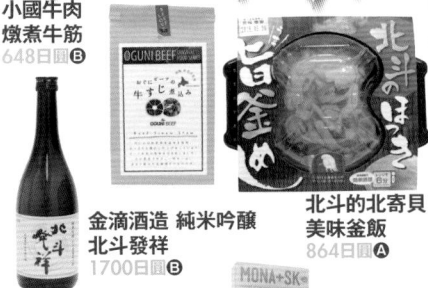

味 Natsubu 北海道產 843日圓 Ⓐ

Marumero果醬 675 日圓 Ⓑ

小國牛肉燉煮牛筋 648日圓 Ⓑ

蕃茄羊羹 864日圓 Ⓑ

北寄北寄☆糖果 540日圓 Ⓑ

北寄貝君de昆布 540日圓 Ⓑ

もちもちエクレア（意可蕾）250 日圓 Ⓑ

菓匠 Yumeya 的 Beko麻糬 130日圓 Ⓑ

北斗市產特別栽培米(2合) Fukkurinko 508日圓 Ⓑ Yumepirika 540日圓 Ⓑ

金滴酒造 純米吟釀北斗發祥 1700日圓 Ⓑ

北斗的北寄貝美味釜飯 864日圓 Ⓐ

MONASK 1160日圓 ⒶⒷ

可購買的店鋪
Ⓐ:購物&美食專區HOKKURU
Ⓑ:Hotto Marushe Ogaaru

tete hokuto

1F tete café

●ててほくと

☎0138-77-0606 **MAP** 附錄②14 B-3

由住宅建設公司所開設，主題為美食及居住的複合設施。在建設公司才能創造出的舒適空間內開設咖啡廳&餐廳，提供以在地產品製作的甜點及料理。2樓則是建材展示空間。

⏰11:00～17:00(餐廳週至19:30) 🚫週二(餐廳為週一～三) 📍北斗市市渡1-7-5 🚉JR新函館北斗站步行3分 🅿30輛

↑建築物外牆顏色仍為原有色彩

↑巧克力聖代800日圓帶有些微苦味

↑道產牛奶製作的義式冰淇淋（雙球）450日圓

↑陽光灑入店內，十分舒適

1F 法國餐廳 climat

↑晚間全餐料理一例。全餐有5800、8800日圓兩種

↑店內氛圍輕鬆休閒

畑のレストラン Huis～ゆい～

●はたけのれすとらんゆい

☎0138-83-1241 **MAP** 附錄②14 B-3

這間農場餐廳使用大量自家農園產的新鮮蔬菜製作料理，其中又以可任選主餐的半自助式套餐最受好評。

⏰11:00～17:00（午餐時段為11:00～14:30） 🚫週四（逢假日則週三休） 📍北斗市市渡1-3-11 🚉新函館北斗站即到 🅿10輛

↑柱子使用道南杉，並擁有挑高天井

到飽1480日圓～有主廚特製主菜，及自家栽培蔬菜的自助午餐吃

【地圖】
←大沼公園　北口　函館本線　函館→
新函館北斗站
北海道新幹線　木古內→
南口
計程車乘車處　La'gent廣場函館北斗飯店
車站2樓設有觀光服務處，提供近郊地區的介紹手冊。也可至櫃臺詢問。
包含1、2樓與頂樓的鋼骨建造立體停車場，可容納584輛汽車。
三條屋
豐田租車　歐力士租車 NIPPON租車 Times租車
Tajima Rental Station　日產租車
畑のレストラン Huis～ゆい～
JR Rent-A-Car　Budget租車
←國道227號　國道262號
tete hokuto

木古内 (きこない)

受群山、大海等豐富自然所環繞的城鎮

北海道新幹線從本州穿過青函隧道，抵達北海道後，第一個停車的城鎮就在這裡。可以木古內站為據點，走訪渡島西部、檜山南部9町的觀光地。

此外，1月的「寒中禊祭」更是日本知名活動。

\函館出發/ **車程50分** 🚗 ❤
稍微走遠一點

木古內 在這裡!

函館

洽詢處

木古內町役場	☎01392-2-3131
木古內町觀光協會	☎01392-6-7357
函館巴士	☎0138-22-8111

MAP
廣域 附錄②P.1
詳細 附錄②P.16

交通方式 ▶P.110

木古內 ★3大★ 注目焦點

木古內有不少值得一看的景點，包括活躍於幕末的軍艦沉沒處等歷史名勝，以及熱門的公路休息站等。也可先至觀光服務處收集資訊，再活用租借自行車四處逛逛。

注目焦點2 感受歷史景點

Saraki岬（咸臨丸）
●さらきみさきかんりんまる　　MAP附錄②1
☎01392-6-7357（木古內町觀光会）

海中為幕末軍艦咸臨丸沉沒處。5月還能見到盛開的鬱金香。

🕐自由參觀　📍木古內町龜川　🚃JR木古內站車程10分　🅿50輛
↑可見到咸臨丸模型

想了解更多的人　MAP附錄②16 B-2
木古內町鄉土資料館
●きこないちょうきょうどしりょうかん
☎01392-2-4366

以陶器、生活用具及相關資訊，介紹町內歷史。亦展出珍貴的鐵路資料。

🕐9:00～16:00　休週一（逢假日則翌日休）
💴免費入館　📍木古內町鶴岡74-1
🚃JR木古內站車程5分　🅿20輛
→推測為咸臨丸的錨

藥師山
●やくしやま　　**推薦時期 5月上旬～中旬**　MAP附錄②16 C-1
☎01392-6-7357（木古內町觀光協會）

可從山頂一覽街區全景的休憩景點。

🕐自由參觀（冬季因積雪不開放參觀）　📍木古內町木古內　🚃JR木古內站步行15分　🅿無
↑藥師為山芝櫻名勝

札苅村上芝櫻園
●さつかりむらかみしばざくらえん　　**推薦時期 5月上旬～中旬**　MAP附錄②1
☎01392-6-7357（木古內町觀光協會）

村上先生建造的芝櫻庭園對外開放參觀。

🕐9:00～17:00　📍木古內町札苅　🚃木古內站車程5分　🅿使用指定停車場
↑位於道南漁火鐵道沿線

注目焦點1 享受自然景點

注目! 搭上小火車享受悠閒觀光樂趣!
道南小火車鐵道
●どうなんとろっこてつどう
☎070-2422-1006　MAP附錄②16 A-2

使用舊JR江差線中約2.9km路段，提供小火車乘車體驗。依據路段不同，還分為腳踏式小火車及引擎式小火車等。營運期間請參照網頁公告http://senro.donan.net！

💴軌道自行車（來回1輛、最多2名成人）1400日圓　📍木古內町鶴岡　🚃JR木古內站車程5分　🅿7輛

參加潑水體驗
漫步於木古內潔淨城鎮

與導遊一同漫步商店街，試飲在地酒品、試吃當地零食，最後前往Misogi濱，全程約1小時。

☎01392-6-7357（木古內町觀光協會）

參加費:1000日圓
舉辦期間:全年（過年期間、禊祭期間除外）
最少成行人數:2人
※原則上至少需於3日前預約

↑最後可穿上雨衣體驗潑水感受!
↑為潔淨自己，必須反覆淋上冷水
↑非常有氣勢的將神體放入海中清潔

專欄
潔淨之町‧木古內
持續守護歷史悠久的儀式

擁有超過180年歷史的這項儀式，是為了洗淨4尊神體，由4位修行者進入嚴寒大海中，祈求全年的漁業豐收。

每年1月13～15日 寒中禊祭

達成來館100萬人次紀錄的 公路休息站

新幹線時刻
以電子顯示螢幕提供資訊。

觀光案內
不管是觀光資訊還是美食情報，都包在我身上！

協助租車、自行車
有2家租車公司可租借自行車「Kikorin」費用為4小時500日圓～

觀光顧問常駐
不僅是木古內町，周邊城鎮的觀光相關資訊也可放心洽詢。

觀光顧問津山 睦小姐

豐富的觀光簡介
集結木古內町、周邊城鎮、函館等處的簡介資訊。

公路休息站 みそぎの郷きこない

●みちのえきみそぎのさときこない

☎01392-2-3161　MAP附錄②16 C-1

位於木古內站前方，因有知名主廚負責監修的餐廳以及觀光顧問常駐的服務處而蔚為話題。2017年更於休息站旁開設廣場，讓親子都能同歡。

🕘9:00～18:00 (有時期性變動)
休無休　所木古內町本町338-14
交JR木古內站即到　P143輛

↑販售道南各地的伴手禮

↑入口還有當地吉祥物「Ki-ko」的郵筒

達成來館100萬人次紀錄的 公路休息站

於站前的巴士乘車處可搭乘開往松前、江差、函館站的巴士。

Sweets Gallery 北島本店
奧津輕今別
北海道新幹線
木古內站
道南漁火鐵道
五稜郭
新函館北斗
巴士、計程車乘車處
Sweets Gallery 北島
Seicomart
東出酒店
末廣庵
和洋亭苑あおき
公路休息站 みそぎの郷 きこない (租車、租借自行車)
Misogi濱・國道228號

在站前請多留意腳邊！
木古內站前可見到畫著咸臨丸的水溝蓋。也可在公路休息站索取水溝蓋卡片留作紀念。

走立刻就能找到 →
↑在車站周圍走走就能找到

↑令人想收集的卡片

餐廳、外帶美食、特產伴手禮全都集中在公路休息站

木古內的特色伴手禮

↑町內老店末廣庵的「孝行餅」（大）240日圓

↑休息站員工最推薦的函館和牛可樂餅880日圓，以及北海道鮭魚 Chan-Chan可樂餅540日圓

↑店內提供豐富在地商品

↑Misogi濱海水製成的「Misogi 鹽」1300日圓

↑原創毛巾 各780日圓

↑繪有Ki-ko臉的環保袋 1458日圓

↑使用道南杉製作的智慧型手機用音箱1500日圓

商品販售區

☎01392-2-3161

🕘休準同公路休息站みそぎの郷きこない

どうなんde's Ocuda Spirits

●どうなんですおくだすぴりっつ

☎01392-6-7210

由獲選為「世界千位廚師」的奧田政行主廚負責監修的餐廳。嚴選道南食材，四季都能享用到各種當季盛產美味。

🕘11:00～14:00、14:00～15:30、17:30～20:45　休不定休

頭氣息店內洋溢著溫暖木

↑午餐的番茄培根義大利麵1200日圓。外加300日圓就附鹽麵包、沙拉、湯、義式冰淇淋

↑晚餐的義大利麵全餐2800日圓也頗受歡迎

キッチンキーコ

●きっちんきーこ

☎01392-2-3161

提供豐富外帶餐點，包括使用「Misogi 鹽」製作的霜淇淋、函館和牛可樂餅等輕食。

🕘霜淇淋9:00～17:00、其他9:00～16:30
休不定休

招牌相當醒目

巨大的相當醒目的「Ki-ko」

↑函館和牛可樂餅250日圓

↑Misogi鹽霜淇淋 300日圓

コッペン道士

●こっぺんどっと

☎01392-6-7210 (どうなんde's Ocuda Spirits)

餐廳供應的「鹽麵包」（每個50日圓）最受歡迎。使用當季素材製作的Koppe麵包三明治也相當推薦。

🕘10:00～18:00 (售完打烊)
休不定休

↑附設於餐廳旁

↑使用木古內產May Queen馬鈴薯製作的當季Koppe麵包三明治（各300日圓左右）深受喜愛

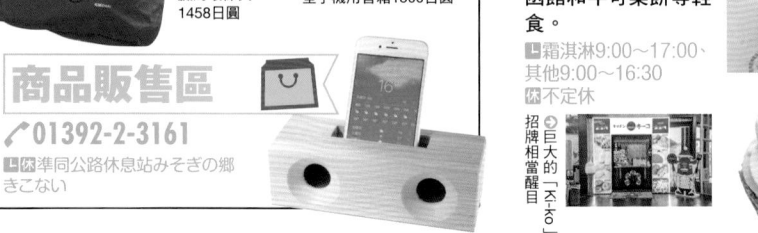

曾因鯡魚捕撈及身為北前船交易港而繁盛的城鎮

江差
●えさし

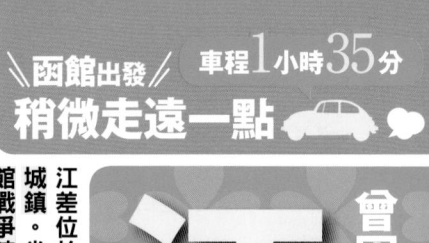
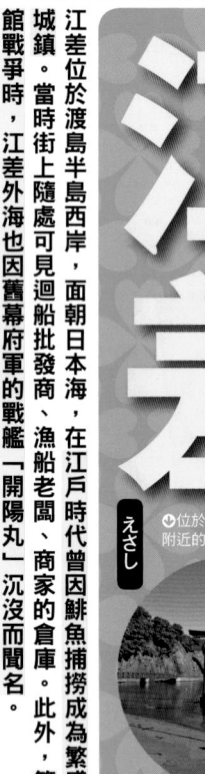

↑位於海鷗島瓶子岩附近的嚴島神社鳥居

江差位於渡島半島西岸，面朝日本海，在江戶時代曾因鯡魚捕撈成為繁盛城鎮。當時街上隨處可見迴船批發商、漁船老闆、商家的倉庫。此外，箱館戰爭時，江差外海也因舊幕府軍的戰艦「開陽丸」沉沒而聞名。

開陽丸的故事？

戊辰戰爭時，因曾在阿波沖（兵庫縣）海戰中擊敗新政府軍而活躍一時，但在明治元（1868）年冬天，開陽丸於江差外海支援舊幕府軍時受到突然變化的風勢及大浪影響而沉沒。在沉沒100年後，也就是昭和49（1974）年時，正式展開調查，挖掘船隻物品，更找出超過3萬件的物品。

開陽丸資訊
- 最大長度：72.8m
- 最大寬度：13.04m
- 排水量：2590t
- 主帆高度：45m
- 乘載人員規模：350～500人
- 出土物品件數：32905件

重現榎本武揚也沉醉其中的巨大軍艦！

明治氣息的古典城鎮

江差地區至今仍保留不少江戶時代繁榮時所興建的民宅、佛寺等建築，走在街上，不妨細細品味這股懷舊氣息。

船的內部是這個樣子！

船內除了展出回歸的大砲、砲彈以外，更使用展示板等方式，解說開陽丸的歷史。此外，還設有好玩的模擬駕船體驗，更能爬上吊床，實際感受當時船員就寢的樣貌。

←人像模型也透過聲音重現大砲發射樣貌

幕末軍艦 開陽丸（江差海之站）
●ばくまつのぐんかんかいようまるえさしうみのえき

📞0139-52-5522 MAP 附錄②16 B-4

這艘江戶幕府的軍艦「開陽丸」為幕末時期於荷蘭所建造，戊辰戰爭時十分活躍，榎本武揚等人也曾搭乘過，但卻因暴風雪而觸礁、沉沒。沉沒後約120年，也就是1990年時，根據留存於荷蘭的設計圖復原了戰艦樣貌，並成為訴說當時歷史的紀念館。館內展出大砲、生活用具等約3000件物品。

🕐9:00～16:30 休無休（11～3月為週一、假日翌日）
💴500日圓 🅿江差町姥神町1-10
🚌姥神フェリー前巴士站步行3分
🅿140輛

洽詢處
江差觀光會議協會
📞0139-52-4815
函館巴士
📞0138-22-8111

MAP
廣域 附錄②P.1
詳細 附錄②P.16

交通方式 ▶P.110
住宿資訊 ▶P.117

江差在這裡！

這裡也很推薦 順遊景點

欣賞江差海岸、海鷗島、開陽丸

🍴美食 **津花館**
●つばなかん

📞0139-52-5151　MAP 附錄②16 C-4

可於餐廳內眺望日本海，享用美食。包括鯡魚甘露煮、加上鯡魚卵的親子膳等，每一樣都是這裡才能享用到的美味。此外，也提供蛋包飯等洋食。

🕐11:00～14:30、16:30～20:00 休不定休 🅿江差町橋本町100 🚌橋本町巴士站步行3分 🅿20輛

預算 午晚1500日圓～

→鯡魚親子膳979日圓是最受歡迎的窗邊座位

江差古街道旁的綠洲

🍴美食 **茶房せき川**
●さぼうせきかわ

📞0139-52-0033　MAP 附錄②16 C-3

這家咖啡廳改建大正中期建造的酒商房屋而成，店家提供抹茶，以及使用賽風壺一杯一杯仔細沖泡的咖啡，香氣濃郁。

🕐4月中旬～10月底10:00～17:00 休期間中週二（逢假日則翌日休）🅿江差町中歌町23 🚌中歌町巴士站步行3分 🅿無

預算 午晚500日圓

→紅豆湯圓600日圓（附抹茶）↑著名酒屋外仍留有雕刻的招牌

體驗江差追分及姥神大神宮渡御祭

📷景點 **江差追分會館・江差山車會館**
●えさしおいわけかいかんえさしやまかいかん

📞0139-52-0920　MAP 附錄②16 C-3

可在設施內了解北海道遺產的「江差追分」及「姥神大神宮渡御祭」等資訊。4月下旬至10月底期間，每天更會表演3次正統江差追分。

🕐9:00～17:00 休無休（11～3月為週一、假日翌日）💴500日圓 🅿江差町中歌町193 🚌中歌町巴士站即到 🅿20輛

需時1小時

→可實際欣賞現場江差追分表演 →展出姥神大神宮渡御祭的山車

函館市區
特輯 夜景
特輯 市電
元町 西部地區 P.28
灣區 十字街 P.44
函館站前 大門地區 P.56
五稜郭 P.68
湯之川 P.78
特輯 伴手禮
地區 道南
大沼 P.92
北斗 P.96
木古內 P.100
江差 P.102
松前 P.104

招牌的 鯡魚蕎麥麵

↑加上鯡魚甘露煮的鯡魚蕎麥麵1000日圓，為昭和30年代橫山家老闆娘所想出來的傳統美味

令人想起船隻老闆生活的總檜造建築

橫山家
●よこやまけ

☎0139-52-0018 MAP附錄②16 C-4

經營漁業及迴船批發的橫山家初代，在江戶時代建造了京都風建築物。經歷220以上時間，現在居住者為第8代。內部保留許多珍貴生活用品，也獲指定為北海道有形民俗文化財產。在充滿特色的建築物內，還能享用與江差息息相關的鯡魚蕎麥麵。

⏰4月中旬～11月下旬的9:00～17:00 休期間中無休 ¥300日圓 所江差町姥神町45 姥神フェリー前巴士站步行3分 P20輛

內部是這個樣子的！

↑起居室內的金屏風。起居室及帳場都放著各種華麗用品

倉庫

↑建築物後方過去與大海相連。稱作「Hanedashi」，為船隻上下貨的倉庫

金屏風

保留於歷史城鎮的個性據點也值得注目！

走在いにしえ街道上

所謂いにしえ，指的是多棟歷史建築林立，長約1.1km的舊國道沿線。到了夜晚，由同為道路上店鋪的斉藤籠店所製作的笠「炭ころりん」組合成照明裝置，為街道點燈。

氣氛滿點

↑橫山家及舊中村家住宅也位於這條路上（MAP附錄②16C-4）

奇岩·瓶子岩

這顆外型不可思議的岩石位於開陽丸附近，此處曾傳說因神水倒入大海，引來大量鯡魚靠近，而這塊岩石更是傳說中盛裝神水的瓶子。

擁有傳說的岩石

↑瓶子岩外觀宛如開放的圓瓶（MAP附錄②16 B-4）

表性的建築物

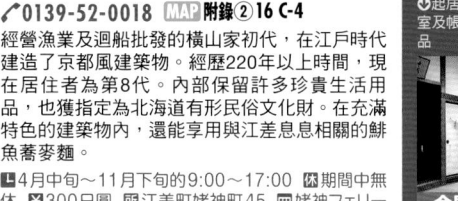

訴說江戶時代熱鬧氛圍江差商家中最具代

內部是這個樣子！

↑進入玄關後就能見到帳場。內側則有設置了地爐的茶室

舊中村家住宅
●きゅうなかむらけじゅうたく

☎0139-52-1617 MAP附錄②16 C-3

由近江商人大橋家在江戶時代所建造的商家，並於大正時代讓給中村家使用。建築由4棟房子並排構成，主屋為懸山頂造設計的2層樓建築，以越前石為地基，加上主材料羅漢柏所建造。為國家重要文化財。

⏰9:00～17:00 休4～10月無休（11～3月為週一，逢假日則翌日休）¥300日圓 所江差町中歌町22 中歌町巴士站步行3分 P無

舊檜山爾志郡役所
（江差町鄉土資料館）
●きゅうひやまにしぐんやくしょえさしちょうきょうどしりょうかん

☎0139-54-2188 MAP附錄②16 C-4

明治20（1887）年，這棟建築曾兼任當時郡公所及警察署，也是北海道內唯一現存的郡公所，更獲指定為有形文化財。現在則改建為資料館，主要介紹郡公所制度變遷等資訊。裝飾每個房間的美麗布十字架更值得一看。入館前可購買與中村家住宅的共通入館券500日圓，較為划算。

⏰9:00～17:00 休4～10月無休，11～3月為週一（逢假日則翌日休）¥300日圓 所江差町中歌町112 中歌町巴士站步行5分 P5輛

↑位於入口的「悲嘆之松」。據說見到開陽丸沉沒的樣貌，土方及榎本一面流淚，一面出拳打在這棵松樹上

建築於明治時代代表江差的建築物

保留幕末及

商店、餐飲區也值得一看！

「江差海之站開陽丸」內的ぷらっと江差，除了販售產地直送的蔬菜、海產等商店外，也設有餐飲區，入場免費。

↑可在此體驗砲彈重量。實際拿起來感受一下重量吧

↑海之站限定販售的江差開陽丸奶油餅乾（18片裝）650日圓

↑餐飲區提供鯡魚蕎麥麵、烏龍麵，特定時期還有生烏賊等餐點

工匠畢生所學製成的籠製品

購物
斉藤籠店
●さいとうかごてん

☎0139-52-0422 MAP附錄②16 C-4

創業超過100年的老店，使用秋天採下的千島笹竹子，由工匠手工製作出一個個籠製品，充滿特色。產品在冬季製作，故4月上旬商品數量較豐富。

⏰9:00～18:00 休不定休 所江差町姥神町112 中歌町巴士站步行3分 P無

衣物籃9800日圓
的氛圍 宛如傳統零食店

設於倉庫內的時尚麵包店

購物
ぱんやBecky
●ぱんやべっきー

☎0139-56-1115 MAP附錄②16 C-4

以「製作每天吃都不會膩，對身體有益、安心、安全的麵包」為核心理念。使用八雲町松永農場的放養雞蛋，及北海道產奶油、在地產蔬菜等，嚴選各種素材製作。

⏰8:00～售完打烊 休週二、第1、3週一 所江差町姥神町90 姥神フェリー前巴士站步行3分

位 店 治 每 內 座 區 的 於 前 30 天 設 位 入 有 0 替 有 約 口 日 換 3 的 圓 ， 明

傳統品牌的圓罐羊羹

購物
五勝手屋本舗
●ごかってやほんぽ

☎0139-52-0022 MAP附錄②16 C-4

明治3（1870）年創業的老牌點心店。招牌商品羊羹為昭和11（1936）年時，昭和天皇至函館時曾獻上的知名甜點。除了和菓子以外，蜂蜜蛋糕432日圓也頗受歡迎。

⏰8:00～19:00 休無休 所江差町本町38 橋本町巴士站即到 P4輛

圓罐羊羹（1條）270日圓 2樓設有憩室

憩室 2樓270日圓圓罐羊羹（1條）設有休

私房資訊COLUMN 往來大坂與蝦夷的「北前船」

江戶·明治初期，北前船經下關與日本海沿岸，往返於蝦夷及大坂、兵庫間。船隻在大坂、兵庫裝上清酒、砂糖及藥材，到了蝦夷則裝上鯡魚、昆布等貨物。其中最具代表性的船隻，就是北方開墾先驅高田屋嘉兵衛的和船「辰悅丸」。

興盛於江戶時代的北海道唯一的一座城下町

松前
●まつまえ

松前位於渡島半島西南端，在可俯瞰津輕海峽的輔地上，更建造了一座擁有三層天守閣的城，讓松前成為過往的城下町。城的四周為武家町、北側為寺町、海岸邊則是町人町的建築。是座充滿歷史氛圍及名勝古蹟的城鎮。

◎松前町中心地帶重現了過往城下町的氛圍

代代延續歷史的
賞櫻名勝

欣賞城與櫻美景
的漫步之旅

松前最大的特色為城及櫻花。最推薦於4月下旬～5月中旬前往，享受城下町最獨特的美麗街景及招牌美食。

洽詢處
松前觀光協會
📞 0139-42-2726
函館巴士
📞 0138-22-8111

MAP
廣域 附錄②P.1
詳細 附錄②P.16

交通方式 ▶ P.110
住宿資訊 ▶ P.117

松前在這裡!
函館
★

---

❷城內為松前城資料館，展出許多珍貴資料

城的內部為資料館

📅 4月10日～12月10日的9:00～16:30
休 期間中無休
💰 360日圓

留在石牆上的彈痕

❷松前城的石牆上留有多處彈痕。這是土方歲三所率領的舊幕府軍與松前藩對戰時所留下的痕跡

不要錯過
觀光服務處

❷建地內設有觀光服務處，以及販售伴手禮的商店

❷商店所販售的櫻花霜淇淋300日圓

松前城
●まつまえじょう

📞 0139-42-2216（松前城資料館）
MAP 附錄②16 A-3

松前城建於安政元（1854）年，是日本最後也是最北的日式城堡建築，正式名稱為福山城。昭和24（1949）年曾因火災部分毀損，但昭和36（1961）年復原了天守閣，近年來又復原了天神坂門等處。本丸御門則是國家重要文化財。

📅 自由參觀（外觀） 所 松前町松城144
🚌 松城巴士站步行8分 P 無

這裡也很推薦 **順遊景點**

享用松前黑鮪魚製作的餐點

美食
北前食堂
●きたまえしょくどう

📞 0139-46-2211
預算 💴 800日圓　MAP 附錄②16 A-4

位於公路休息站「北前船 松前」內，使用松前周邊特選食材，並以當地才有的實惠價格提供各種餐點。最推薦使用津輕海峽產鮪魚製作的醃漬松前黑鮪魚蓋飯。

↑醃漬松前黑鮪魚蓋飯1780日圓

📅 11:00～17:30（有季節性變動）
休無休（10～3月為週一，達假日則翌日休） 所松前町唐津379
🚌 唐津巴士站即到 P 100輛

接觸史前時代至今的歷史及生活樣貌

景點
松前町鄉土資料館
●まつまえちょうきょうどしりょうかん

📞 0139-42-3060（松前町教育委員會文化社會教育課）MAP 附錄②16 A-3

需時 1小時

展出史前時代起的松前歷史與生活相關資料，可見到挖掘自町內各地的繩文時代陶器，以及呈現藩政時代商人文化的求福山山車等物品。

↑透過山車布幕了解當時的繁榮

📅 4月10日～12月10日的9:00～16:30
休 期間中無休 💰 免費
所松前町神明30 🚌 松城巴士站步行15分 P 30輛

眺望青森的北海道最南端海岬

景點
白神岬
●しらかみみさき

📞 0139-42-2275（松前町役場商工觀光課）　MAP 附錄②1

需時 30分

位處北緯41度23分北海道的最南端（除離島外），與本州的青森縣龍飛岬僅有19.2km距離。附近有可走到海岸上的樓梯，以及出身白神的歌人村上清一的歌碑。

↑位於白神岬覆道靠海一側，不要錯過

📅 自由參觀 所 松前町白神 🚌 灯台下巴士站下車即到 P 20輛

私房資訊 COLUMN ～ 被譽為「松前應舉」的畫家蠣崎波響 ～
蠣崎波響為北邊的城下町松前藩藩主之子，主要從事家老工作，並於江戶時代後期成為畫家。擅長寫實派彩色花鳥圖，充滿氣度的畫風深受好評。部分作品展示於松前城內部的資料館。

函館市區
特輯 夜景
特輯 市電
西部地區 元町
P.28 灣區 十字街
P.44 函館站前 大門地區
P.56 五稜郭
P.68 湯之川
P.78 特輯 伴手禮
道南 地區 大沼
P.92 北斗
P.96 木古內
P.100 江差
P.102 松前
P.104

松前藩屋敷
●まつまえはんやしき

📞0139-43-2439
MAP 附錄②16 A-3
這座主題公園可感受江戶時代因北前船交易而繁榮的松前氛圍。園內重現了14棟建築物與街景，包括藩士居住的武家屋敷等處。

🕐4月上旬～10月下旬的9:00～16:30
休期間中無休 ¥360日圓 所松前町西館68 🚌松城巴士站步行15分 P150輛（免費，松前櫻花祭期間每次500日圓）

還有試穿體驗！

時光倒流至繁盛時期！

⬆入口的白色布幕繪有松前藩主的家紋
⬆可拍攝紀念照，附胸章盔甲、和服體驗
⬆旅籠（旅館）內部

推薦各種體驗活動！
松前藩屋敷內提供豐富體驗活動，如集結多種服裝的盔甲、和服試穿體驗，以及製作松前漬等活動。預約或費用等請洽松前觀光協會（📞0139-42-2726）

⬆大碗內放入特製醬汁、昆布、切碎的北魷後混合
⬆15分後會逐漸出現黏性。工作人員會協助將混合物放入塑膠袋內，醃漬2天後就能在家享用

挑戰製作松前漬！

⬆獲指定為北海道學術自然保護地區

宛如北方小京都的風景

簡直就是櫻花博覽會

櫻見本園
●さくらみほんえん

📞0139-42-2275（松前町商工觀光課）
MAP 附錄②16 A-3
園區內約有110種櫻花、300棵櫻樹，包括自古以來的品種、近年孕育的新品種等，可謂「活櫻花圖鑑」。

🕐自由參觀 所松前町松城（松前公園內）🚌松城巴士站步行10分 P使用松前藩屋敷停車場

⬆若想近距離賞櫻花就可到此處

⬆位於五蓋寺院之一的「光善寺」境內，樹齡約300年的知名櫻花木「血脈櫻」

⬆松前藩共19代藩主、總計55座墳墓位於松前藩主松前家墓所內

寺町
●てらまち

📞0139-42-2275（松前町商工觀光課）
MAP 附錄②16 A-3
寺町為松前公園內5座寺院集結的地區，被指定為北海道遺產。可感受到江戶時代被稱為小京都的松前獨特歷史風情，其中還有寺院內種植了知名櫻花樹。

🕐自由參觀 所松前町松城（松前公園內）🚌松城巴士站步行10分 P使用松前藩屋敷停車場

代表性品種的賞櫻時期
松前地區除了全日本知名的染井吉野櫻以外，也種植了紅豐、北鵬等生長自松前的品種，共有250種櫻花。每種櫻花花期不同，故約有1個月的時間可享受賞櫻樂趣。

南殿 4月下旬～5月上旬	紅豐 5月上旬～5月中旬
北鵬 5月中旬	糸括 5月中旬
松前白絹 5月中旬	普賢象 5月下旬

松前櫻花祭也值得注目！
MAP 附錄②16 A-3
每年4月下旬～5月中旬間，松前公園會舉辦各種活動。活動期間松前站前也會有期間限定巴士運行。詳情請洽函館巴士📞0138-51-3137）

製造、販賣道地松前漬

🛍購物
蝦夷松前龍野屋
●えぞまつまえたつのや

📞0139-42-3800
MAP 附錄②16 A-3
松前漬名店。製作、販售商品包括僅使用北魷與昆布製作口味傳統的特製松前漬，以及加入鯡魚卵的松前漬、索朗漬等。

🕐9:00～17:30（視時間而異）休週三（逢假日則營業，11～3月週六休）所松前町福山74 🚌松城巴士站步行3分 P7輛

⬆圖左為各種松前漬傳統的老店

販售使用海產製作的加工品

🛍購物
北前屋
●きたまえや

📞0139-42-2891
MAP 附錄②16 A-4
使用北海道產褐藻製作「黏稠昆布」及「昆布卷」等，以海產製作的加工品琳瑯滿目。松前漬或烏賊醃漬物更提供秤重販賣，可依喜好適量購買。

🕐9:00～18:00 休週日（5、8月無休）所松前町福山47 🚌松城巴士站步行3分 P3輛

⬆提供各種試吃

位於老牌旅館內的餐廳

🍴美食
レストラン矢野
●れすとらんやの

📞0139-42-2525（溫泉旅館矢野）
MAP 附錄②16 A-4
附設於老牌溫泉旅館內的餐廳，提供天然蝦夷鮑魚、松前鮪魚等松前特有美食。招牌鮑魚飯也提供外帶。

預算午餐1350日圓～

🕐11:00～20:30 休無休 所松前町福山123溫泉旅館矢野 🚌松城巴士站步行5分 P50輛

⬆人氣1350日圓的鮑魚飯
⬆洋食提供咖哩等

私房資訊 **COLUMN** 松前藩主的松前家 松前家始祖為出身若狹的武田信廣，他在15世紀愛奴人與和人的戰爭中，躍居豪族之上。之後，後代姓氏皆改為蠣崎。又因獲得德川家康發布的蝦夷交易獨佔權的黑印狀，被納入幕藩體制，因而改姓松前。

道南西部地區

巡遊兜風行

第1天

出發

JR木古內站
●じぇいあーるきこないえき

步行即到

木古內

①公路休息站 みそぎの郷 きこない
●みちのえきみそぎのさときこない

位於JR木古內站前方，可以在此處租車。

詳情請見P.101

道南西部觀光據點

383 531 228 28分

知內

②854CRUISE
●やごしくるーず
☎01392-6-7854

以小型船繞行被譽為道南秘境的斷崖絕壁景點，途中還可見到充滿神秘藍色的青之洞窟，更能近距離感受奇岩連綿不斷的美景。

🕐5〜10月的6:00〜13:00，每日4班（視時期而異）
休期間中不定休，天候不佳時休 ¥4000日圓
所知內町小谷石99-8 🚗JR木古內站車程30分

前往神秘的青之洞窟

531 14分

松前

⑤松前城
●まつまえじょう

就住宿於松前

松前藩所建造的日本最北日式城郭。附近還有主題公園松前藩屋敷，可一併前往。

詳情請見P.104

228 33分

道內唯一的日式城郭

福島

④福島町青函隧道紀念館
●ふくしまちょうせいかんとんねるきねんかん
☎0139-47-3020

今年為青函隧道開通30周年

建築物外觀以隧道為原型設計，館內設有可了解青函隧道建設歷史的區域，並實際展出挖掘隧道的機器（圖片）。

🕐3月17日〜11月15日的9:00〜17:00
休期間中無休 ¥400日圓 所福島町三岳32-2 🚗JR木古內站車程40分 Ｐ70輛

531 228 38分

飽嘗名產、知內牡蠣！

↑「鐵板牡蠣麵」951日圓
以義大利麵、炸牡蠣搭配多蜜醬汁

知內

③かき小屋知內番屋
●かきごやしりうちばんや
☎01392-6-7511

將飼育於津輕海峽洶湧海浪中的知內特產（夏季為釧路產）牡蠣，在面前的烤台一面燒烤一面享用。最推薦餐點為蒸烤季節活貝類的「活貝罐罐燒」（特盛3240日圓，如圖）。

↑前方為かき小屋，旁邊則是姊妹店ピザANDバーベキュー知內小屋
🕐11:00〜20:00
休無休 所知內町重內10-15 🚗JR木古內站車程15分 Ｐ20輛

與道南西部有關的兩大故事
認定為北海道第一個「日本遺產」！

地區的歷史魅力及特色若可傳達日本的文化、傳統性，就能獲得國家認定的「日本遺產」資格。而2017年4月，以江差町為舞台的故事，以及包含松前町在內的道內外11處自治體為舞台等2個故事皆獲得日本遺產認定。不妨了解這些故事背景，並在兜風之際細細品味其歷史及浪漫意涵。

←江差町的故事為「江差的五月連江戶都比不上〜鯡魚帶來繁榮的城鎮〜」

→松前町的故事為「越過大浪，男人們構築夢想的異空間〜北前船靠港地‧船主聚落〜」

木古內站因北海道新幹線開通而活絡起來，而以此處為中心的北海道西南部地區，擁有神秘絕景，以及鎌倉、室町時代就與本州交流而產生的歷史景點，一次走完這些饒富趣味的景點！

地圖

せたな町
229
奧尻Winery
奧尻町
八雲站
八雲
277
落部
内浦灣（噴火灣）
道央自動車道
八雲町
229
鹿部站
森站
森町
駒岳
乙部町
229
館の岬
公路休息站 あっさぶ いにしえ街道
厚澤部町
日本海
江差 P.102
大沼公園站
大沼公園
駒岳
横津岳
七飯藥師IC
七飯町
新函館北斗站
北海道
公路休息站 上ノ国もんじゅ
史跡上之國館跡勝山館跡
北斗茂辺地IC
木古內 P.100
函館北斗IC
新函館北斗站
函館市區 P.19
上之國町
公路休息站 みそぎの郷 きこない
228
木古內
津輕海峽
松前 P.104
かき小屋知內番屋
知內町
854CRUISE
福島町青函隧道紀念館
松前城
福島町
松前灣

······定期觀光巴士區間
······路線巴士區間

漫步於寺町等松前的歷史景點後，再繼續北上！

→很值得於櫻花季造訪

380　228
1小時20分

北海道最美的絕景公路休息站

形似智慧之佛文殊菩薩的「文殊岩」

上之國
❻公路休息站 上ノ国もんじゅ
●みちのえきかみのくにもんじゅ

☎0139-55-3955

面朝日本海的公路休息站，其商店售有水產加工品、農產品，以及只有上之國町生產的黑鉛矽石產品。餐廳內則可在用餐時透過大片觀景窗欣賞日本海美景。

詳情請見附錄②P.13

上之國　即到
❼史跡上之國館跡 勝山館跡
●しせきかみのくにたてあとかつやまだてあと

☎0139-55-2230
（上之國町教育委員会）

松前家始祖武田信廣於文明5（1473）年左右建造的山城就位於此處，可飽覽建地內美景的夷王山及教學設施都值得一看。

🚶自由參觀　📍上ノ国町勝山　🅿33輛

↑至教育設施參觀挖掘調查中出土的遺物

訴說和人及愛努族的歷史

↑從夷王山眺望美麗的海岸線

←令人想像過往生活樣貌的遺跡群

228
15分

充滿江戶風情

江差
❽いにしえ街道
●いにしえかいどう

位於江差町中央的舊道約1km周圍，有不少明治初期仍相當繁榮的鯡魚交易相關歷史建築。可悠閒在此漫步。

詳情請見P.103

總羅漢柏造建築

5　227　18分

東洋的大峽谷就在道南！

227　229　23分

從江差港搭渡輪

前往奧尻島吧！

自江差港出發，約2小時10分的航程就可抵達奧尻島，欣賞這座離島的美麗海岸，享用海膽、鮑魚等海鮮。此外，日本唯一一處離島釀酒廠製造的奧尻葡萄酒也引人矚目。

洞然岩
石中央受自侵蝕岩石而形成空

→2017年5月啟航的新船「Calanthe 奧尻」

→適合搭配海鮮及壽司的人氣奧尻葡萄酒

厚澤部
❿公路休息站 あっさぶ
●みちのえきあっさぶ

☎0139-64-3738

販售厚澤部發祥的馬鈴薯「May Queen」等當地新鮮農產品。

🕘8:30～18:00（11～4月為9:00～17:00）　📅11月有2天公休　📍厚沢部町緑町72-1　🚗松前車程1小時55分　🅿67輛

→販售可樂餅大賽中獲得冠軍的餐點

229
935
20分

乙部
❾館の岬
●たてのさき

☎0139-62-2311（乙部町産業課）

這一帶過往位於海底，堆積多種地層，又因地殼變動而隆起，經年累月後受到海浪侵蝕，最後形成白色斷崖。

🚶自由參觀　📍乙部町館浦　🚗松前車程2小時　🅿3輛

附午餐！

附僅有名所周遊號乘客可享用的「松前御膳」，以及上之國町特製草莓果汁。

含設施入場費！

江差追分會館

いにしえ街道

在江差町欣賞江差追分表演後，還能自由漫步於風情萬種的街道上。

若想體驗1日景點行程
江差・松前名所周遊號
～旬感・千年北海道～

此為定期觀光巴士（6500日圓，含午餐及設施入場費），自函館站及函館市內各大飯店出發，行經木古內站，沿途前往松前城、公路休息站 上ノ国もんじゅ、江差追分會館等道南西部魅力景點。運行期間為4月1日至10月31日。

洽詢處：H-B觀光
☎0138-51-3136

計劃數日行程，需無限次搭乘巴士者
江差・松前周遊Free Pass
～千年北海道手形～

這款自由乘車券可無限次搭乘函館至道南西部地區的路線巴士，有3日券4000日圓及2日券3000日圓兩種。此外，出示Free Pass搭乘前往奧尻島的渡輪還可享有2等運費8折優惠，以及購買道南漁火鐵道木古內發車至五稜郭間的優惠票券。在前往木古內、松前、江差等地的觀光時相當便利。販售地點包括函館站前巴士服務處、公路休息站みそぎの郷きこない等。

洽詢處：函館站前巴士服務處
☎0138-22-8111　函館站前巴士服務處

2大推薦巴士行程

上述路線也可搭巴士前往！

提供：新幹線木古內站活用推進協議會

徹底比較各種方式！

基本的 飛機 與 話題的 新幹線
選哪一個好？

欲從東京前往函館時，常比較的交通方式班是飛機與新幹線了。若想在短小時內抵達，就選擇飛機；希望減少轉乘次數、可悠閒前往者建議選擇新幹線。

東京站→函館站的比較

飛機		新幹線
2小時50分～3小時10分 ※包含JR東京站～濱松町站、東京單軌電車濱松町站～羽田機場第1・第2航廈站、函館產巴士函館機場～函館站前的搭車時間。	時間	**4小時30分～5小時9分** ※包含JR新函館北斗站～函館站(函館Liner)的搭車時間。
1日8班	班次	**1日10班** ※亦提供臨時列車。
36550日圓(一般時期) ※包括JR東京站～濱松町站、濱松町站～羽田機場第1、第2航廈站、函館機場～函館站前的費用。	金額	**23010日圓(一般時期)** ※包含JR新函館北斗站～函館站(函館Liner)的乘車費用。
●全座位提供飲品	服務	●提供插座 ●可使用電話 ●提供車內商品販售
●費用有大幅優惠 ●機內無人員出入 ●全座位皆為對號座 ●提供常客優惠服務	優點	●手提行李幾乎不須檢查也無限制 ●可中途下車 ●全座位對號座 較不易受天候所影響 ●時間較準確 ●距離發車時間較緊迫也能搭乘

搭乘 飛機 ✈

除了羽田外，成田、中部、伊丹、關西等機場皆有定期航班前往函館。羽田出發的飛機時間最早，約8點左右就能抵達函館，故可有效安排旅途的第一天。無直達航班時，最方便的則是至羽田機場轉乘航班。此外，亦有新千歲及丘珠出發的北海道內航班。

羽田機場(東京) ANA／JAL／ADO 1日8班 → 函館機場 1小時20分 35490日圓
ADO費用比文中費用更實惠。

成田機場 VNL 1日1班 → 函館機場 1小時35分 5960日圓～
費用視搭乘日而異。

中部機場(名古屋) ADO 1日1班 → 函館機場 1小時30分 38310日圓
沒有小牧機場飛往函館機場的直達航班。

伊丹機場(大阪) ANA／JAL 1日2班 → 函館機場 1小時35分 43600日圓
可能由關西機場出發航班所運行。

丘珠機場(札幌) JAL 1日3～5班 → 函館機場 45分 18800日圓
丘珠機場出發的航班僅JAL，無ANA航班。

新千歲機場(札幌) ANA 1日2班 → 函館機場 40分 18800日圓
欲搭乘JAL班機者須至丘珠機場。

確認飛機的優惠費用！

各航空公司皆提供早鳥購票優惠。舉例來說，搭乘JAL航班者，可享有55日前訂票的「Super先得」及45日前訂票的「先得優惠類型B」等優惠，最多可折扣約84%；若於28日前預約，可享「先得優惠類型A」，最多可折扣81%；21日前購票者，則可享有「特便優惠21」，最多可折扣75%（上述優惠比例視時期而異）。

自函館機場前往各地

目的地	巴士	計程車(小型)
函館站	函館帝產巴士／約20分・410日圓 函館巴士96系統／約35分・290日圓	約20分・約2600日圓
湯之川	函館帝產巴士／約8分・230日圓 函館巴士とびっこ／約10分・250日圓 函館巴士96系統／約10分・250日圓	約10分・約1200日圓
五稜郭	函館巴士とびっこ／約25分～・270日圓	約20分・約2200日圓
大沼公園	大沼交通／約1小時20分・1240日圓	約1小時・約9600日圓

搭乘 JR(新幹線) 🚄

搭乘新幹線前往北海道者，須於新函館北斗站轉乘至來線至函館。

①班次較飛機多，時間雖然較長，但也相對便利

新函館北斗站與木古內站出發的交通方式請參照P.110！

路線圖

札幌
— JR特急超級北斗號 約3小時10～35分・8830日圓 首發6:00／末班20:00

新函館北斗
木古內
奧津輕今別
函館 / 青森

新青森
- 50～55分・5480日圓 首發6:32／末班20:42

青森
- 1小時～1小時5分・7260日圓 首發6:32／末班22:32
- JR特急津輕號 2小時35～40分・5600日圓 首發8:37／末班19:33

八戶
- 1小時15～25分・8730日圓 首發7:27／末班20:13
- 1小時25～35分・10510日圓 首發7:27／末班22:06

秋田
- 1小時45分～2小時・11210日圓 首發6:54／末班19:37

盛岡
- 1小時50分～2小時15分・12880日圓 首發6:54／末班21:38
- JR特急稻穗號 3小時30～40分・7210日圓 首發8:27／末班15:01

仙台
- 2小時25～45分・15530日圓 首發8:06／末班18:54
- 2小時25分～55分・17310日圓 首發6:40／末班20:55

新潟

大宮
- 3小時35～50分・20290日圓 首發6:58／末班17:46
- 3小時40分～4小時5分・21740日圓 首發6:58／末班19:46

東京
- 4小時～4小時25分・21340日圓 首發7:30／末班17:20
- 4小時～4小時30分・22690日圓 首發6:32／末班19:20

新大阪
- 6小時45分～7小時・31260日圓 首發6:58／末班14:20
- 6小時50分～7小時15分・32710日圓 首發6:43(平日、週六)、6:33(假日)／末班16:20

所需時間以2017年12月時刻表為基準，金額為普通費用及一般時期普通車對號座特急費用之合計（東北・北海道新幹線為「隼號」、東海道新幹線為「希望號」）。首發、末班時刻表中，新大阪發車時刻為接續東北・北海道新幹線前往新函館北斗、木古內的「希望號」※於東京站內的接續時間預設為10分以上為準。

新幹線？飛機？渡輪？

往函館・道南的交通方式

從日本各地前往函館，除了新幹線以外，也可搭乘飛機或渡輪，方式相當多元。請依據旅遊日程、預算、在當地的交通方式選擇。飛機及新幹線提早預約還有更多優惠，確定日期後建議先訂妥票券。

函館・道南 ★
從日本各地前往函館・道南

函館・道南 交通・指南

往函館・道南的交通方式

官方網站・洽詢處

飛機

ANA（全日空）
☎0570-029-222
http://www.ana.co.jp

JAL（日班航空）
☎0570-025-071
https://www.jal.co.jp

ADO（Air Do）
☎0120-057-333
http://www.airdo.jp/

VNL（香草航空）
☎0570-6666-03
https://www.vanilla-air.com/jp/

JR

JR北海道電話服務中心
☎011-222-7111
http://www.jrhokkaido.co.jp

JR東日本洽詢中心
☎050-2016-1600
http://www.jreast.co.jp

JR東海電話服務中心
☎050-3772-3910
http://jr-central.co.jp

JR西日本旅客服務中心（京阪神地區）
☎0570-00-2486
http://www.westjr.co.jp

客輪

津輕海峽客輪（青森）
☎017-766-4733
http://www.tsugarukaikyo.co.jp

青函客輪（青森）
☎017-782-3671
http://www.seikan-ferry.co.jp

巴士

函館巴士
☎0138-51-3137
http://www.hotweb.or.jp/hakobus/

函館帝產巴士（函館計程車）
☎0138-55-1111
http://www.hakotaxi.co.jp/

大沼交通
☎0138-67-3500
http://www.ohnumakotsu.com/

北海道中央巴士
☎011-231-0600
http://www.chuo-bus.co.jp

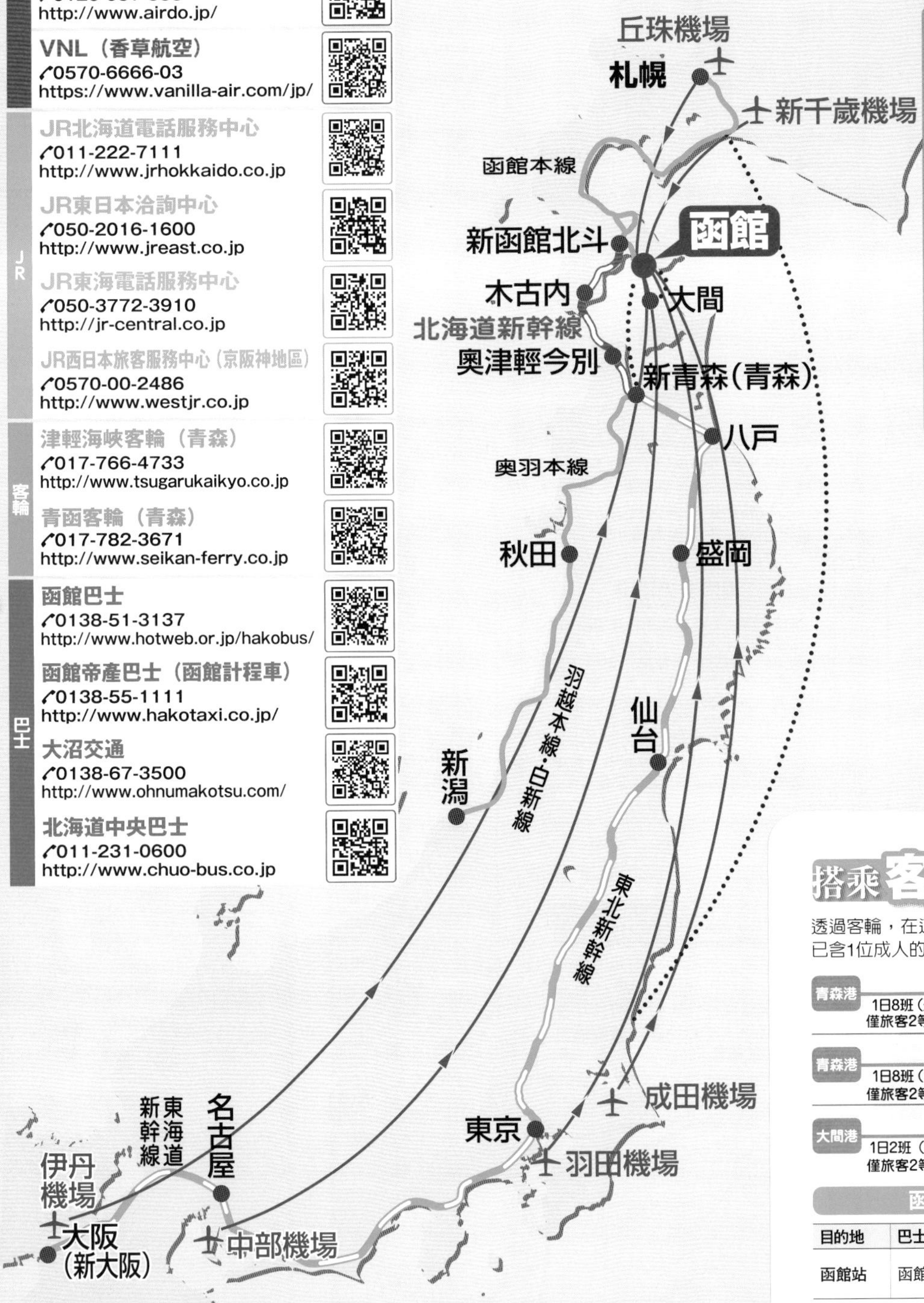

全日本&札幌→函館・道南交通圖

從本州主要都市前往函館的交通方式可參照下圖。東北地區可搭乘東北・北海道新幹線，關東地區以南則選擇最近機場搭乘直飛函館的航班最為便利。

CHECK!

本州和北海道都能使用的優惠票券現狀如何？

因新幹線的延伸，已經沒有連接北海道及青森的在來線。

2018年主要販售的票券

●**北海道&東日本Pass**
可無限次搭乘JR北海道、JR東日本、青之森鐵路、IGR岩手銀河鐵路、北越急行等全線普通列車（含快速）普通車自由座。**7日內有效、10850日圓**。

●**三連休東日本・函館Pass**
指定（3天）的三天連假期間，可無限次搭乘函館及周邊指定區域內、JR東日本路線之快速、普通列車自由座。**14050日圓**。

●**青春18套票**
可搭乘全國的JR線普通列車。發售、利用期間為春季、夏季、冬季3個時段。可搭乘5次（日），亦可分享給多人同時使用。**11850日圓**。

[地圖標示]
丘珠機場
札幌
新千歲機場
函館本線
新函館北斗
函館
木古內
大間
北海道新幹線
奧津輕今別
新青森（青森）
八戶
奧羽本線
秋田
盛岡
羽越本線・白新線
仙台
新潟
東北新幹線
伊丹機場
大阪（新大阪）
名古屋
東海道新幹線
中部機場
東京
羽田機場
成田機場

搭乘客輪

透過客輪，在道南與青森都能享受兜風之旅。下列費用已含1位成人的2等運費。

青森港	津輕海峽客輪	函館港
	1日8班（過年期間部分班次休航） 3小時40分 僅旅客2等2220日圓 汽車未滿6m16460日圓	函館縣客運碼頭

青森港	青函客輪	函館港
	1日8班（12・1月間部分班次休航） 3小時50分 僅旅客2等1600日圓 汽車未滿5m14400日圓	青函客運碼頭

大間港	津輕海峽客輪	函館港
	1日2班（過年期間部分班次休航） 1小時30分 僅旅客2等1810日圓 汽車未滿6m13160日圓	函館縣客運碼頭

函館縣客運碼頭前往函館站

目的地	巴士	計程車（小型）
函館站	函館帝產巴士／約30分・320日圓	約20分・約1800日圓

青函客運碼頭前往函館站

目的地	巴士	計程車（小型）
函館站	北海道觀光巴士5系統／約11分・200日圓	約20分・約1300日圓

※所需時間以全行程標準時間計算。鐵路費用則以全行程普通車資及一般時期對號座特急費用計算。飛機票價則以一般時期普通票價為準，包含機場設施使用費。渡輪費用則以非夏季2等運費及未滿5m或6m汽車運送費用計算。※上述資訊以2017年12月資料為準，內容可能因時刻表及費用調整而異，出發前請事先確認。

新函館北斗・木古內站
往道南觀光地區的交通指南

從北海道新幹線新站——新函館北斗站與木古內站出發，可搭乘路線巴士前往各觀光地。多數班次也配合青森方向出發的新幹線抵達時刻而訂定。

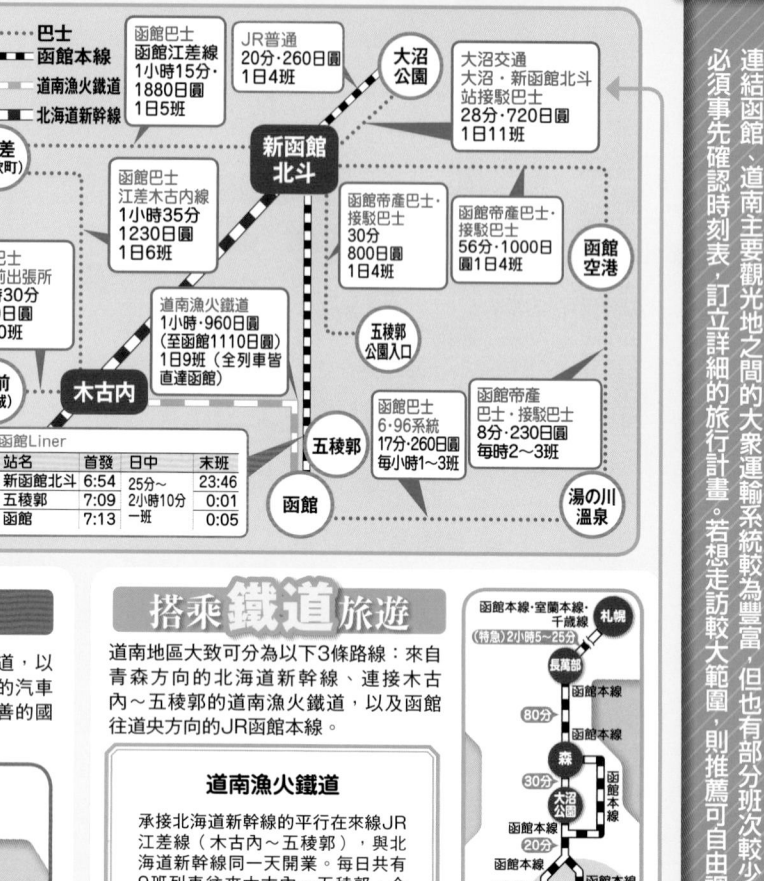

圖例
- ━━ 巴士
- ▉▉ 函館本線
- ▉▉ 道南漁火鐵道
- ▉▉ 北海道新幹線

江差（中歌町）

函館巴士 函館江差線 1小時15分・1880日圓 1日5班

JR普通 20分・260日圓 1日4班

大沼公園

大沼交通 大沼・新函館北斗站接駁巴士 28分・720日圓 1日11班

新函館北斗

函館巴士 江差木古內線 1小時35分 1230日圓 1日6班

函館帝產巴士・接駁巴士 30分 800日圓 1日4班

函館帝產巴士・接駁巴士 56分・1000日圓 1日4班

函館空港

函館巴士 往松前出張所 1小時30分 1250日圓 1日10班

道南漁火鐵道 1小時・960日圓 （至函館1110日圓） 1日9班（全列車皆直達函館）

松前（松城）

木古內

五稜郭公園入口

函館巴士 6・96系統 17分・260日圓 每小時1～3班

五稜郭

函館帝產巴士・接駁巴士 8分・230日圓 每時2～3班

湯の川溫泉

函館

函館Liner			
站名	首發	日中	末班
新函館北斗	6:54	25分～	23:46
五稜郭	7:09	2小時10分	0:01
函館	7:13	一班	0:05

函館Liner

「函館Liner」為JR本線Access列車，最快15分鐘就能連接新函館北斗站及函館站。每日16班，一般為3節車廂，人潮較多時則以6節車廂行駛。

◯列車與北海道新幹線相同，皆畫上紫色及淺綠色線條

◯內裝則以函館的紅磚倉庫與北海道自然環境為概念設計

自駕車旅遊

包括自札幌至大沼公園的高速道路道央道，以及七飯藤城至函館、函館至北斗茂邊地的汽車專用道路等，西側主要地區間皆設有完善的國道及道道。

道央自動車道
札幌南

札幌
2小時15分
今金 45分
せたな 10分
長万部 3小時5分
北檜山地區 15分 国縫 20分
八雲 30分
熊石地區 1小時10分 落部 40分
乙部 25分 40分 20分 森 30分
大沼公園 鹿部 25分
厚沢部 20分 20分 南茅部地區 40分
江差 55分 大野地區 25分
15分 25分 30分
上ノ國 函館市區
10分 50分
木古內 北斗 20分 惠山地區
25分 35分 50分
松前 福島 1小時 25分 知內

搭乘鐵道旅遊

道南地區大致可分為以下3條路線：來自青森方向的北海道新幹線、連接木古內～五稜郭的道南漁火鐵道，以及函館往道央方向的JR函館本線。

道南漁火鐵道

承接北海道新幹線的平行在來線JR江差線（木古內～五稜郭），與北海道新幹線同一天開業。每日共有9班列車往來木古內～五稜郭，全線列車皆可直達JR函館本線函館站。每到觀光旺季，還會有簡易餐桌的觀光列車行駛，車內則播放江差追分、松前神樂等民謠，更提供使用道南食材製作的原創便當。

函館本線・室蘭本線・千歳線 （特急）2小時5分～3小時
札幌
長萬部
函館本線 80分
森
函館本線 30分
大沼公園
函館本線 20分
北海道新幹線 函館本線 15～20分
新函館北斗
渡島當別
函館 45分
函館 23分
木古內
青森 6分
奧羽本線
新青森
3小時～3小時25分 東北新幹線
東京

搭乘巴士旅遊

函館站前至各地區中央地帶，皆有路線巴士或都市間巴士行駛。各區域間亦有路線巴士，但松前往江差方向等路線，部分地區並無直達巴士，須多加留意。

長萬部前～瀨棚 函館巴士1小時40分

函館站前～瀨棚 函館巴士3小時30分

八雲站前～瀨棚 函館巴士1小時30分

森站前～八雲站前 函館巴士1小時50分

木古內前～上之國（大間） 函館巴士1小時15分

木古內前～江差（中歌町） 函館巴士1小時35分

上之國（大間）～江差（中歌町） 函館巴士20分

函館站前～松前（松城） 函館巴士1小時50分

木古內站前～松前（松城） 函館巴士1小時30分

瀨棚
長萬部
八雲
森
大沼公園
函館市區
江差
上之國
木古內
惠山
松前

函館站前～札幌站前巴士總站 北海道中央巴士・道南巴士・北都交通 5小時45分～6小時30分

函館站前～長萬部站前 函館巴士3小時

八雲站前～長萬部站前 函館巴士47分

函館站前～森站前 函館巴士1小時30分

函館機場～大沼公園 大沼交通1小時20分

函館站前～大沼公園 函館巴士1小時

函館站前～惠山 函館巴士1小時40分

函館站前～函館機場 函館帝產巴士20分

搭乘客輪旅遊

想駕車前往道南，必須於青森港或大間港搭乘客輪。尤其青森港～函館港間的客輪班次較多，自清晨到深夜皆有，十分方便。前往奧尻島者則須由江差或瀨棚這兩個港口前往。

奧尻港
瀨棚港
江差港
函館縣客運碼頭
函館港

瀨棚港～奧尻港 Heart Land Ferry 1小時35分 （5月1日～10月15日運行）

江差港～奧尻港 Heart Land Ferry 1小時10～20分

函館港～青森港（函館縣運碼頭） 津輕海峽客輪 3小時50分

函館港～大間港（函館縣運碼頭） 津輕海峽客輪 1小時30分

函館港～青森港（函館縣運碼頭） 津輕海峽客輪 3小時40分

青森客運碼頭
大間港
青森港

抵達車站・機場後該怎麼辦？

函館・道南的交通方式

函館・道南交通指南

連結函館、道南主要觀光地之間的大眾運輸系統較為豐富，但也有部分班次較少，必須事先確認時刻表，訂立詳細的旅行計畫。若想走訪較大範圍，則推薦可自由調整時間的開車自駕方式。

函館・道南
★

※所需時間以全程標準時間計算。
※刊載資訊皆以2017年12月資訊為準，可能因時刻表調整或費用修改而變更，出發前請再次確認。

道南+青函地區 交通圖

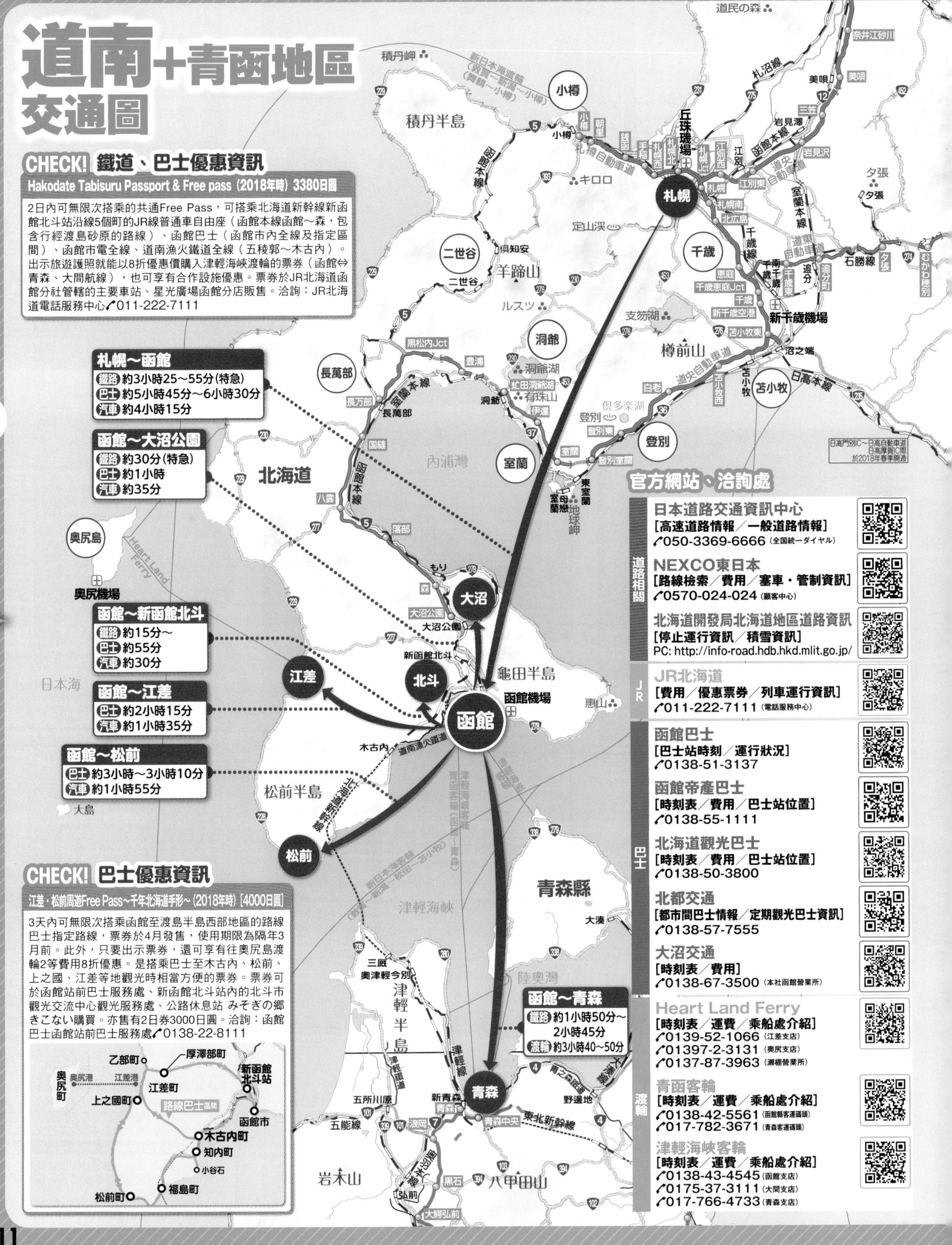

函館・道南 交通指南

往函館・道南的交通方式

CHECK! 鐵道、巴士優惠資訊

Hakodate Tabisuru Passport & Free pass（2018年時）3380日圓

2日內可無限次搭乘的共通Free Pass，可搭乘北海道新幹線新函館北斗站沿線5個町的JR線普通車自由座（函館本線函館～森，包含行經渡島砂原的路線）、函館巴士（函館市內全線及指定區間）、函館市電全線、道南漁火鐵道全線（五稜郭～木古內）。出示旅遊護照就能以8折優惠價購買入津輕海峽渡輪的票券（函館⇔青森、大間航線），也可享有合作設施優惠。票券於JR北海道函館分社管轄的主要車站、星光廣場函館分店販售。洽詢：JR北海道電話服務中心☎011-222-7111

札幌～函館
- **鐵路** 約3小時25～55分（特急）
- **巴士** 約5小時45分～6小時30分
- **汽車** 約4小時15分

函館～大沼公園
- **鐵路** 約30分（特急）
- **巴士** 約1小時
- **汽車** 約35分

函館～新函館北斗
- **鐵路** 約15分～
- **巴士** 約55分
- **汽車** 約30分

函館～江差
- **巴士** 約2小時15分
- **汽車** 約1小時35分

函館～松前
- **巴士** 約3小時～3小時10分
- **汽車** 約1小時55分

函館～青森
- **鐵路** 約1小時50分、2小時45分
- **渡輪** 約3小時40分～50分

CHECK! 巴士優惠資訊

江差・松前周遊Free Pass～千年北海道手形～（2018年時）[4000日圓]

3天內可無限次搭乘函館至渡島半島西部地區的路線巴士指定路線，票券於4月發售，使用期限為隔年3月底。此外，只要出示票券，還可享有往奧尻島渡輪2等費用8折優惠。是搭乘巴士至木古內、松前、上之國、江差等地觀光時相當方便的票券。票券可於函館站前巴士服務處、新函館北斗站內的北斗市觀光交流中心觀光服務處、公路休息站 みそぎの郷きこない購買。亦售有2日券3000日圓。洽詢：函館巴士函館站前巴士服務處☎0138-22-8111

官方網站、洽詢處

道路相關

日本道路交通資訊中心
[高速道路情報／一般道路情報]
☎050-3369-6666（全国統一ダイヤル）

NEXCO東日本
[路線檢索／費用／塞車・管制資訊]
☎0570-024-024（顧客中心）

北海道開發局北海道地區道路資訊
[停止運行資訊／積雪資訊]
PC: http://info-road.hdb.hkd.mlit.go.jp/

JR

JR北海道
[費用／優惠票券／列車運行資訊]
☎011-222-7111（電話服務中心）

巴士

函館巴士
[巴士站時刻／運行狀況]
☎0138-51-3137

函館帝產巴士
[時刻表／費用／巴士站位置]
☎0138-55-1111

北海道觀光巴士
[時刻表／費用／巴士站位置]
☎0138-50-3800

北都交通
[都市間巴士情報／定期觀光巴士資訊]
☎0138-57-7555

大沼交通
[時刻表／費用]（本社函館營業所）
☎0138-67-3500

渡輪

Heart Land Ferry
[時刻表／運費／乘船處介紹]
☎0139-52-1066（江差支店）
☎01397-2-3131（奧尻支店）
☎0137-87-3963（瀬棚營業所）

青函客輪
[運費／乘船處介紹]
☎0138-42-5561（函館客運碼頭）
☎017-782-3671（青森客運碼頭）

津輕海峽客輪
[時刻表／運費／乘船處介紹]
☎0138-43-4545（函館支店）
☎0175-37-3111（大間支店）
☎017-766-4733（青森支店）

函館住宿精選指南

從老店到新開幕的店家，介紹受矚目的住宿資訊

函館、道南地區有不少充滿特色的住宿選擇，包括交通方便的市區飯店、對料理相當講究的溫泉旅館、風格隱密的旅宿等，找出喜歡的住宿，點綴旅途回憶的其中一頁吧。

NEW ···全新開幕
RENEWAL ···重新開幕
溫泉 ···有溫泉的旅館

市電十字街站即到

La Jolie元町
●らじょりーもとまち
☎0138-23-3322
MAP附錄②5 A-2

所有客房皆由設計師設計，空間時尚

標準T1泊附早餐10000日圓～
IN15:00 OUT11:00 客房29間

共有29間客房，每間客房擁有不同的特色設計。雖然客房數並不多，但也讓旅館更能提供賓至如歸的接待。17～21時之間，Lounge還提供免費飲料招待。

所函館市末広町6-6 P14輛

↑以開放式廚房提供現做早餐

↑出借書或CD，讓旅客在客房內也能使用

非常讚！
每間客房都有不同風格的設計。此外，正因為客房數不多，更能讓工作人員提供更細緻的服務。

可輕鬆與親切的工作人員詢問旅遊行程

鐵鏽色的高級溫泉深受歡迎

非常讚！
地面上刻有湯之花圖樣，讓浴場充滿山野氣息。

↑懷石全餐一例。可品嘗到燒烤大瀧六線魚等在地美味

市電谷地頭站即到

料理旅館池の端
●りょうりりょかんいけのはた
☎0138-22-3877

溫泉

MAP附錄②3 B-4

1泊2食15820～22600日圓
IN15:00 OUT10:00 客房3間

創業於昭和47（1972）年的風格隱密旅館。因標榜料理旅館，可享用到以大量在地新鮮海鮮與蔬菜製作的懷石料理。此外，旅館招牌的溫泉則為源泉放流的氯化鈉泉。

所函館市谷地頭町33-6 P20輛

充滿高級感的飯店

非常讚！
所有客房皆設有附帶烹調用具的廚房，實現住宿於別墅的夢想。

市電十字街站步行5分

Villa Concordia Resort & Spa
●ゔぃらこんこるでぃありぞーとあんどすぱ
☎0138-24-5300
MAP附錄②5 A-2

1泊附早餐15500日圓～
IN15:00 OUT11:00 客房10間

寬敞的客房全附帶廚房、陽台，最適合長時間住宿者。室內裝潢集結了獨特的用品，讓旅客在講究的空間內充分療癒身心。

所函館市末広町3-5 P5輛

↑飯店位於充滿歷史建築物的元町地區南部坂上

地區特色解說

元町·西部地區 P.112
多為客房數較少的旅館，欣賞完夜景後可立即回到住宿地，十分方便。

灣區·十字街 P.113
大型飯店林立，包括擁有豪華早餐或絕佳房間景觀的飯店。

函館站前·大門地區 P.114
為商務旅館集中地，前往函館早市也相當方便。

五稜郭 P.114
函館最大的鬧區，對於想玩通宵者來說相當便利。

湯之川 P.115
有多家老牌旅館及飯店，可盡情享受開湯約350年的知名溫泉。

函館住宿設施的特色

❶ **從客房及露天浴池看到的景觀**
許多旅館都可享受到函館、道南才有的特色景觀，如津輕海峽的漁火及夜景等，眼前的遼闊美景讓人忘卻日常煩悶。

❷ **使用在地食材製作的餐點**
早餐、晚餐時段可享用以大量在地產蔬菜、海鮮製作的日式料理、法國菜或自助式餐廳。近幾年來，更有不少旅館開始致力加強早餐菜色。

❸ **除了住宿以外還有其他樂趣**
包括在寬闊占地內提供豐富娛樂的度假飯店，以及可利用廚房等設施自行下廚的公寓式飯店等，可依照自己的目的選擇。

※S:單人房，T:雙床房，W:雙人房

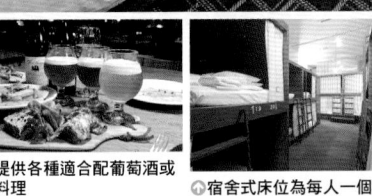

非常讚！ 👍
活化85年歷史的舊銀行建築物意象而成的優雅雙床房。典雅設計最適合創造與重要對象的共同旅遊回憶

由兩棟優雅歷史建築物所構成的新型態飯店

↑Book Lounge集結了各種與函館、北海道有關的書籍

↑餐廳在午餐、酒吧時間也營業

↑晚餐提供各種適合配葡萄酒或啤酒的料理

↑宿舍式床位為每人一個床位

↑擺設簡單的經濟雙床房

↑2棟建築物中央就是其入口

灣區・十字街

市電末廣町站步行3分

THE SHARE HOTELS HakoBA函館

NEW

●ざしぇあほてるずはこばはこだて
📞0138-27-5858　MAP附錄②5 C-2

¥經濟雙床房8500日圓～　T20000日圓～
IN15:00 OUT10:00 客房33間＋宿舍床位32床

改建85年歷史的舊銀行與過去曾為美術館的建築物而成，活化兩間建築各自的特色，並提供實惠客房及奢華房間，風格多樣。

所函館市末広町23-9　P無

←餐廳露天座位可眺望港口，位置絕佳

市電末廣町站即到

Winning Hotel
●ういんぐほてる
📞0138-26-1111
MAP附錄②5 C-2

¥S7560日圓～ T16200日圓～
IN15:00 OUT10:00 客房29間

飯店大約位於灣區中央地帶，海景客房可欣賞函館港風景，函館山景客房則可飽覽充滿異國情調的元町教堂群。此外，附設的餐廳及北島三郎紀念館也不容錯過。

所函館市末広町22-11
P40輛

提供可飽覽滿分夜景的客房

非常讚！ 👍
設施豐富，包括可欣賞夜景的酒吧及餐廳、北島三郎紀念館等！

→頂樓7樓的「Bar SummerWood」（P.24）眼前為灣區夜景

→入住前入住後都可寄放行李，讓觀光更方便

非常讚！ 👍
曾在「早餐最美味的飯店排行榜2017」中獲得第6名佳績。有主廚在眼前料理的蛋包飯、牛排蓋飯等多種菜色。

點綴旅途清晨的嚴選早餐

→所有客房皆可免費連接網路，並設置加濕空氣清淨機

→9樓頂樓有夜景的酒吧「LE MONT GAGYU」

非常讚！ 👍
飯店引以為傲，曾在TripAdvisor獲得「早餐最美味的飯店排行榜2017」獲得第2名佳績的早餐。

↑採裝飾藝術設計的時尚客房

每年維持「早餐最美味的飯店排行榜」佳績

↑在展望浴池飽覽市內夜景

市電十字街站步行5分

函館灣拉維斯塔酒店
●らびすたはこだてべい
📞0138-23-5700　MAP附錄②5 B-3

¥1泊附早餐12500～26000日圓
IN15:00 OUT11:00 客房350間

建造於函館最熱鬧觀光據點・灣區中央地帶的度假型飯店。最高層13樓更設有源泉放流的室內浴場及露天浴場，可眺望市區美麗夜景。

所函館市豊川町12-6
P171輛

溫泉	露天	不住宿	房間use
○	○	×	×

溫泉

JR函館站步行7分

函館國際酒店
●はこだてこくさいほてる
📞0138-23-0591　MAP附錄②5 B-4

¥S17500日圓～ T28000日圓～
IN14:00 OUT11:00 客房118間

這家優雅飯店位於函館站及灣區之間，因絕佳服務深受好評。2018年秋季之前因為在整修，僅有西館營業。

所函館市大手町5-10　P50輛

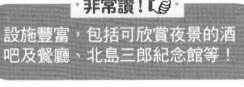

採公寓式飯店設計
空間寬敞舒適

↑函館早市及灣區都在徒步可到的範圍內　◆從浴室一覽函館山景色

JR函館站步行3分

HAKODATE
男爵俱樂部
HOTEL&RESORTS
●はこだてだんしゃくくらぶほてるあんどぞーつ

☎0138-21-1111　MAP附錄②6 A-1

¥1室2人21200日圓～
IN15:00 OUT10:00 客房52間

所有客房皆附有客廳、餐廳、廚房。而可欣賞景觀的浴室、陽台也十分舒適。備有可帶寵物入住的客房，以及無障礙客房等，風格多元。

·非常讚！·
提供配送早市合作食堂早餐至客房的服務。

所函館市大手町22-10
P24輛

函館站近在眼前
交通最便利的飯店

·非常讚！·
備有讓夜景更美麗的夜景房，可調整照明、香氛及音樂，讓身心更放鬆。

JR函館站即到

函館
福朋喜來登飯店
●ふぉーぼいんとばいしぇらとんはこだて

☎0138-22-0111　MAP附錄②6 B-2

¥S8500日圓～ T13500日圓～
IN14:00 OUT11:00 客房199間

位於函館站前，距離早市也相當近。而搭乘函館機場出發的直達巴士也僅需20分，是適合觀光也適合商務的飯店。從13樓的客房還可一覽函館夜景。

所函館市若松町14-10　P100輛

早市就在眼前

JR函館站即到

函館紐奧特飯店
●ほてるにゅーおーて

☎0138-23-4561　MAP附錄②6 A-2

¥S4860日圓～ T8640日圓～
IN15:00 OUT10:00 客房38間

距離函館站步行2分的絕佳位置。飯店前就是函館早市，住宿附上早市的早餐深受歡迎。

·非常讚！·
位於函館站旁，價格卻相當實惠。

所函館市若松町8-8
P50輛

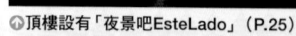

↑頂樓設有「夜景吧EsteLado」（P.25）

↑JR函館站步行1分

位於五稜郭中心的飯店

·非常讚！·
飯店1樓的便利商店可從大廳直通。

市電五稜郭公園前站即到

Nets函館酒店
●ほてるねっつはこだて

☎0138-30-2111　MAP附錄②9 C-3

¥S8640日圓～ T15120日圓～
W11880日圓～
IN15:00 OUT11:00 客房202間

飯店共有14層樓，館內設有便利商店、美髮廳及壽司店。

所函館市本町26-17　P82輛

·非常讚！·
客房皆採用席夢思床組，相當舒適。

寬敞的客房

市電五稜郭公園前站步行3分

Dormy Inn EXPRESS
函館五稜郭
●どーみーいんえくすぷれすはこだてごりょうかく

☎0138-35-5489　MAP附錄②9 C-3

¥S5490日圓～ T8490日圓～ W6990日圓～
IN15:00 OUT11:00 客房71間

客房寬敞舒適，配備Wi-Fi，十分理想。

所函館市本町29-26　P32輛

市電五稜郭公園前站步行3分

格蘭蒂亞路線
函館五稜郭
酒店
●るーといんぐらんていあはこだてごりょうかく

☎0138-33-1550　MAP附錄②9 C-2

¥純住宿7300日圓～
IN15:00 OUT10:00 客房250間

位於五稜郭，無論洽公或觀光都相當便利的飯店。最高樓14樓設有天然溫泉展望大浴場，以及備有按摩椅、腳底按摩器的放鬆休憩房。

所函館市本町11-10
P124輛

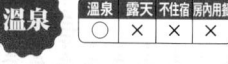

溫泉	露天	不住宿	房內用餐
○	×	×	×

引以為傲的天然溫泉大浴場

五稜郭

·非常讚！·
五稜郭地區唯一擁有天然溫泉的飯店。

→附設立體停車塔

→客房帶有沉穩氣息

湯之川

市電湯之川溫泉站步行5分

HAKODATE
海峽之風
●はこだてうみのかぜ

☎0138-59-1126　MAP 附錄②8 E-4

¥1泊2食19050日圓～
IN15:00 OUT11:00 客房56間

客房、大浴場、餐廳等地以「大正浪漫」、「平成時尚」為主題設計。無論是自助式餐廳、宴席料理、西式料理等餐廳，皆可盡情享受奢華的函館特色海鮮料理。

所函館市湯川町1-18-15　P120輛

皆可依據旅遊目的挑選
無論餐點或房間

・非常讚！
擁有寬敞隔間的客房，可配合旅遊目的、心情挑選。

溫泉

溫泉	露天	不住宿	房內用餐
○	×	×	×

↑自助式餐廳堅持不使用肉類

↑備有附設展望浴池的客房

→以大正浪漫風格為主題的大浴場

鋪設榻榻米的和風旅館

・非常讚！
從客房欣賞日式庭園。

圖為一般全餐一例

溫泉

溫泉	露天	不住宿	房內用餐
○	○	×	○

市電湯之川溫泉站步行7分

旅館一乃松
●りょかんいちのまつ

☎0138-57-0001　MAP 附錄②8 F-4

¥1泊2食14000～38000日圓 IN15:00
OUT10:00 客房29間

地板鋪設了榻榻米，不使用拖鞋，而提供日式足袋。使用當季食材製作的餐點無論早餐、晚餐都可於客房內享用。

所函館市湯川町1-3-17
P30輛

・非常讚！
套房樓層的展望浴池寬敞到可同時容納3～4人入浴。

從充滿高級感的客房眺望窗外景觀

市電湯之川溫泉站即到

望樓NOGUCHI函館
●ぼうろうのぐちはこだて

☎0138-59-3556　MAP 附錄②8 F-4

¥1泊2食35250～51450日圓
IN14:00 OUT12:00 客房79間

客房以高級空間及服務為主軸，分成3大類，為適合情侶的「套房」、家庭的「日式時尚」，以及商務旅客的「一人」（單人房）。除了一人房，其他房間皆配有展望浴池。

所函館市湯川町1-17-22　P70輛

圖為晚餐加2100日圓就能升級，

市電湯之川溫泉站即到

割烹旅館 若松
●かっぽうりょかんわかまつ

☎0138-59-2171　MAP 附錄②8 F-4

¥1泊2食28000～83000日圓 IN15:00
OUT10:00 客房22間

湯之川溫泉中最古老的知名旅館，以老店嚴選料理及自家源泉為招牌。眺望著津輕海峽的泡湯時光十分舒適。

所函館市湯川町1-2-27
P40輛

泡湯同時還能欣賞津輕海峽

・非常讚！
水量豐富的天然溫泉為自家源泉。

←老店才有的獨具風格外觀

溫泉

溫泉	露天	不住宿	房內用餐
○	○	×	○

↑套房樓層的客房採樓中樓式設計

溫泉

溫泉	露天	不住宿	房內用餐
○	○	×	×

湯之川

附設溫泉露天浴場的客房數在日本首屈一指

館內就能盡情享受溫泉巡禮

非常讚！
全年方案費用統一，價格設定明確。

↑使用大量近海產海鮮製作料理

↑除了和室以外，也備有洋室、和洋室等各種房型

市電湯之川溫泉站步行10分
湯之川觀光飯店 祥苑
●ゆのかわかんこうほてるしょうえん
☎0138-36-1000　MAP附錄②8 F-4
¥1泊2食8424日圓～（不含入湯稅）
IN15:00 OUT12:00 客房221間

全年皆可以相同費用入住。館內設有不同風格的兩座大浴場及最高樓層的包租露天浴池，集結各種類型的浴池，讓旅客在館內就能享受溫泉巡禮。

所函館市湯川町2-4-20　P80輛

溫泉

溫泉	露天	不住宿	房內用餐
○	○	×	×

↑面向松倉川的大型旅館

海景客房露天浴場可欣賞津輕海峽漁火，街景房則可眺望街區燈火及函館山。

↑函館山景房的露天浴池　↑92間海景房與23間函館山景房都是附露天浴池的客房

↑可欣賞函館山夜景的觀光巴士於飯店前發車　↑自助式晚餐也能享受單點料理

市電湯之川溫泉站步行10分
湯川王子飯店渚亭
●ゆのかわぷりんすほてるなぎさてい
☎0138-57-3911　MAP附錄②8 F-4
¥1泊2食23760～34560日圓
IN15:00 OUT11:00 客房175間

附帶溫泉露天浴池的客房共有115間，在日本首屈一指。客房包含可眺望津輕海峽的海景房，以及可欣賞函館街景的函館山景房，預約時請先確認。可欣賞津輕海峽美景的大浴場也大受好評。

所函館市湯川町1-2-25　P100輛

溫泉

溫泉	露天	不住宿	房內用餐
○	○	×	×

富含特色的大浴場

RENEWAL

市電湯之川溫泉站步行5分
Hakodate Hotel Banso
●ホテル万惣
☎0138-57-5061　MAP附錄②8 F-4
¥1泊2食8800～28000日圓
IN15:00 OUT10:00 客房86間

整座溫泉旅館風格時尚復古，無論是提供多種浴池的大浴場、函館知名美食自助式餐廳、日西合璧的客房等細節，都可見到飯店的講究之處。

所函館市湯川町1-15-3　P60輛

溫泉	露天	不住宿	房內用餐
○	○	○	×

溫泉

↑除了海鮮之外，也推出五島軒咖哩等函館知名美食

↑寢具採用席夢思床組

非常讚！
以「溫泉客廳」為概念，提供露天浴池、壺湯等各種風格的浴池。

市電湯之川溫泉站即到
平成館海羊亭
●へいせいかんかいようてい
☎0138-59-2555　MAP附錄②8 F-4
¥1泊2食10650～21150日圓
IN14:00 OUT10:00 客房214間

自函館機場搭乘巴士僅須10分鐘，位置絕佳。最高樓層12樓設有可眺望函館街景及津輕海峽的大浴場，其中露天浴池更擁有湯之川溫泉少見的「赤湯」，也是其魅力之一。

所函館市湯川町1-3-8　P70輛

溫泉

溫泉	露天	不住宿	房內用餐
○	○	×	×

位於11樓的空中露天浴池

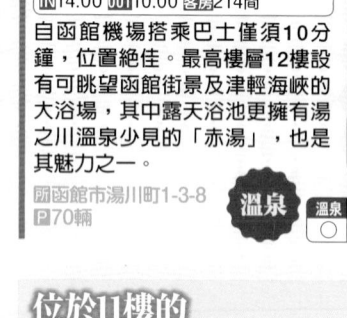

非常讚！
飽覽函館山與海岸線的風景。

擁有罕見「赤湯」的露天浴池

非常讚！
可同時享受譽為夢幻之湯的赤湯，以及具湯之川溫泉特色的白湯等兩種溫泉。

↓透過客房窗戶一覽街景

市電湯之川溫泉站步行5分
湯元 啄木亭
●ゆもとたくぼくてい
☎0138-59-5355
MAP附錄②8 E-4
¥1泊2食10950～26150日圓
IN14:00 OUT10:00 客房198間

旅館處處充滿雅緻的日式氛圍，11樓的空中大浴殿更可看到函館特有的美麗風景。

所函館市湯川町1-18-15　P80輛

溫泉

溫泉	露天	不住宿	房內用餐
○	○	○	○

從函館市區出發稍微走遠一點

道南的住宿就選這裡

精選出綠意盎然度假勝地大沼、氣氛滿點的歷史城鎮松前，以及江差地區的魅力住宿據點。

松前
品嚐鄉土料理的老牌旅館

非常讚！
視時期提供天然蝦夷鮑魚及松前產海膽。

大沼
環繞的飯店受花香及綠意

非常讚！
提供設有露天浴池及SPA的客房。

→以大沼周邊食材製作料理

JR大沼公園站步行3分

大沼鶴雅
Auberge EPUY

溫泉

●おおぬまつるがおーべるじゅえぷい

☎0138-67-2964

溫泉	露天	不住宿	房內用餐
○	○	○	×

MAP 附錄②15 B-4

¥T19000日圓～W17000日圓～
IN 15:00 OUT 11:00 客房30間

擁有受百花及盎然綠意環繞的設計庭園，整座飯店可滿足每位旅客的五感。而餐廳則以「大沼慢食」為概念，提供當地產消餐點。

所 七飯町大沼町85-9　交 JR新函館北斗站車程20分　P 50輛

JR木古內站搭巴士及步行共約1小時34分

溫泉旅館矢野

●おんせんりょかんやの

☎0139-42-2525　MAP 附錄②16 A-3

溫泉

溫泉	露天	不住宿	房內用餐
○	○	○	×

¥1泊2食8250～21000日圓
IN 15:00 OUT 10:00 客房28間

旅館位於城下町松前。溫泉大浴場內設有雅緻的露天浴池與三溫暖。旅館也會依據時期，提供油脂飽滿的松前產黑鮪魚等食材製作餐點。14～22時之間更提供不住宿泡湯服務。

所 松前町福山123　交 JR木古內站搭函館巴士往松前夕ーミナル約1小時29分，松前下車歩行5分　P 50輛

↑松前町首屈一指的老牌旅館　↑100%天然的溫泉為鈉、硫酸溫泉

非常讚！
靜靜佇立於大沼森林之中。

大沼的度假飯店

JR大沼公園站車程10分

函館大沼王子飯店

溫泉

●はこだておおぬまぷりんすほてる

☎0138-67-1111　MAP 附錄②15 A-1

¥1泊附早餐「早鳥55」方案5734日圓～
IN 15:00 OUT 12:00 客房292間

可感受到大沼國定公園自然氣息的度假飯店。在餐廳則可享用以在地食材製作的日式、西式料理。

溫泉	露天	不住宿	房內用餐
○	○	○	×

所 七飯町西大沼溫泉　交 JR大沼公園站車程10分（提供大沼公園站發車的免費定期巴士，採預約制）　P 230輛

非常讚！
客房皆附有閣樓，最多可容納4人。

舒適的小木屋空間

JR大沼公園站車程5分

Granvillage Onuma

●グランヴィレッヂ大沼

☎0138-84-8333　MAP 附錄②15 B-1

¥8000日圓～
IN 15:00 OUT 10:00 客房8間

這座正統小木屋旅館位於大沼國定公園旁，共有8間客房。晚餐使用道南品牌豬肉及在地蔬菜製作料理。

所 七飯町上軍川104-2　交 JR新函館北斗站車程20分　P 10輛

非常讚！
位於海鷗島前方，可感受到海潮香氣。

歷史城鎮上的時尚溫泉旅館

活用旅館佔地泉水。使用海產美味的創意懷石料理　源泉。內深1400ｍ天然然100%溫

非常讚！
外觀、客房都帶有典雅氛圍。

江差
位於江差中心地帶

JR木古內站搭巴士及步行共約1小時5分

江差旅庭 群來

溫泉

●えさしりょていくき

☎0139-52-2020　MAP 附錄②16 B-4

溫泉	露天	不住宿	房內用餐
○	×	×	×

¥1泊2食41040日圓～
IN 15:00 OUT 12:00 客房7間

位於北海道最古老城鎮江差的海邊，是座氛圍靜謐的高級溫泉旅館。客房僅有7間，所有房間皆為套房。餐點則以在地食材製作懷石料理。

所 江差町姥神町1-5　交 JR木古內站搭往江差病院前的函館巴士1小時，姥神町フェリー前下車步行5分（提供巴士來回接駁服務，需預約）　P 10輛

JR木古內站搭巴士及步行共約1小時10分

寺子屋飯店

●ホテル寺子屋

☎0139-52-0855　MAP 附錄②16 B-4

¥純住宿6480日圓～（早餐1080日圓）
IN 15:00 OUT 10:00 客房12間

位於「いにしえ街道」上，最適合在江差觀光時住宿。餐點需額外付費。

所 江差町姥神町26　交 JR木古內站搭往江差病院前的函館巴士1小時，姥神町フェリー前下車步行3分　P 15輛

INDEX

119

【 MM 哈日情報誌系列 17 】

函館
大沼・松前・江差

作者／MAPPLE昭文社編輯部
編輯／編輯工房ビータス
翻譯／林倩伃
校對／黃渝婷
責任編輯／林庭安
發行人／周元白
排版製作／長城製版印刷股份有限公司
出版者／人人出版股份有限公司
地址／23145 新北市新店區寶橋路235巷6弄6號7樓
電話／（02）2918-3366（代表號）
傳真／（02）2914-0000
網址／www.jjp.com.tw
郵政劃撥帳號／16402311 人人出版股份有限公司
製版印刷／長城製版印刷股份有限公司
電話／（02）2918-3366（代表號）
經銷商／聯合發行股份有限公司
電話／（02）2917-8022
第一版第一刷／2018年12月
定價／新台幣360元
　　　港幣120元

國家圖書館出版品預行編目（CIP）資料

函館 大沼・松前・江差 / MAPPLE昭文社編輯部作；
林倩伃翻譯. -- 第一版. -- 新北市：人人, 2018.12
面；　公分. --（MM哈日情報誌系列；17）
ISBN 978-986-461-162-1（平裝）

1.旅遊 2.日本北海道

731.7909　　　　　　　　　　　107016758

Mapple magazine HAKODATE　OONUMA・
MATSUMAE・ESASHI
Copyright ©Shobunsha Publications, Inc, 2018
All rights reserved.
First original Japanese edition published by
Shobunsha Publications, Inc. Japan
Chinese (in traditional characters only)
translation rights arranged with Jen Jen
Publishing Co., Ltd
through CREEK & RIVER Co., Ltd.